LA

LUTTE ÉLECTORALE

En 1863

PAR

JULES FERRY,

AVOCAT A LA COUR IMPÉRIALE

PARIS

E. DENTU, EDITEUR

GALERIE D'ORLÉANS, 17 ET 19, PALAIS-ROYAL

1863

LA
LUTTE ÉLECTORALE

PARIS.—IMPRIMÉ CHEZ BONAVENTURE ET DUCESSOIS

55, QUAI DES AUGUSTINS, 55

LA
LUTTE ÉLECTORALE
EN 1863

PAR JULES FERRY

AVOCAT A LA COUR IMPÉRIALE

PARIS

E. DENTU, LIBRAIRE-ÉDITEUR

PALAIS-ROYAL, 17 ET 19, GALERIE D'ORLÉANS

—

1863

AUX CINQ DÉPUTÉS

Démocrates et libéraux

QUI ONT RECONSTITUÉ EN FRANCE

L'OPPOSITION LÉGALE

TABLE DES MATIÈRES

FIN DE LA TABLE

LE CHAMP DE BATAILLE

I

LA POLITIQUE DE M. DE PERSIGNY

La situation du gouvernement, dans les premiers jours du mois de mai 1863, était nouvelle : nul n'a jamais cru sérieusement qu'elle fût périlleuse.

Deux routes se présentaient, il fallait choisir. Mais ce n'était point affaire d'audace ni de génie : il n'arrivait rien qu'un gouvernement sage n'eût pu prévoir et ne dût être depuis longtemps préparé à subir.

Le Corps législatif venait de se dissoudre. En 1857, il ressemblait plus à un grand conseil général qu'à autre chose ; il s'en allait, en 1863, bon gré, mal gré, assemblée parlementaire.

Les événements extérieurs, le lent progrès de l'opinion, et par-dessus tout, il faut le reconnaître, l'initiative gouvernementale, s'étaient chargés de la métamorphose. On avait vu, pour la première fois, la majorité de la Chambre troublée, divisée, chancelante. La vie avait reparu sous ces voûtes endormies. Dans un petit groupe d'hommes — désormais entrés dans l'histoire — la Liberté s'était reconnue. Le gouvernement lui-même, à l'universelle surprise, quittait les chemins couverts de la dictature, livrait à la controverse publique sa politique, sa diplomatie, ses finances ; l'Empire constitutionnel s'entrevoyait à l'horizon : on semblait affamé de lumière et de contrôle.

Il était naturel de prendre pour terrain électoral ces précédents et ces espérances. C'était logique, habile et simple. La minorité en donnait l'exemple. Après avoir reconstitué, à force de sagesse, de caractère et d'éloquence, l'opposition légale dans la Chambre, les CINQ n'avaient à cœur que d'y rallier les libéraux de toutes provenances. La majorité elle-même, prête à paraître devant les électeurs, changeait instinctivement quelque chose à sa vieille attitude. Le mot de liberté, proscrit depuis dix ans, se glisse dans l'Adresse de 1863. Il allait se retrouver, — non sans quelque gaucherie, — dans la plupart des harangues des candidats *recommandés*. Ces productions électorales ne parlaient, en 1857, que d'affermir l'empire ; il n'est question aujourd'hui que de lui donner le fameux couronnement [1]. Quant au gouvernement, puisqu'il veut un contrôle, quoi de plus naturel que d'accepter des contrôleurs ?

L'événement montra bientôt que la question électorale pouvait être autrement comprise. La direction de la campagne pacifique qui allait

---

[1] « Aujourd'hui, dit M. de Rambourgt (député sortant « et recommandé), dans sa proclamation aux électeurs de « l'Aube, chacun fait profession d'être libéral, il n'y a nul « mérite à cela. » En effet, ôtez de la masse des circulaires officielles :.

Les circulaires cavalières,

Les circulaires furibondes (M. de Cassagnac, M. Mathieu),

Les circulaires qui ne parlent pas politique,

Les circulaires qui ne parlent de rien,

ce qui reste, et c'est le très-grand nombre, fait sonner les mots « d'indépendance, de contrôle, d'économie, de politique libérale et progressive, de couronnement de l'édifice. » La présence d'un candidat de l'opposition arrache aux plus timides ces déclarations hardies, dont l'expansion croît ou décroît à peu près comme les chances de l'adversaire.

commencer fut exclusivement livrée à la politique de M. le comte de Persigny, ministre de l'Intérieur.

Intelligence ouverte, esprit vif mais confus, volonté absolue, humeur militante ; successivement soldat, journaliste, conspirateur ; dévouement à toute épreuve, fidélité intolérante : M. de Persigny appartenait, par certains côtés, à des temps différents des nôtres. Bonapartiste de la veille, portant fièrement parmi la foule mêlée des serviteurs du lendemain son attachement chevaleresque et sa politique de sentiment ; paladin dynastique, égaré dans un siècle de fidélités courtes et de trahisons récompensées, la nature semblait l'avoir fait plutôt pour servir un Stuart guerroyant et déchu qu'un Hanovre triomphant. C'était un homme de foi, ce qui est trop peu pour un homme d'État.

Son administration fut la conséquence logique de son tempérament : il y a dans sa politique un homme, un caractère, non un système. Les paroles étaient libérales, et malgré lui, les actes ne l'étaient guère. Il était revenu d'Angleterre, les mains pleines de promesses, le cœur doucement échauffé de bonnes pensées pour la presse, cette affligée de dix ans : la libre parole aurait désor-

mais son champ et sa limite, on laisserait som-
meiller l'avertissement. Voilà la théorie ; en fait,
jamais les journaux n'ont tremblé sous une main
plus inquiète et plus sévère. Admirateur sincère des institutions anglaises, on sait l'étrange
leçon d'histoire qu'il imagina pour nous en
refuser indéfiniment les garanties rudimentaires.
Napoléonien conciliant en 1860, il entend que
l'empire ouvre les bras aux hommes notables des
anciens partis [1] ; en 1863, il va les repousser avec
colère du terrain légal où, de toutes parts, ces
hommes s'empressent d'accourir.

Entre le suffrage universel et son élu couronné,
M. de Persigny n'admet pas d'intermédiaires. A
ses yeux, pour les assemblées comme pour les
peuples, la vertu politique essentielle, c'est la discipline ; le premier titre, le dévouement [2].

Par malheur, trente ans de vie politique ont
laissé sur le sol de la France des générations rai-
sonneuses, esprits critiques, volontés libres, minorité bruyante, remuante, considérée : alluvion
des temps de liberté qui s'appelle « les partis » en
langue vulgaire. Trop exclusif pour les accepter,

---

1. Circulaire du 5 décembre 1860.
2. Circulaire du 8 mai 1863. *Documents*, pièce n. 1.

trop passionné pour chercher à les conquérir, le
ministre ne veut de ceux-ci ni serment, ni contrôle. Les écarter devient l'unique affaire. On
prendra un moyen radical : le gouvernement dé-
signera lui-même les hommes assez purs pour
porter ses couleurs; au front de tous les autres, il
écrira ces mots : « Ennemis de l'Empire et de l'Empereur [1]. » De la sorte, c'est l'Empereur qui choi-
sira, l'Empereur qui recommandera, l'Empereur
qui portera le choc de 283 batailles électorales, et
qui, posant dans chaque élection la question fondamentale, redemandera tous les six ans aux populations fidèles le vote dynastique du 22 novembre !

Pour prendre cette attitude d'une orthodoxie
monarchique et constitutionnelle assez douteuse,
M. le ministre de l'Intérieur avait mieux que de
bonnes raisons : il se sentait dans la main deux
forces immenses :

Le peuple des paysans,

L'armée des fonctionnaires.

---

[1]. V. ci-après les circulaires des préfets, rapportées *Docum.*, pièces 4 et suivantes.

II

LES PAYSANS

Nous avons tous l'habitude de dire que la France, depuis soixante ans, s'épuise en vains efforts pour fonder la liberté ; cela est vrai de vous, de moi, du voisin, de la France que nous connaissons. que nous voyons, que nous touchons ; de celle que nous composons, enfin, à huit ou neuf cent mille que nous sommes.

Mais il est une autre France, dont, il y a quinze ans, les libéraux ne s'occupaient guère, et que les libéraux de l'avenir sont payés pour n'oublier pas : c'est la France des paysans.

Quand les premiers railways sillonnèrent les campagnes, les paysans en eurent peur. Puis, ils

1.

se mirent à les haïr comme des ennemis, à les maudire comme des fléaux ; blés germés, vignes perdues, désordres du ciel et des saisons, c'est le chemin de fer qui fut le grand coupable. Aujourd'hui, cet effroi naïf a fait place à l'indifférence. Quand la locomotive passe à toute vapeur, le paysan se lève sur le sillon, ses bras nus posés sur sa houe ; son regard accompagne un instant le bruyant phénomène, puis lentement il recourbe son dos vers la terre. C'est de ce regard vague, rêveur et las, où se reflètent tant de misères, que le campagnard voit passer les plus grandes choses de ce monde. La liberté est de ce nombre. Comme le railway, elle lui est indifférente. Elle ne le gêne pas, et il ignore encore qu'elle peut lui servir.

De la République, il n'a retenu qu'une chose : les 45 centimes, — rancune purement financière. De la monarchie parlementaire, il ne garde rien, ni amour, ni haine, ni souvenir ; comment l'aurait-il connue ? — Le jour où elle tomba, il se réveilla citoyen, tenant dans sa main son huit-millionième de souveraineté. Il est permis de croire que le cadeau parut médiocre au plus grand nombre. Ils en usèrent avec leur douce apathie, faisant autant de Constituants et de Législateurs qu'on leur en demandait, et n'en pensant qu'une chose : c'est qu'ils coûtaient bien cher.

Un jour pourtant les masses agricoles montrèrent qu'elles pouvaient *vouloir*. Le paysan voulut couronner sa légende, et d'un mot fit l'Empire. Ce mot-là fut passionné, libre, sincère. Il le répéta trois fois ; — puis, quand vinrent les législatures, on lui fit facilement entendre que c'était toujours la même chose [1]. Avec le système des candidatures gouvernementales, d'une part, avec l'abstention insensée des partis de l'autre, les deux choses, en effet, ne différaient guère.

Mais à épeler toujours la même syllabe, ni enfants, ni peuple n'apprennent à lire. L'élection devint comme un acte machinal. Qu'est-ce qu'un bulletin de vote ? Un carré de papier qu'apporte le garde-champêtre, avec recommandation de le rapporter au maire [2] deux ou trois jours après, à une heure marquée sur une carte. Fixés l'un à

---

1. « Pleins de confiance dans l'homme de leur choix, ces électeurs s'en rapportaient à lui et s'abstiendraient volontiers de prendre part aux votes que leur demande le jeu régulier de la constitution. » [Circulaire du ministre de l'Intérieur (M. Billault) du 30 mai 1857.]

2. V. ci-après la lettre de M. Bordillon. *Documents*, pièce n. 105.

l'autre, bulletin et carte ne font qu'un. La quittance du percepteur est plus chère à solder; elle n'est, dans le fond des chaumières, guère plus impérative.

Quoi d'étonnant, dès lors, que dans les petits villages il se répande, en temps électoral, des proclamations ainsi conçues :

Le maire de la commune de Soulaines à l'honneur d'inviter généralement les électeurs de la commune à se rendre à la mairie le dimanche, 31 du courant, ou lundi 1er juin, munis de leur carte et de leur bulletin de vote, qui leur seront remis cette semaine, pour réélire M. Segris, député, le méritant à juste titre...[1].

Ou des avis de ce genre, écrits sur la carte même :

Vous êtes prévenu que l'assemblée des électeurs de la commune est convoquée pour les 31 mai et 1er juin 1863, à 8 heures du matin, en la salle principale de la mairie, à l'effet de réélire M. O'Quin, député au Corps législatif. Vous êtes invité en qualité d'électeur à venir déposer votre vote.

Couchy, le 25 mai 1863.

Le maire, ROUZANE.

---

1. V. ci-après *Docum.*, pièce 28.

et qu'on cite un maire des montagnes du Doubs, qui, au moment du vote, faisait prêter le serment de fidélité aux électeurs. Question de mauvais chemins et d'altitude ! invraisemblance en deçà du mont Jura, vérité au delà.

Un procès récent, qui prête moins à s'égayer qu'à réfléchir, a donné la parfaite mesure de l'état d'innocence où vivent, en fait de droit public, les plus éclairés des campagnards. Rien de plus énorme, et pourtant, le milieu étant donné, rien de plus simple.

Un membre du bureau électoral de la commune de Saint-Hilaire (Indre), conseiller municipal, et, ce qui ne gâte rien, grand propriétaire, est arrêté sur son siége par un garde champêtre, enlevé de la salle du vote, et conduit, à deux lieues de là, au chef-lieu de canton, où, examen fait, il est vrai, on le relâche[1]. Qu'avait donc fait de si noir M. de Chergé ? Indiqué à un électeur, qui ne sait pas lire, le bulletin qu'à haute voix celui-ci réclame. Il est vrai que c'est un bulletin du candidat de l'opposition. Et l'autorité, qui comptait là deux représentants, le président du

---

1. *Docum.*, pièce 168.

bureau et le maire, encourageait ou laissait faire.

Je puiserai plus d'une fois dans ce petit drame de village ; ce que j'en veux à présent retenir, c'est l'entière candeur des personnages. Devant la Cour d'assises (car notre loi qualifie de crimes ce genre d'inadvertances), l'interrogatoire du garde champêtre est un aveu plein de bonhomie :

Monsieur le maire m'a dit : « Lépine est entré dans la salle ; il a demandé un bulletin de M. de Bondy, et aussitôt M. de Chergé s'est levé ; il a emmené Lépine dans le couloir, puis il est rentré ; Lépine est rentré après et il a voté... » Voilà ce que monsieur le maire m'a dit.

M. LE PRÉSIDENT. — Et s'il ne vous a dit que cela, vous saviez bien qu'il n'y avait rien à faire pour vous et qu'il n'y avait pas de quoi arrêter M. de Chergé ?

Silence de l'accusé.

Voyons, qu'avez-vous dit à M. de Chergé ?

L'ACCUSÉ. — Je lui ai dit : Monsieur, je suis fâché d'être forcé de vous inviter à me suivre à Belâbre.

M. LE PRÉSIDENT. — Est-ce que vous ne saviez pas que M. de Chergé faisait partie du bureau ?

L'ACCUSÉ. — Je ne pourrais pas bien répondre là dessus.

M. LE PRÉSIDENT. — Il était assis au bureau ?

L'ACCUSÉ. — Oui.

M. LE PRÉSIDENT. — Comment vous, garde champêtre, avez-vous pu croire avoir le droit d'entrer dans la salle du vote et d'arrêter un des assesseurs.

L'ACCUSÉ. — *Il faut croire* que je me suis trompé, mais je vous dis que j'ai cru faire mon devoir. »

Quant à l'adjoint, président du bureau, il a conseillé au garde champêtre de dresser procès-verbal. Procès-verbal de quoi ? — « Un électeur avait dit qu'il se passait des *atrocités*...

M. LE PRÉSIDENT. — Mais, ces atrocités, les avez-vous vues ?

LE TÉMOIN. — J'ai vu que M. de Chergé est sorti avec Lépine.

M. LE PRÉSIDENT. — Eh bien ! est-ce que M. de Chergé n'a pas le droit de sortir ? Est-ce qu'un électeur n'a pas le droit de parler à un autre ?

M. BOTTARD, défenseur de l'accusé. — Monsieur l'adjoint croit-il qu'on ait eu le droit de voter pour M. de Bondy et de distribuer des bulletins à son nom ?

M. LE PRÉSIDENT. — Ah ! permettez.... c'est là une question.... dirai-je, politique ?... Mais enfin elle est inutile dans la cause.

M. BOTTARD. — Hélas ! monsieur le président, je ne fais pas de politique, mais c'est l'ignorance politique que je tiens à faire constater... »

Ignorance, en effet, et, par-dessus tout, timidité. Ces campagnards, si héroïques dans les batailles, tremblent chez eux comme le lièvre au gîte. Il n'y a pour le travailleur des champs ni petits profits, ni petites pertes, ni petites peurs.

Apre au gain, isolé, défiant, il passe sa vie sur la défensive. Le danger pour lui est partout, dans le ciel qui se charge, dans le voisin qui empiète, dans le passant qui l'interroge. Mais ce qu'il redoute le plus, après la grêle, ce sont les procès-verbaux.

La notion de la légalité n'étant chez lui qu'à l'état sauvage, il ne fait guère de différence entre l'autorité et l'arbitraire. Il sait à peu près ce qu'est un tribunal, parce qu'il y plaide, mais il croit aux *épices*, comme il y a cent ans. Vis-à-vis du pouvoir local, son état d'esprit habituel est un fatalisme naïf, très-difficile à convertir. Parlez-lui de recours et de garanties, il vous écoute, mais sans vous croire. La loi pour lui est chose de chair et d'os : on lui parle, on la salue, on lui plaît ou on lui déplaît. La loi, c'est le garde champêtre qui veille sur la berge des chemins, et sur la vache des pauvres gens. C'est le forestier qui a l'œil sur l'usager; c'est le percepteur avec qui l'on est en retard; le commissaire qui siége au canton; c'est le gendarme enfin, qui ne fait que passer, mais qui vient, comme le dévoûment, séparer l'ivraie du bon grain, en menant l'ivraie en prison. Je ne dis rien des maires, nous les retrouverons.

Un dernier trait de cette race excellente, c'est sa parfaite crédulité. On sait quel crédit trouvent dans le peuple des villes les niaiseries, si elles sont imprimées.

Ce qui, là, est vrai des choses qui se lisent, est vrai, dans les campagnes, des choses qui se disent. Bien les connaissent, ceux qui les font voter ! Aux arguments se juge l'auditoire, comme la soupape au poids qu'elle peut porter. On sourit de voir tant de gens paisibles, conservateurs endurcis, impérialistes avérés, représentés comme portant en croupe la Révolution. Tel député, choisi, il y a dix ans, pour son humeur inoffensive et sa parfaite insignifiance, veut aujourd'hui saper l'État. Ici, c'est « le sel à cinq sous la livre, et le fromage à 30 francs le cent[1], » sans compter les vignes arrachées, les ouvriers privés

---

1. Placard affiché contre M. de Montalembert :

« En votant pour M. de Montalembert, c'est voter :

« L'ignorance de vos enfants ;
« L'ancien régime et ses corvées ;
« La guerre en Italie ;
« Le sel à cinq sols la livre ;
« Les fromages à 30 fr. le cent ;
« Enfin vous envoyez un ennemi au gouvernement.

« Signé : Quelques amis du peuple des campagnes. »

de vin, les curés consignant «les horlogers[1]» à domicile. Celui-là rétablira le servage, et fera, comme au bon temps, *battre les grenouilles* des fossés du château[2]. Cet autre fera manger au paysan du pain de paille : bruit sérieux et qui porte coup, puisque les juges le châtient et font afficher le jugement à titre de réparation[3].

Bourgeois des villes, détracteurs du suffrage universel, électeurs à 200 francs, de tout ceci ne triomphez pas : n'avez-vous donc jamais subi le joug des vaines rumeurs et des terreurs aveugles, jamais incliné devant l'autorité les garanties du Citoyen, jamais pris pour le respect du pouvoir, la couardise devant l'Arbitraire ?

---

1. « Dans la dernière semaine qui a précédé les deux jours du scrutin, surtout vers la fin, il a couru dans toutes les communes les bruits les plus singuliers. Si M. de Montalembert était nommé, il devait faire arracher les vignes, interdire aux ouvriers de boire du vin, faire réduire la journée de l'ouvrier à 75 cent. et même à 40 cent., interdire *aux horlogers et aux horlogères* de sortir plus de dix minutes sans la permission des curés, faire déclarer une guerre pour la Pologne, prescrire une levée de 18 à 40 ans, etc. » (*Protestation contre les Élections du département du Doubs.*)

2. Proclamation du maire de Jouvelle. *Docum.*, pièce 170.

3. Affaires Gareau. *Docum.*, pièce 170.

III

LES FONCTIONNAIRES

On ignore généralement, à Paris, ce que c'est qu'un préfet en province.

Non qu'on n'y ait besoin de l'autorité, comme ailleurs; — mais la foule y est si grande, si diverse, si mouvante, les intérêts indépendants s'y rencontrent en si grand nombre, les gens qui pensent y forment une minorité si respectable, l'échange des idées y est si rapide, l'opinion si ingouvernable, qu'on y a toujours été, en somme, plus libre de penser, de parler, de vivre à sa guise, qu'en tout autre lieu du monde. La terreur n'y a jamais été que superficielle et passagère; les plus vieux despotismes s'y sont brisés contre deux forces insaisissables, la causerie et les chansons. L'autorité n'y pourra jamais prendre ce laisser-aller

indiscret et paternel qui est le fléau de la province.
Il y a bien un peuple de petits boutiquiers, d'éta-
logistes, de gens de la halle et de débitants, qui
aurait, s'il pouvait parler, quelque chose à dire,
mais il ne parle pas.

Depuis dix ans, l'unique affliction municipale
du Parisien, c'est une démolition infatigable, un
déménagement forcé, incessant, systématique :
il s'en plaint, — et s'en venge. A part cela, et à
la condition de n'être ni journaliste, ni avocat, ni
homme d'État, ni moraliste austère, ni orateur
d'estaminet, de respecter la Police, ses règlements
et ses fonctionnaires, et de ne pas faire de politique, il a le droit d'être Athénien tout à son aise.

D'ailleurs, il y a à Paris deux préfets, le préfet
de police et le préfet de la Seine, — et c'est quelque chose d'avoir deux maîtres : les départements
n'en ont qu'un.

Il n'était point commode d'être préfet, au temps
des « incorrigibles rhéteurs. » Le chef-lieu avait
ses journaux, ses salons, ses meneurs : autant
d'Aristarques pour la préfecture. Il y avait des influences à caresser, des adversaires à ménager,
des mécontents à conquérir. En vingt ans, tout a
bien changé. Les secousses politiques ont usé les
résistances, la centralisation a fait son œuvre. Les

aristocraties locales se sont fondues, les têtes rétives n'ont pas eu de successeurs, l'esprit provin-
cial n'est plus qu'un souvenir. L'administration
préfectorale, qui louvoyait jadis parmi les écueils,
fend avec majesté des ondes apaisées.

Le clergé seul pouvait être un obstacle : il se
livra, au début de l'Empire. Puis vint la brouille
des deux pouvoirs. L'Église n'est ni fière dans ses
rancunes, ni inpatiente dans ses revanches. Mais
aux élections générales, l'occasion était unique,
elle s'empressa de la saisir. Corporation respectée
et forte, malgré trois cents ans de décadence;
hiérarchie savante, personnel immense, disci-
pliné, infatigable; action souterraine; politique
imperturbable, qui ne désespère jamais, qui
attend toujours et qui n'oublie pas : le clergé est
à lui seul le plus grand gouvernement, la monarchie la mieux ordonnée, la première police qui
soit au monde. La Bretagne vit ce duel étrange :
les curés d'un côté, les maires de l'autre. Mais
hélas ! la vieille garde catholique a laissé battre
son archevêque, et conduit au Capitole le bouil-
lant préfet d'Ille-et-Vilaine [1].

---

1. V. ci-après la collection des circulaires confidentielles

Cherchez maintenant des contre-poids à cette centralisation triomphante !

Les journaux ? Les uns ont péri de mort violente, les autres se sont faits thuriféraires. Quelques-uns demeurent debout, portant leur franc parler à travers toutes les épreuves : ils sont en trop petit nombre. Ceux qui suivent la presse départementale peuvent remarquer que dans les affaires d'État elle est assez libre, beaucoup plus libre qu'on ne pourrait croire. L'indiscrétion, l'ironie, la critique même lui sont permises. Mais pour ce qui est du pouvoir local, des petits abus et des fonctionnaires, ces « sentinelles avancées de l'opinion, » comme elles s'intitulent, abandonnent l'opinion à ses propres lumières.

Les conseils généraux ? S'ils eurent en un temps des velléités parlementaires, ils ont prouvé depuis qu'on en revient, comme de toutes choses. Leurs affaires se font maintenant en quelques jours. Par une fine attention des bureaux, jaloux du temps de ces notables, le travail est fait d'avance. Le préfet parle, le conseil vote : de temps en temps, on

---

de M. le préfet d'Ille-et-Vilaine, qui caractérisent si bien la lutte dans cette partie de la France. *Docum.*, pièc. 6 et suiv.

fait passer, au travers de l'entretien, le spectre des
« discussions stériles »...

L'opinion locale ? Combien de maisons en province accepteraient à cette heure que la préfecture les mît en interdit ?

Rappelez-vous ce grand évêque, mis au ban
des fonctionnaires. Demandez aux députés indo-
ciles, transformés d'un coup de plume en députés
hostiles, s'ils reçurent beaucoup de saluts dans
leurs *bourgs* d'autrefois, après que l'administration eut dénoncé, sous leur fidélité apparente, le
pied fourchu parlementaire.

Ce n'est pas le gouvernement, c'est la centralisation que j'accuse ; non l'héritier, mais l'héritage.
La politique n'a fait que hâter ce qui était dans
la force des choses. A ce point de son développement, la centralisation porte des fruits étranges.
Il lui arrive que tout doucement, à son insu, elle
se démembre. Le Pouvoir glisse aux mains des
quatre-vingt-neuf préfets. Au centre, on ne voit
que par leurs yeux ; la vérité est suspecte venant
d'autre source. Un préfet peccable, — s'il pouvait
y en avoir, — serait jugé sur son rapport. Tout ce
qui s'est fait, depuis dix ans, sous le nom pompeux de décentralisation administrative, s'est
malheureusement fait dans ce sens. Ni les com-

munes, ni les départements n'en sont plus libres :
il n'y a que les préfets d'émancipés. On a mis
dans leurs mains plus d'autorisations, plus de
nominations, plus de faveurs ; et par une nécessité logique, dont on ne s'est pas même rendu
compte, on a laissé à leur jugement, à leur prudence, à leurs caprices, le maniement de cet instrument politique qui est l'âme du système, et
qui s'appelle les CANDIDATURES ADMINISTRATIVES.

M. Plichon disait, à ce propos, cette année, devant la Chambre, qui ne le démentait pas : « C'est
dans la plupart des cas d'après les renseignements
des préfets que le ministre se décide. » Dans leurs
moments d'épanchement, les préfets n'en discon-
viennent pas ; ils s'en vantent même avec une
aimable bonhomie. Haranguant l'an dernier les
électeurs de Monastier (Haute-Loire), M. le préfet
leur tenait ce discours, qu'il faut citer, car c'est
une page d'histoire :

Sous le dernier gouvernement, les électeurs, *pour
suppléer à la direction qui leur manquait*, avaient
imaginé les réunions préparatoires, où les candidats
venaient exposer leurs principes et se soumettre à
une décision première d'admission ou de rejet. Souvent ils convenaient entre eux que le moins favorisé
se retirerait et céderait ses voix ; mais ces réunions

étaient souvent tumultueuses et la plupart du temps inefficaces. L'administration remplit aujourd'hui, pour ainsi dire, l'office des réunions préparatoires. *Nous autres administrateurs, désintéressés dans la question, et qui ne représentons en définitive que la collection de vos intérêts,* nous examinons, nous apprécions, nous jugeons les candidatures qui se produisent, et après un mûr examen, avec l'agrément du gouvernement, nous vous présentons celle qui nous paraît la meilleure et réunit le plus de sympathies, non pas comme le résultat de notre volonté et encore d'un caprice, mais comme l'expression de vos propres suffrages et le résultat de vos sympathies[1].

Ainsi parlent, ainsi pensent, ainsi font ces hauts fonctionnaires. Ils n'administrent plus seulement les populations, ils les représentent. Vous croyiez peut-être que le Corps législatif avait été, l'année dernière, pour quelque chose dans le retrait de l'impôt du sel? Non; le bienfait venait des préfectures. — Qu'on en renvoie tout le mérite à l'Empereur, rien de plus simple : tout pouvoir qui cède, en pareil cas, s'honore. — Mais ceci ne fait point l'affaire de M. le préfet de la Haute-Saône : il nous apprend que l'Empereur ne s'est

---

1. Ce discours a paru tout au long dans le *Journal de la Haute-Loire.*

décidé que « sur les rapports de ses fidèles fonc-
« tionnaires, et particulièrement sur ceux des
« préfets de l'Empire [1]. »

Ailleurs, le préfet prend l'élection à son compte,
et se met personnellement en cause : « Les ennemis de l'Empereur et de *mon administration*,
« écrit M. le préfet d'Ille-et-Vilaine, se proposent
« de combattre de concert les candidats du gou-
« vernement [2]. » Et le journal dévoué de l'endroit
annonce aux populations émues, pour le cas où
elles se donneraient le tort d'une élection indépendante, deux catastrophes épouvantables : une
révolution d'abord, puis « la destruction du
« crédit de M. le préfet d'Ille-et-Vilaine. »

Ici l'on commande, là on adjure. « Faites cela
pour moi, s'écrie M. le préfet de l'Eure (le même
qui est connu pour ses virements et ses pompiers [3]) :

Dites-moi, vous, agriculteurs des plaines du Rou-
mois et du Lieuvin, ouvriers de la vallée de la Risle,
amis que j'ai trouvés à Brionne et à Pont-Audemer,

---

1. *Docum.*, pièce 131.
2. *Docum.*, pièce 6.
3. V. la circulaire de M. Janvier aux pompiers. *Docum.*,
pièce 13.

dites-moi si depuis huit ans que vous m'avez parmi vous j'ai attendu aujourd'hui pour m'enquérir de vos besoins, soulager vos souffrances, soutenir vos intérêts... Jugez donc, esprits impartiaux; jugez, natures loyales... Consultez vos cœurs,... pas une abstention : je n'ai jamais calculé mon temps quand il s'agissait d'aller parmi vous ; *donnez-moi aujourd'hui les quelques minutes que je demande à votre affection !*

Ce n'est pas de la rhétorique, c'est le fond des choses. Éditeurs de candidatures, les préfets se sentent responsables. Telle est la règle administrative. Elle se rencontre formulée avec une précision éloquente, *brevitate imperatoriâ*, sous la plume d'un de ces hauts administrateurs :

Les élections générales fournissent au gouvernement le moyen d'apprécier l'influence et le dévouement des hommes qu'il associe à son action.
(Circulaire aux maires du département de l'Aude, extrait du *Courrier de l'Aude* du 26 mai 1863.)

Ce que nous proposons de traduire par ce petit bout de catéchisme à l'usage de MM. les maires :

D. Quelles sont les qualités d'un bon maire ?
R. L'influence et le dévouement. Il doit être le premier de la commune par l'influence et n'avoir pas d'égal pour le dévouement.

D. A quels signes reconnaît-on particulièrement l'influence d'un bon maire ?

R. Au résultat des élections. Tant vaut l'élection, tant vaut le maire.

D. Un maire qui ne fait pas réussir le candidat de l'administration cesse-t-il donc pour cela d'être un bon maire ?

R. Oui ; car s'il est influent, c'est le dévouement qui lui a manqué ; et s'il est dévoué, c'est qu'il a cessé d'être influent.

D. De sorte qu'au point de vue administratif (qui est le vrai), on pourrait appeler les élections la grande pierre de touche, ou l'éprouvette des administrateurs ?

R. Comme il vous plaira, monsieur le préfet....

Et s'il se rencontre, dans le nombre, des intelligences rétives, on mettra pour elles l'exemple à côté du précepte.

La liste serait longue des maires admonestés, suspendus, révoqués par les préfets avant, après, pendant les élections.

Des opposants, peut-être ? Pour le croire, il faudrait bien mal connaître ce personnel modeste, docile et dévoué, que l'état-major préfectoral choisit, chapitre depuis douze ans, avec la supériorité qui tient au prestige gouvernemental, aux ressources de l'omnipotence, à l'inégalité d'éducation, à une action quotidienne, personnelle, familière, qui sait être tour à tour, selon les besoins, impérative ou caressante !

Qui a vu un maire de campagne les a tous vus. C'est toujours, avec des nuances dans la bonhomie, ce mot d'un maire du département de Seine-et-Oise : « Votons pour le gendre de M. le préfet. Qui peut mieux connaître les intentions de M. le préfet que M. son gendre ? »

Plusieurs de ces maires-martyrs ont fait au public la confidence de leurs plaintes. Quel cœur de roche n'en serait pas touché ?

Celui-ci avait rêvé de rester neutre « entre deux candidats également dévoués au gouvernement de l'Empereur, » dont l'un était lui-même, maire depuis quinze ans [1] !

Celui-là, qui signe héroïquement : « napoléonien de la veille, et quand même, » avait simplement écrit en confidence à son préfet ce qu'il pensait du choix des candidatures [2] !

---

1. V. lettre du maire de Louzac. *Docum.*, pièce 81.
2. Lettre de M. Lapointe. *Docum.*, pièce 83.

L'un, que le notariat rendait suspect dans une lutte où il s'agissait d'immoler un notaire, sommé de répondre de son zèle, n'a pu répondre que de son impartialité [1] !

Cet autre enfin, l'âme combattue entre son écharpe et ses affections, a été trouvé mélancolique dans sa propagande [2] !

Les départements dont la députation avait été épurée sont particulièrement jonchés de ces héros à contre-cœur. M. de Chambrun en a relevé jusqu'à vingt-huit dans la Lozère [3] ; il y a eu pareilles hécatombes dans la Corrèze, la Haute-Saône, etc.

La plupart en exercice depuis longues années. Mais qu'importe, en temps d'élections ? Maires innocents et simples, vous vous flattiez de la neutralité ? Est-ce qu'elle est seulement permise aux instituteurs ?

« Combattre les candidatures administratives, écrit un inspecteur des écoles, c'est combattre l'Empereur lui-même. En adopter et en patronner d'autres, c'est également servir et recruter con-

---

1. V. la lettre du maire du Bréal. *Docum.*, pièce 79.

2. V. la lettre de M. le maire de Bazouges-la-Perouse, *Docum.*, pièce 82.

3. V. ci-après. *Docum.*, pièce 85.

tre lui.... Ne pas les combattre, mais aussi *ne pas les soutenir, c'est l'abandonner, c'est rester l'arme au pied dans la bataille*..... Votre *indifférence* me causerait de la surprise et du regret; votre hostilité serait à mes yeux une erreur coupable et sans excuse.... [1]. »

Et, en dehors des fonctionnaires, dont l'administration exige à tout prix l'absolu concours, comptez, si vous pouvez, l'essaim de troupes légères qu'elle a la prétention d'enrôler : c'est encore un inspecteur des écoles qui nous en fait connaître le curieux dénombrement :

Monsieur l'instituteur,

J'ai besoin d'avoir, par le retour du courrier, une réponse à chacune des questions ci-après :

1° Les noms et adresses de tous les anciens militaires habitant la commune et électeurs;

2° Des médaillés de Sainte-Hélène;

3° Des décorés de la Légion d'honneur;

4° Des retraités d'administration quelconque;

5° Des débitants de tabac;

6° Des cabaretiers;

---

1. Circulaire de l'inspecteur de l'académie de la Côte-d'Or. *Docum.*, pièce 91.

7° Des personnes chargées d'un service public, à quelque titre que ce soit, maçons, architectes, etc. ;

8° Des pères (électeurs) d'enfants devant tirer au sort l'année prochaine ;

9° Des pères d'enfants au service actuellement ou en réserve ;

10° Des pères d'employés, de fonctionnaires, de jeunes gens qui sont commis au chemin de fer ou dans les mines...[1] »

Total, dix classes de quasi-fonctionnaires, ou de fonctionnaires par alliance, en réserve pour ces grands jours.

Ainsi le veut le système. La centralisation est comme l'égoïsme : on ne lui fait point sa part. C'est elle qui mène de la sorte les plus honnêtes gens du monde. Quand le pays le comprendra-t-il ? Quand le gouvernement lui-même se lassera-t-il de ces luttes à outrance, qui n'ont que défaites cruelles ou victoires compromettantes ?

---

1. Lettre de l'inspecteur des écoles de Cambrai.

LA LUTTE

I

GRANDS MOYENS. — ATTRACTION ADMINISTRATIVE

La lice est ouverte, l'heure a sonné, les VINGT JOURS commencent, jours sans avertissement, sans timbre, sans saisie, jubilé septenaire de la harangue, du colportage et de la liberté.

Ainsi l'entendaient encore les législateurs de 1849, si pleins qu'ils fussent déjà d'un beau zèle réglementaire.

Moins le droit de harangue, et quelques petites choses, c'est ce qui subsiste. On ne parle plus au Corps électoral, mais on lui écrit, et, comme il sied à une mère vigilante, l'administration lit par-dessus l'épaule.

Pour les préfets d'ailleurs, les sous-préfets, les

maires, les vingt jours commencent quand on veut.

Au moment où les barrières s'abaissent pour tout le monde, il y a des mois que les préfets sont en campagne. Leur prévoyance se mesure à la taille de l'adversaire : j'en sais que l'administration a minés pendant vingt-sept mois !

C'est la guerre sourde qu'il n'est donné qu'aux puissants de pouvoir faire. Cela commence par de vagues rumeurs, des demi-mots; on sent le flot qui se retire. Cela finit par des gendarmes ou des surveillances de police. Dans l'intervalle, on expulse l'ennemi des petits postes d'influence, fonctions gratuites, corvées municipales, sociétés agricoles [1], commissions hospitalières, jusqu'au jour où l'orage éclate dans le journal de la préfecture. Mais si l'administration peut beaucoup contre ceux qu'elle veut perdre, elle fait plus

---

1. Les Comices agricoles sont dans la dépendance absolue des préfets. M. le préfet de la Haute-Loire a dissous le bureau du comice agricole de Brioude : 1° parce que le comice agricole était devenu « un instrument politique entre les mains de ses dignitaires; 2° parce qu'il avait organisé, sans l'autorisation de la préfecture, *un concours de maréchallerie.* »—M. de Flaghac, président du comice, avait brigué, malgré le préfet, une candidature indépendante.

encore pour ceux qu'elle élève[1]. Longtemps à l'a-
vance, son élu est investi de ses pleins pouvoirs;
il a l'accès des ministres, l'oreille des bureaux,
la clef des faveurs; il ne se donne pas une demi-
bourse, un bureau de tabac, une subvention, qui
ne passe par son entremise; on lui renvoie les
communes besoigneuses, c'est lui qui reçoit, qui
écoute, qui promène les députations du département; il est la providence visible des paysans grê-
lés et des anciens militaires. Le temps venu, le
préfet le prend par la main, le produit, le présente.
Les tournées administratives organisées par M. de
Persigny, sortes de champs de mai de maires et
des fonctionnaires, sont tout à fait propres à cet
usage. Les maires sont convoqués, pour affaires
communales, à la sous-préfecture : c'est d'élections qu'on leur parle. Les deux choses, il est vrai,
se ressemblent, par le temps qui court.

En général, c'est l'époque des conseils de révision qui est choisie pour cette propagande ambu-
lante. Les maires de canton y tiennent cour

---

1. V. aux *Docum.*, p. 15, comment on parle aux députés même recommandés, quand on croit apercevoir en
eux le moindre symptôme de résistance. (Lettre du préfet
d'Indre-et-Loire à M. Gouin.)

plénière. La matière électorale aussi y abonde : conscrits et parents des conscrits, tous électeurs ou qui vont l'être. Au besoin, on les harangue. De canton en canton, le carrosse administratif s'arrête, et M. le préfet parle aux paysans. Il leur parle beaucoup de leur commune, de lui-même et de l'Empereur, un peu du candidat. Le hasard a placé celui-ci dans la voiture. Mais sans l'habit lamé d'argent et sans la faconde (dont un préfet ne peut se passer, mais qui est le superflu du député recommandé), que faire en ce *forum* de village[1] ? Heureuse sinécure ! Allocutions, bulletins, circulaires, — le tout sans frais, — c'est l'affaire de la préfecture. Il faut, pour quitter un oreiller si commode, être un novice brûlant de se répandre, un Mondor qui se plaît aux largesses, ou se prendre de paniques invraisemblables. Beaucoup ont l'esprit de laisser faire, sans bouger presque et sans mot dire.

Il en est d'ailleurs dont le nom seul est un

---

1. Dans la Haute-Saône, M. le préfet présentait aux populations l'honorable M. Latour-Dumoulin; le candidat ne parlait pas, mais les paysans, après avoir entendu le préfet, s'en allaient en disant: «C'est celui-ci qu'on devrait nommer député. »

éblouissement et une victoire. Non pas précisément les grands noms historiques, mais les noms
de hautes fonctions et de grand crédit. On ne lutte
pas avec un chambellan. Le chef du cabinet du
ministre de l'intérieur sera toujours, quoi qu'on
fasse, une planète électorale sans seconde[1]. Un
gouverneur du Crédit foncier, ce prêteur-né des
communes, parcourant les communes, y mon-
trant ce qu'il peut faire, a des attraits irrésistibles[2].
Ceux-ci, enfin, qui font à eux trois une dynastie de
millionnaires, s'avancent, semant l'or et les promesses, au milieu des populations prosternées[3] :
ce sont les candidats du veau d'or.

La molécule électorale, c'est la commune, bien
plus que l'électeur. Mais la science de la commune,
qui la possède? qui lit dans les faiblesses de son
âme, dans les rêves de son budget? Qui sait où les
chemins vicinaux la gênent, où les *communaux* la
tourmentent? sinon celui qui l'autorise et la conseille, la subventionne et la morigène; ce tuteur,

---

1. V. aux *Docum.*, p. 169, la plaidoirie de Me Allou dans
l'affaire Gareau.

2. *Docum.*, p. 56 et suiv.

3. *Docum.*, p. 78, analyse des pièces relatées dans la
protestation des électeurs de Perpignan.

ce comptable, ce magistrat, cette providence qui
réside à la préfecture ?

La commune n'est qu'un paysan collectif, végé-
tant dans la pauvreté et la dépendance. Ceux qui,
voulant briser d'anciennes résistances, ont émietté
le pays, oublièrent qu'aux êtres moraux comme
aux corps animés, il faut de l'air pour respirer, de
la place pour vivre. Les petites communes (et elles
sont innombrables) sont demeurées de vrais enfants ; grandes ou petites d'ailleurs, aux yeux de la
loi, toute commune est une mineure. Les plus
mineures, comme chacun sait, ce sont les deux
plus grandes. Procès, travaux, revenus, voirie,
vaine pâture, tout se règle au chef-lieu, voire au ministère. La plupart, n'ayant ni octroi, ni marchés,
ni péages, vivent des aumônes du département
ou du trésor : toute commune est une mendiante.

On le voit bien, hélas ! en temps d'élection. Le
tentateur n'a pas besoin de faire luire à leurs yeux
les royaumes de la terre ; un bout de chemin, une
passerelle, une fontaine, un clocher sur l'église du
village, comblent les rêves des pauvres gens. Par
une heureuse coïncidence, le bienfait a coutume
de tomber la veille du vote. Tous les six ans re-
viennent ces jours de grâce, où l'administration est
toute à tous, aussi prodigue de ses largesses qu'un

prince en joie d'avénement. Ces madrés villageois
le savent, et d'un air naïf ils font leurs conditions.
« Si nous pouvions acheter la Gravelière, quel bon
chemin on en ferait! » — Mais la Gravelière vaut
500 francs, — c'est un prix — et la commune n'a que
100 francs dans sa caisse. — Patience! voici le 30
mai; brûlez un cierge à l'opposition. On affiche
une dépêche de Grenoble, le préfet donnera
300 francs, « Espérant que les habitants apprécie-
ront cette marque de sollicitude, et auront à cœur
d'y répondre en manifestant *demain* leur profond
attachement pour le gouvernement de l'Empereur[1]. » Ainsi doit parler un préfet; les maires,
bonnes gens, y mettent moins de façon :

« Le gouvernement, par l'entremise de M. Latour-Dumoulin, vient d'accorder 400 francs pour
les pauvres de la commune : on espère que les
pauvres voteront tous, par reconnaissance, pour
M. Latour-Dumoulin[2]. »

« Le maire d'Oberentzen fait savoir à ses concitoyens qu'il est à désirer que M. Gros soit élu
comme député, parce que personne ne peut faire
autant pour la commune que M. Gros, qui seul est

---

1. *Docum.*, p. 32.
2. *Docum.*, p. 45.

proposé par le gouvernement. Si le gouvernement
est appelé à venir en aide à la commune, pour la
nouvelle maison d'école, il faut que la commune
prouve par cette élection qu'elle est digne de l'assistance du gouvernement [1]. » Et le maire de
Soulaines : « …. Observant aux habitants qu'il
est grandement dans leurs intérêts *de remplir fidèlement les intentions de M. le préfet,* qui jusqu'à
ce jour nous a favorisés dans nos entreprises, par
les fonds du gouvernement qu'il a accordés, tâchons de continuer à conserver sa bonne intelligence, afin qu'il nous vienne encore en aide pour
terminer la confection de nos routes, n'ayant pas
les moyens par nous-mêmes d'en venir à bout…[2] »

Voilà la logique du village, tudesque, picarde
ou gasconne, du nord au sud, partout la même,
logique de l'instinct, politique des besoins, des
intérêts, des convoitises.—Avec elle, je le sais, il
faut bien que tout le monde compte—un gouvernement plus que personne au monde. Nous ne
faisons pas ce rêve de collége, de paysans épris
du régime parlementaire, goûtant la presse
parisienne, suivant du bout du sillon les jeux

1. *Docum.*, p. 43.
2. *Docum.* p. 28.

de la diplomatie, prêts enfin à se faire tuer, comme les héros de nos faubourgs, sur le corps d'une charte quelconque! La politique de l'homme des champs sera bien longtemps encore locale, étroite, intéressée, timide, et c'est pour cela que le suffrage universel, dont le passe-port seul est révolutionnaire, n'est au fond qu'un instrument conservateur. Que la centralisation répande donc sur ces masses trop dédaignées ses lumières, ses secours, ses faveurs, et qu'au jour où elle vient devant ses juges, elle demande qu'on tienne compte de ce qu'elle a fait pour leur bien-être! Mais pourquoi dépenser en huit jours six ans de bienfaits capitalisés? Pourquoi tolérer qu'il paraisse, dans un journal de préfecture, des mentions comme celle-ci :

« M. Calvet-Rogniat ayant signalé à Son Exc. M. le ministre de l'intérieur le retard qu'éprouve dans les arrondissemeuts de Milhau et de Sainte-Affrique l'achèvement des chemins classés de moyenne communication, Son Excellence a daigné mettre *à la disposition personnelle* de l'honorable député la somme de 7,000 francs, *qu'il vient de répartir* de la manière suivante sur l'avis de MM. les sous-préfets des deux arrondissements. Le don de cette somme *est un acte de libéralité de*

Son Excellence M. le ministre envers M. Calvet-Rogniat[1].» Comment l'indulgence ministérielle a-t-elle pu couvrir l'auteur de cette affiche, qui a fait le tour du monde?

Empire Français.

DÉPARTEMENT DES BOUCHES-DU-RHONE.

VILLE DE MARTIGUES.

Nous, maire de la ville de Martigues, capitaine de frégate en retraite, membre de la Légion d'honneur, portons à la connaissance de nos administrés, la dépêche suivante :

BOURNAT, membre du conseil général, à Monsieur le maire de Martigues.

Monsieur le maire,

Par ordre de monsieur le sénateur, je suis très-heureux de vous annoncer qu'il vient d'être fait droit à la demande des pêcheurs de Martigues; vous pouvez leur annoncer que la vente facultative à la criée est rétablie. C'est le premier service qu'il m'est permis de rendre à la population si intéressante de votre commune. J'espère, monsieur le maire, que ce ne sera pas le dernier.

Je n'ai pas oublié votre demande d'une garnison

---

1. Extrait du *Napoléonien de l'Aveyron.*

à Martigues ; je crois pouvoir vous annoncer que cette demande, accueillie déjà par M. le sénateur, le sera aussi par M. le ministre de la guerre, dès que la commune aura les dispositions nécessaires d'un local pouvant servir de caserne.

Fait en préfecture, le 26 mai 1863.

C. Bournat.

Pour copie conforme :

Garnier, maire.

Hiérarchie gouvernementale, traditions administratives, que fait-on de vous dans cette bagarre?

Dans quel matérialisme politique faudrait-il donc nous voir descendre? A quelles proportions s'abaisseraient les luttes les plus hautes? Et que pensera l'histoire, qui juge les petites choses comme les grandes, d'un temps où l'on a fait dépendre le succès de la moins locale, de la plus politique des candidatures, de cette question de vie ou de mort: la concession du canal de Verdon est-elle de 450 ou de 600 centimètres cubes [1]?

---

1. Habitants de l'arrondissement d'Aix,

Vous désiriez depuis longtemps que l'Empereur vous accordât le *canal du Verdon*; ce canal vous avait été solennellement promis; les ennemis du gouvernement de l'Em-

Avec des maisons d'école, des chemins vicinaux, des droits d'usage et de pâture, on est le roi des petits villages. C'est la menue monnaie de ce que nous appellerons, faute d'un autre mot, l'attraction administrative.

Les gros bourgs et les villes ont de plus hautes exigences. Tout marquis jadis voulait avoir ses pages : aujourd'hui, tout chef-lieu de canton a rêvé son chemin de fer.

Les chemins de fer sont la grande affaire, et

---

pereur vous ont dit que cette promesse n'était qu'un leurre.

Une dépêche télégraphique, adressée par S. Exc. le ministre de l'Intérieur à M. le sénateur chargé de l'administration des Bouches-du-Rhône, n'a pas tardé à vous annoncer que le décret a été signé par Sa Majesté.

D'indignes détracteurs ont poussé l'audace jusqu'à afficher encore des doutes.

La publication du décret lui-même est venue déjouer leurs manœuvres.

On vous dit aujourd'hui que ce décret mentionne seulement une concession de 4 mètres 50 centimètres cubes d'eau : voici l'extrait du cahier des charges, approuvé par le Conseil municipal d'Aix, et devenu exécutoire par décision souveraine.

Extrait du cahier des charges approuvé par délibération du Conseil municipal d'Aix, en date du 8 mai 1863, rendu exécutoire par l'art. 1er du décret impérial du 20 mai 1863.

ARTICLE 6.

« Le volume d'eau à dériver du Verdon, pour alimenter

comme l'air respirable de ce temps-ci. La France,
qui se sent en retard, demande à grands cris qu'on
l'en couvre; elle en veut partout, coûte que coûte;
ni montagnes ni devis ne l'arrêtent : il lui en faut
pour ses affaires, pour ses produits, pour sa défense, pour son plaisir. Naturellement, c'est de
l'État qu'elle les espère. Le ministre est assiégé
de démarches et de prières, d'avant-projets et de
délégués. Opposer les charges du trésor ou la
parcimonie des Chambres, au temps qui court,
n'est plus de mise. Mais quand tout le monde
demande, le point délicat, c'est de ne mécon-

« le nouveau canal, est fixé à six mètres cubes par seconde,
« y compris le volume d'un mètre cinquante centimètres
« cubes déjà concédé par la loi du 4 juillet 1858. »

Il est temps enfin qu'on sache de quel côté est la sincérité, de quel côté sont les vrais amis du pays.

Les menées que je viens de vous dénoncer vous donnent
la valeur des assertions de ceux qui cherchent à vous tromper dans un intérêt de parti, et de la confiance que vous
devez avoir en leurs paroles. La longanimité de l'administration est à bout. Les propagateurs de fausses nouvelles,
activement surveillés, seront désormais déférés aux tribunaux.

Aix, le 28 mai 1863.

Le sous-préfet de l'arrondissement d'Aix,
Baron De Farincourt.

tenter personne. Avant d'être un homme d'affaires, un économiste, un ingénieur, le ministre des travaux publics est tenu d'être, en temps d'élections surtout, un prodige de diplomatie. Rendons ce témoignage à l'administration, que son habileté a dépassé toutes les espérances.

Quelques exemples le feront voir.

Il y a dans le département de Saône-et-Loire un pays riche, industrieux, peuplé, qu'on appelle le Charolais. Il est entre deux chemins de fer, la grande ligne de Lyon et celle du Bourbonnais, à proximité de l'un et de l'autre : d'autant plus friand d'avoir à lui seul un des précieux tronçons. Comme de juste, la compagnie de Lyon refuse : elle a des intérêts contraires. Entre les deux, le gouvernement jouait son rôle, ne disait ni non ni oui, promettait à moitié, de temps en temps, sans échéances. Le fait est qu'il n'y avait pas même d'études préliminaires. Mais l'approche des jours de vote fait sortir des dossiers les promesses endormies. Tout à coup le ministre désigne un ingénieur, le préfet autorise les études; des plans sont levés, les piquets s'alignent, les nivellements commencent. Un mot a suffi pour mettre tout le monde en l'air, un serment déposé dans une préfecture. Le serment[1] est du 15, la décision ministérielle du 18, l'arrêté préfectoral du 24. L'opposition fait les affaires du pays à sa manière, qui pourrait s'en plaindre? étudier un tracé, n'est ce point chose permise? Cela se fait au grand jour, cela s'affiche, se crie, se tambourine[2], et comme pour trouver le bon chemin il faut un peu tourner autour, cela fait des heureux, sans faire de jaloux. Et puis cela n'engage pas trop.... au dire des gens du Var.

Ceux-ci caressaient aussi le vague projet d'une ligne de fer, perçant le massif de montagnes qui fait le centre du département, et doublant la grande voie qui longe la mer. Eux seuls y croyaient un peu, comme on croit aux choses qu'on désire. Le 22 mai, il n'y avait pas le plus petit bout de plan, la plus légère apparence d'étude. Mais le 23 mai, arrêté du ministre qui prescrit d'étudier, qui nomme l'indispensable ingénieur. Le 30, tous les doutes tombent : une nuée d'employés sort de terre, portant leur mission écrite sur leur chapeau, l'uniforme des ponts et chauś-

---

1. Celui de M. Charles Roland, ancien maire de Mâcon.

2. L'art. 6 de l'arrêté préfectoral ordonnait de l'afficher au son du tambour. V. aux *Docum.*, p. 60 *bis*, la lettre de M. Ballard.

sées ramène partout l'espérance : c'est le chemin
de fer qui commence! les jalons pointent au fond
des vallées, couronnent les rocs inaccessibles : tous
les tracés imaginables triomphent à la fois, n'est-
ce point assez? C'était trop, hélas! puisque depuis
le 31 mai l'affaire en est demeurée là.

Toulouse, plus modeste, ne voulait qu'une gare,
pour le bien d'un de ses faubourgs. Quel bruit se
répand, à la fin de mai? Que la gare désirée est
certaine. Cela, grâce à M. le maire, candidat du
gouvernement, et bien placé pour le savoir. Voici,
en effet, qu'on dépave le faubourg, qu'on toise,
qu'on tire des lignes, qu'on plante des piquets.

Je n'ai fait que passer, il n'était déjà plus...

Cela dura l'espace d'un scrutin; le lendemain,—
comme le matin dans les ballades,—les piquets éphé-
mères s'enfuyaient et les pavés rentraient chez eux.

Quand il n'y a rien de fait, que le terrain est
vierge, les habiles peuvent se donner carrière.
Mais en face d'une ligne étudiée, dessinée, concé-
dée, connue, est-ce possible? Cela s'est vu pourtant.
De Vesoul à Besançon, deux tracés sont admis-
sibles : l'un par la vallée de la Linotte, l'autre par
Rioz. De tout temps, Rioz a eu tort. L'autre route,
plus traficante, est celle des conseils généraux,

de l'avant-projet, de la loi de concession, des ingénieurs des ponts et chaussées, des ministres, de
la Chambre, de tout le monde. Si l'on pouvait
pourtant faire luire aux gens de Rioz un rayon
d'espoir? Cela minerait un peu M. d'Andelarre,
ce candidat que rien ne démonte. Heureusement, l'affaire a encore, selon la règle, un
dernier degré à franchir dans la filière administrative; le préfet peut affirmer, sans mentir, que
la décision *officielle* n'est pas rendue. Là-dessus
s'engage entre la préfecture, le candidat, l'inspecteur des mines et le ministère, un feu croisé de
dépêches et de placards, d'affirmations et de démentis où l'ingénieur contredit le préfet, le ministre
l'ingénieur, triste querelle, frappant exemple de
dialectique administrative, dont un jeu de mots
faisait tous les frais, mais où il était bien sûr que
le paysan comtois ne pouvait se reconnaître. Et
pendant qu'on envoyait à Rioz des employés de la
compagnie concessionnaire, pour s'y faire voir
pendant trois jours, la préfecture faisait grand
bruit, avec les gens de la Linotte, d'un classement
de chemins vicinaux reliant les gares futures[1] !

---

1. V. aux *Docum.*, p. 62 et suiv., les pièces relatives
à cette curieuse affaire.

Cette belle humeur de MM. les préfets est chose méritoire, car elle amène parfois d'étranges embarras. Pour leur malheur, les fleuves ont toujours deux rives, et, entre elles, un chemin de fer doit choisir. Les intéressés, qui ne l'ignorent pas, se regardent d'un œil jaloux d'un bord à l'autre. Où passera le chemin de fer de Libourne à Bergerac, sur la rive droite, sur la rive gauche? Si c'est sur la rive droite, la Dordogne triomphe; si c'est sur la rive gauche, hourra pour la Gironde. Que ne peut-elle toujours durer cette heureuse incertitude qui des deux côtés du fleuve laisse prise à l'espérance! Mais on vote dans trois jours, il faut se prononcer. On affiche donc, le 28 mai, ceci sur la rive gauche :

Habitants de Sainte-Foy!

Je me hâte de vous donner connaissance d'une dépêche qui vient de m'être adressée par S. Exc. le ministre de l'intérieur.

Après une discussion sérieuse sur la direction du chemin de fer de Libourne à Bergerac, j'ai proposé, comme transaction entre les deux intéressées, et je suis parvenu à faire accepter en principe la rive gauche, mais avec un pont à Bergerac, pour que la gare de cette ville soit sur la rive droite.

On va procéder aux formalités ordinaires en faveur du nouveau projet.

Vous pouvez le faire connaître officieusement, en attendant la communication officielle du ministre des travaux publics.

Vive l'Empereur !

Sainte-Foy, le 28 mai 1863.

Le maire,
Signé : B<small>ORDERIE</small>.

C'est le conseil des ministres—rien que cela—(ajoute le Journal de Bordeaux du 29) assemblé hier tout exprès, qui le veut ainsi.

Grande rumeur dans la Dordogne, dont ceci ne fait pas l'affaire. Dès le lendemain, pour la rassurer, ceci s'affiche sur la rive droite :

LE PRÉFET DE LA DORDOGNE AU SOUS-PRÉFET DE BERGERAC.

Périgueux, 29 mai 1863.

La nouvelle que vous avez reçue de Bordeaux est controuvée. Loin de là, une nouvelle enquête comparative sur les deux tracés est ordonnée, et je vais vous adresser les instructions nécessaires pour y procéder.

A qui croire? au préfet de la Dordogne? il est bien catégorique; au préfet de la Gironde? il réplique sur l'autre bord, en maintenant sa première dépêche par une seconde. Des démentis entre préfets, quel fâcheux exemple. Le corps électoral est bon prince, il les crut tous les deux, car il laissa battre M. Decazes, sur la rive gauche, M. Delprat sur la rive droite [1].

Il est admis qu'un ministre signe beaucoup de choses sans les lire. Il est convenu, entre gens en place, que ces vagues promesses n'engagent pas, et qu'on doit au prochain la bienveillance. Mais prenez garde! l'électeur est aux écoutes, et les subalternes qui vous font agir savent bien pourquoi l'on prend, au bas de l'échelle, ces réponses ambiguës, ces demi-faveurs, cette eau bénite des grands. Certes, quand M. le comte de Persigny, apprenant que la commune de la Seyne (Var) était depuis longues années en instance auprès de la chancellerie pour devenir chef-lieu de canton, et que la chancellerie ne s'y prêtait pas, écrivait cette curieuse dépêche :

Frappé des réclamations des habitants de la Seyne, pour obtenir l'érection de cette commune en chef-lieu de canton, et des considérations que vous faites

---

valoir à l'appui de leur demande, j'*insiste* auprès de M. le garde des sceaux pour qu'il soit fait droit aux vœux exprimés par la population.

Le ministre de l'Intérieur,
DE PERSIGNY.

Le préfet du Var,
MONTOIS.

30 mai 1863.

Il croyait qu'un 30 mai surtout, cette *insistance* ne le compromettait guère. Mais la dépêche échappée au trop plein de sa bienveillance faisait malgré lui son chemin; la brillante éphémère se posait à Six-Fours, à deux pas de la Seyne, et un maire de village la piquait à son mur, sous cette forme naïve et libre :

Habitants de Six-Fours [1] !

Une dépêche de S. Exc. le ministre de l'Intérieur, arrivée hier à Toulon, fait connaître que la ville de la Seyne VA ÊTRE ÉRIGÉE en chef-lieu de canton.

Les résultats de cette création pour la commune de Six-Fours sont immenses. Vous prouverez votre reconnaissance au gouvernement de l'Empereur en

---

1. Extrait du dossier de M. Philis, candidat de l'opposition dans la 2e circonscription du Var.

votant pour le candidat officiel, M. le vicomte de Kerveguen !

Fait à la mairie de Six-Fours le 31 mai.

Le maire,
OLIVIER.

(Affichée durant tout le scrutin.)

Puisque les dépêches sont des oracles pour les votants de ce temps-ci, que sera-ce si le voile se déchire et que celui qui les rend se laisse voir, toucher, haranguer, entendre ? A cent lieues de Paris, une divinité officielle n'a rien à craindre des esprits forts, et il est si doux d'être, là où l'on passe, sur le même pied que la Providence.

M. Rouher a voulu être la providence de la Corrèze, département pittoresque, mais obscur, qui a eu deux bonnes fortunes ensemble : un préfet et un député. Son préfet était le beau-frère du ministre des travaux publics ; son député avait encouru l'implacable disgrâce de M. le ministre de l'intérieur. Sans son préfet, le pauvre Limousin n'eût jamais vu peut-être la figure d'une Excellence ; sans le député, il est permis de croire que M. le ministre aurait choisi pour se rendre à la voix du sang une autre époque que les derniers jours du mois de mai 1863.

M. Rouher a passé huit jours dans la Corrèze, et la plus grande partie de ce temps sur l'arrondissement de Brive, ou, pour mieux dire, dans la circonscription électorale dont cet arrondissement est la base. Toutes les campagnes l'ont vu, entendu, acclamé : tous les chefs-lieux de canton lui ont dressé des arcs de triomphe : il a fait partout des harangues, laissé partout des enthousiastes. Ce ne sont point des ennemis qui racontent, c'est le journal *le Corrézien*, feuille soumise à la préfecture[1]. On l'y suit pas à pas, de village en village, de banquet en banquet, semant les discours, les sourires, les subventions, prodiguant surtout les espérances. On lui a demandé des ponts, des routes, des chemins de fer à foison, un nouvel arrondissement. Il a donné, promis ou fait espérer l'arrondissement, les routes, les chemins de fer et les ponts. Ce n'est pas seulement le ministre qui voyage, c'est le ministère. Le directeur général des chemins de fer est auprès de lui comme pour prendre acte de toutes choses. L'ingénieur en chef des ponts et chaussées complète le prestige. Et pour donner à ce déchaînement des convoitises départementales

---

1. Extraits du *Corrézien. Docum.*, p. 61.

son véritable caractère, l'éloge des candidats du gouvernement se mêle aux promesses de chemins de fer. M. Mathieu est de moitié dans toutes ces fêtes, et l'inconnu d'hier, l'adversaire de M. de Jouvenel, l'apologiste unique et rétrospectif de la loi de sûreté générale, trouve dans les reliefs des ovations ministérielles de quoi se faire une triomphante candidature.

Grâce à la finesse des électeurs limousins, voilà l'État engagé à jeter trois lignes de fer et 100 millions dans la Corrèze. M. Thiers se présente à Aix, et l'arrondissement est doté du canal de Verdon. A Valenciennes, le même candidat n'aura pas nui à la réforme de la législation sucrière, et le drawback du sucre de betterave pourra le compter au nombre de ses patrons. Le drawback était réclamé avec passion par la fabrique indigène, il était repoussé avec horreur par les gens des colonies et des ports. Que va faire le ministère ?

Nous laissons ici la parole à un des témoins de ce curieux épisode. Son récit, que nul ne démentira, lève un coin du voile, qui couvre d'ordinaire les délibérations ministérielles. Nous le donnons sans commentaire :

« Vers le mois de mars 1863, le gouvernement

ayant reconnu que le temps manquait pour présenter dans la session de 1863 une loi générale des sucres sérieusement étudiée, l'Empereur voulut bien promettre aux délégués des Chambres de commerce, aux députés des ports et aux délégués des colonies de ne faire présenter qu'à la session prochaine (1864) la loi sur le droit de sortie du sucre de betterave. Les délégués du commerce étaient retournés dans les ports, ayant confiance, comme tous les intéressés, dans la parole donnée. En conséquence, un projet de loi qui n'avait trait qu'au rendement à la raffinerie fut présenté par le Conseil d'État et envoyé à la commission des douanes. Le rapport de M. Ancel était terminé, lorsque celui-ci fut prévenu par M. le ministre du commerce, et engagé à venir chez lui avec les intéressés. Une partie de la commission des douanes, des délégués des colonies, quelques autres délégués du commerce qui se trouvaient à Paris dans le moment, se rendirent chez M. le ministre. Là, celui-ci lui déclara que quelques heures auparavant, au conseil des ministres, M. le ministre de l'intérieur avait dit à l'Empereur : que s'il ne revenait pas sur ses résolutions, ne mettait pas à néant les travaux du Conseil d'État et de la commission des douanes, l'élection de

M. Thiers était assurée à Valenciennes, les notables de Valenciennes le lui ayant déclaré quelques
heures auparavant, et que cette mesure avait été
décidée malgré son opposition. Après quelques ré-
flexions de l'un des assistsants, démontrant à
M. le ministre du commerce qu'avec un pareil système—(qu'il avait, il est vrai, inauguré lui-même
en se servant des décrets pour détruire, après
coup, la loi votée le 23 mai 1860, et préventive-
ment, par un décret signé le 24 juin 1861 et promulgué le 16 juillet, la loi votée le 26 juin),—les
opérations commerciales devenaient impossibles,
puisqu'une opération, commencée sous une législation, se terminait toujours sous une autre,—les
intéressés convinrent de rappeler tous ceux de
leurs collègues qui n'étaient pas à Paris. Quelques
jours après, ils se rendirent en grand nombre chez
M. le ministre de l'intérieur. Deux membres de la
commission des douanes exposèrent clairement
à M. le ministre la situation et les inconvénients
d'une semblable modification. L'un des intéressés
prit la parole et demanda à M. le ministre la permission de lui faire une question à laquelle il es-
pérait qu'il aurait la bienveillance de répondre. Il
lui demanda s'il était vrai, comme l'avait déclaré
M. le ministre du commerce, que sous la pression

d'un seul arrondissement, et dans la crainte de l'élection de M. Thiers, il avait engagé l'Empereur à ne pas donner suite à la promesse qu'il avait faite. M. le ministre répondit QUE L'ÉLECTION DE M. THIERS N'ÉTAIT PAS TOUT A FAIT LA RAISON DE SON INTERVENTION DANS CETTE AFFAIRE, MAIS QU'ELLE EN ÉTAIT BIEN L'OCCASION. Une des personnes présentes, au nom de son dévouement éprouvé qui n'avait d'égal que celui de M. le ministre de l'intérieur, supplia celui-ci de ne pas persévérer dans une voie qui pouvait ôter à la majesté de l'Empereur le prestige que leur plus cher désir était de lui conserver. Quelques jours après, l'Empereur, mieux éclairé, eut la bienveillance d'accorder satisfaction à la justice de la cause qu'on avait défendue devant lui. »

Avec les temps et les choses, les mœurs politiques se modifient.

En 1844, M. Charles Laffitte fut envoyé à la Chambre des députés par le collége électoral de Louviers. M. Laffitte était le concessionnaire de la ligne de Paris à Rouen et au Havre; et il avait, en posant sa candidature, promis d'exécuter un embranchement de Saint-Pierre à Louviers. Pour ce seul fait, la Chambre annula l'élection du cinquième collége de l'Eure, sans enquête. Une lutte s'engagea alors entre la Chambre et les électeurs. Quatre fois de suite M. Laffitte fut élu et quatre fois, la Chambre n'hésita pas à défaire l'œuvre des électeurs. De guerre lasse, à la cinquième élection, le député fut admis; mais l'histoire n'a pas oublié les belles paroles de M. Dufaure[1], et l'apostrophe brûlante par laquelle M. de Malleville terminait un discours demeuré célèbre.

---

1. « A mes yeux, une corruption collective est aussi grave,
« plus grave peut-être que des corruptions individuelles.
« Faire ce marché avec un arrondissement : Donnez-moi
« vos voix, donnez-moi la haute qualité de député et je
« vous serai utile; je ferai un chemin de fer à vos portes,
« j'enrichirai vos propriétés, et je vous donnerai les avan-
« tages que vous désirez,— c'est à mes yeux la pire de toutes
« les corruptions. »

II

PETITS MOYENS

Pour le candidat du gouvernement, l'organisation électorale est toute trouvée, et c'est la plus complète, la plus savante qui se puisse imaginer, celle qui nomme pour ses auteurs Louis XIV et Napoléon.

Appliquée au suffrage universel, la centralisation a montré tout ce qu'elle pouvait faire. On admire la puissance d'assimilation dont l'administration de l'Intérieur a fait preuve, entraînant dans son orbite tous les petits astres épars, toutes les autonomies consacrées, toutes les bureaucraties inoffensives, depuis le recteur d'académie jusqu'au plus humble instituteur; depuis le receveur général des finances jusqu'au porteur de contraintes; depuis le préfet maritime jusqu'à l'ouvrier des ports; depuis le directeur de la régie jusqu'au débitant; depuis l'inspecteur des postes jusqu'au facteur rural; depuis le directeur des domaines jusqu'au buraliste de village; depuis le ministre des travaux publics jusqu'au dernier des cantonniers; depuis le procureur général jusqu'au commissaire de police, au gendarme, au garde champêtre.

Voilà le personnel.

Un signe suffit à le faire mouvoir. La télégraphie électrique a fait de l'ubiquité gouvernementale une réalité matérielle et saisissante. Deux cent mille volontés vibrent à l'unisson. En ce temps où les fils de la bourgeoisie abritent dans les traitements médiocres et les petites fonctions leur indifférence politique, la politique les y poursuit; une raison d'Etat impérieuse les rejette bon gré mal gré au milieu des agitations de la vie publique. On fait des agents politiques avec des percepteurs, des vérificateurs des douanes, des conducteurs des ponts et chaussées. On compte sur les officiers ministériels, et la préfecture convoque, aux approches du scrutin, les notaires, les huissiers, les avoués.

La prise est moindre sur cette classe raison-
neuse, et qui se croit indépendante. On désire du
moins qu'elle reste neutre; au besoin, le procureur impérial intervient et les exhorte à s'abste-
nir. On a vu mander au parquet jusqu'à des cultivateurs[1]. Que se passe-t-il dans ces entrevues?
Rien que de légal assurément, mais rien de conforme aux vieilles traditions, au rôle austère d'une
grande magistrature, qui oserait le soutenir?

Dans les sphères populaires, le candidat agréable a pour tenants principaux et pour orateurs
le commissaire de police cantonal et la brigade
des gardes champêtres.

On commence à s'apercevoir, en province, qu'au
milieu de campagnards d'humeur douce et pas-
sive il n'y a pas de place pour un agent spécial de
la police administrative. Si le commissaire cantonal
n'est qu'un intermédiaire de plus entre la préfecture et les maires il est inutile; s'il n'est qu'une
oreille aux écoutes à la porte des paysans, un
œil ouvert sur les juges de paix, les curés et les
maires, un biographe des petits fonctionnaires, il

---

1. Déclaration de deux propriétaires notables du canton
de Monts, arrondissement de Loudun. M. le procureur impérial a renvoyé ces messieurs « à leur charrue. » (Annexée
à la protestation de M. de Montesquiou.)

est nuisible. Le gouvernement n'a pas besoin de ce luxe de surveillance. Les campagnes se passeraient sans peine de cette divinité méfiante, de cette autorité mesquine et tracassière qui ne les sert pas plus qu'elle ne les aime. Un certain nombre de conseils généraux en ont demandé la suppression absolue. L'expérience des élections dernières n'est peut-être pas étrangère à ces répugnances.

Les commissaires de police y ont joué un très-grand rôle. On les trouve partout, distribuant des bulletins, parcourant les maisons, s'informant des opinions, notant les gens d'un air de mystère, interrogeant ici, faisant jaser là, morigénant les fonctionnaires, et trouvant tout le monde trop tiède au gré de leur zèle outrecuidant. A Moux (Aude), le commissaire de police entre sans qu'on l'annonce en plein conseil municipal, commence un discours, interpelle le maire, et, comme un conseiller municipal se récrie sur cette étrange intervention, l'agent lui jette une parole hautaine, et s'en va comme il était venu [1]. A Munchhausen (Haut-Rhin), des électeurs se plaignent d'avoir été

---

1. Protestation de M. Mahul.

menacés à domicile [1]. Dans un village de la Gironde, M. Delmas dont nous raconterons plus loin l'incroyable aventure, passait entre deux gendarmes, le commissaire s'écrie à la foule effarée : « Vous voyez cet homme, il a soutenu le duc Decazes; eh bien ! voilà comme on traite ses partisans [2] !—Au milieu du scrutin, à Cavaillon (Vaucluse), le commissaire sort de l'hôtel de ville escorté de gendarmes et de gardes champêtres, tambour et drapeau en tête, et s'en va proclamant à tous les carrefours que les partisans du candidat de l'opposition sont des misérables, et que si l'on vote pour M. Thourel on vendra les cocons à douze sous, comme en 1848 [3].

Les commissaires cantonaux ont pour lieutenants dans les campagnes les gardes champêtres et les cantonniers. Ce sont eux qui les dressent à ce métier de racoleurs électoraux, qui se mêle d'une manière si fâcheuse à leurs bienfaisantes fonctions. On a vu, dans le procès de M. de Chergé, quel foudre de guerre était devenu, sous l'impulsion d'un commissaire cantonal, l'inoffensif garde champêtre de la commune de Saint-Hilaire.

---

1. Protestation de M. Tachard. *Docum.*, p. 102.
2. Attestation. *Docum.*, p. 107.
3. *Docum.*, p. 145.

Dans la Loire , on donnait pour consigne le succès
à tout prix, on promettait des récompenses[1]. Dans
l'Aude, on annonçait aux cantonniers une élévation
de traitement, en leur rappelant que cela oblige[2].
Dans l'Ille-et-Vilaine, pendant les derniers huit
jours, l'entretien des routes fut déserté : les cantonniers s'occupaient des élections, le conseil d'arrondissement l'a constaté en le blâmant. Dans la
Seine-et-Marne, tout ce monde colporte, avec les bulletin de M. de Jaucourt, d'affreux propos contre son
concurrent, l'honorable M. Gareau, en qui ils ont
découvert un des auteurs du pacte de famine, un
ennemi du peuple, un accapareur ! Plus loin, ce
sont d'incroyables dialogues : « Il faut que tu votes
pour Jaucourt, dit un de ces nouvellistes de village à un pauvre homme de son ressort, parce que
tu ne pourrais plus aller aux bois faire tes balais,
si jamais tu votais pour l'autre. —Eh bien ! je voterai pour Jaucourt, puisque je ne pourrais plus
faire mes balais. » Et quand l'électeur lui demande ce que lui a fait M. Gareau pour en dire de
telles horreurs, le garde répond innocemment :

---

1. Déclaration du garde champêtre de la commune de
Bard. *Docum.*, p. 87.

2. Lettre de l'agent voyer. *Docum.*, p. 87 *bis*.

«—Moi? Je ne les connais pas plus l'un que l'autre;
mais le commissaire de police me reproche d'être
un fainéant, de ne pas faire assez contre Gareau;
le brigadier de gendarmerie est venu chez nous
se plaindre que je ne disais pas assez de bien de
Jaucourt et pas assez de mal de l'autre. Gareau
n'a pas besoin de sa place pour vivre, et moi je
veux garder la mienne. »

Comment être sévère pour ces candides diffa-
mateurs? La peine importe peu; mais ces paroles, tombées de haut, demeurent au front des
vrais coupables : «Le tribunal est indulgent, car il
sait que vous n'étiez pas libre d'agir autrement
que vous n'avez fait[1]. »

Voilà l'armée.

Pour champ de bataille —des circonscriptions
électorales immenses, taillées dans le pays par un
art capricieux et bizarre, qui affecte comme à
plaisir de séparer ce qui se touche, d'accoupler ce
qui se contrarie : les arrondissements dépecés, les
cantons dispersés errant à l'aventure, les groupes
historiques dissous, les agglomérations naturelles
morcelées.

---

1. Paroles de M. le président du tribunal de Meaux au
prévenu Thoumsaint, condamné à 30 fr. d'amende.

M. Plichon exposait naguère devant la Chambre
le triste destin de son arrondissement, disparu
dans ce remaniement ainsi que dans un naufrage.
On a cité la Saône-et-Loire livrée, bon gré mal
gré, au génie de la découpure, en dépit du vœu de
son conseil général qui demandait, pour cinq arrondissements égaux en population, cinq circonscriptions électorales correspondantes. Douze villes
divisées par bandes ont été noyées dans les circonscriptions rurales qui les entourent.

Aux prises avec ces difficultés, un homme seul,
sans pouvoir, sans cadres, sans soldats, la loi dans
la main, et vingt jours devant lui.

Le droit de réunion n'existe pas en France. On y
a toléré dans quelques collèges les réunions particulières : une tolérance n'est pas un droit. Celle-là
signifie que la police surveille ces conversations
électorales, notant ceux qui entrent, suivant ceux
qui sortent, jusqu'à les dégoûter d'y revenir. En
province, les candidats de l'opposition ont eu pour
la plupart cet étrange privilège d'une garde silen-
cieuse, mais non invisible, attachée à leurs pas[1],
lisant dans leur vie faisant état de leurs démar-

---

1. Entre autres : lettre de M. Floquet au sous-préfet de
Béziers. *Docum.* p. 111.

ches, des saluts qu'ils recueillaient, des personnes qu'ils allaient voir. N'était le besoin d'occuper son monde, comprendrait-on que la police s'amusât à de pareils enfantillages? A Vesoul, chaque jour, étaient notés les fiacres qui partaient pour le château d'Andelarre, et l'on interrogeait les cochers au retour. M. Plichon se plaint énergiquement de pareils abus de sollicitude.

A peine entré dans la Lorèze, M. de Chambrun fut suivi à la piste par la gendarmerie. Madame de Chambrun fut surveillée. Le député étant tombé malade, son auberge fut gardée à vue pendant deux jours [1].

A défaut de la liberté de réunion, il y a la presse. Mais dans l'immense majorité des départements, tous les journaux appartiennent à la préfecture. On les a par les annonces, on les tient même par l'évêché. Vieux attelages à toute fin, braves toujours dispos pour soutenir les candidats du gouvernement, et au besoin pour les combattre [2]; monopoles fermés à la controverse.

---

1. Attestation, aux *Docum.*, p. 110.
2. Le plus curieux coup de théâtre de ce genre, c'est l'élection de Perpignan. M. J. Durand fut, jusqu'aux 8 derniers jours, le candidat agréé; tout à coup le ministre an-

Tandis que celui-ci vous dénigre et vous défigure, allez prendre un arrêt pour avoir droit de lui répondre [1]. Défendez-vous contre cet autre, qui ne vous nommera que le dernier jour, et sûr de ne pas être contredit, vous malmènera tout à son aise [2].

Reste le journal qui est à tout le monde, et qui se fait sur les murailles, qui se distribue en circulaires.

Le premier point, c'est d'imprimer.

Tous les temps ont eu peur de quelque chose. Chaque siècle a eu son épouvantail, et s'est fait des parias légaux qu'il a chargés des péchés d'Israël; qu'il a voués, selon les mœurs, aux rigueurs du saint-office ou aux tribulations de la police correctionnelle. Les méconnus du XIXe siècle, les suspects, les gens à plaindre, ce sont les imprimeurs.

---

nonça qu'il resterait neutre entre M. J. Durand et M. Isaac Pereire. On vit alors le journal de la préfecture, et tous ceux qui encensaient la veille l'ancien député des Pyrénées-Orientales, monter la lyre au même ton pour le célèbre financier.

1. Arrêt obtenu par M. Pereire, contre le *Journal du Loiret*, par M. Cochin contre le *Constitutionnel*.

2. *Journal de la Vienne* combattant M. de Montesquiou, et bien d'autres.

Leur législation est immense, compliquée, savante, leurs devoirs sont un dédale : leur profession, traitée comme insalubre, chemine sur une étroite chaussée , coupée de piéges et semée d'aventures.

Nous élevons de belles statues au bonhomme Gutenberg, mais nous faisons, hélas ! la vie dure à ses successeurs.

Un des doyens de la corporation,—qui ne fait jamais de politique,—me disait : Sans le vouloir, sans le savoir, je commets au moins une contravention par jour.

Cela n'est point fait pour les rendre braves. Dans les petites villes, l'imprimeur tremble devant un bulletin de vote, s'il ne sort pas de la préfecture. Ceux qui osent prêter leurs presses aux opinions indépendantes laissent l'administration exercer sur les manifestes électoraux une véritable censure[1]. Un conseiller à la cour de Poitiers, homme d'esprit et de courage, ayant posé sa candidature, s'était mis en devoir d'écrire à ses électeurs. Impérialiste ardent et convaincu, mais nullement ministériel, il attaquait avec hardiesse la

---

1. *Docum.*, Correspondance entre M. Foucher de Careil et son imprimeur, pièce 124 *ter*.

5

politique électorale de M. de Persigny. Défense aux imprimeurs de Poitiers d'imprimer sa circulaire. Elle trouve un asile à Bordeaux, chez M. Gounouilhou, l'imprimeur libéral de *la Gironde*. Comment se fit-il que le ballot d'imprimés, apporté par le chemin de fer, fut, à peine arrivé en gare, saisi par la police administrative?—Mais là ne devaient pas s'arrêter les infortunes de M. le conseiller Bardy. Il s'est plaint, dans une pièce publique, et que nul n'a démentie, de ce qu'on eût reculé pour lui les limites de l'arbitraire; on avait RAYÉ son nom du tableau des candidatures. Traduit par le procureur général devant la cour, siégeant en tribunal disciplinaire, *pour avoir compromis la dignité de la magistrature,* il a eu le bonheur d'être acquitté.

La loi qui, pour cela même qu'elle est la loi, est toujours un degré quelconque dans la liberté, a pu réduire nos garanties électorales, elle ne les a pas livrées. La loi a voulu que les circulaires fussent connues; elle en a permis la distribution sous trois formes : l'envoi par la poste, la distribution libre après dépôt préalable, le libre affichage.

Dans ces limites étroites, mais sûres, la liberté légale semblait inexpugnable.

Pourtant, si le lecteur veut bien parcourir l'enquête forcément incomplète dont ce livre se compose, il verra :

Qu'il n'y a pas une seule de ces garanties rudimentaires qui n'ait été contestée, amoindrie, niée sur quelque point du territoire, pendant les vingt derniers jours du mois de mai 1863.

LA POSTE : — Des électeurs et des candidats se plaignent de bulletins détournés, de circulaires qui n'arrivent pas à leur adresse, de paquets d'écrits électoraux noyés daus les égouts ou dans les fossés. Cela n'est rien, auprès de l'infortune de l'honorable M. Freslon envoyant par la poste sa circulaire, et constatant cette étrange merveille que chaque envoi était arrivé garni d'un bulletin du candidat du Gouvernement [1].

---

1. *A M. l'Inspecteur des postes :*

Angers, 30 mai 1863.

Monsieur l'inspecteur,

J'estime devoir porter à votre connaissance un fait qui vous paraîtra sans doute mériter une information officielle.

Il m'était revenu de divers points de l'arrondissement de Baugé, notamment de Mazé et de Beaufort, que des bulletins portant le nom de *E. Bucher de Chauvigné* s'étaient trouvés *sous la bande de l'envoi fait par M. Freslon et à ses*

Comme la poste, le télégraphe a ses caprices.
M. de Bonald, attaqué par le journal de la
préfecture, envoie à la feuille indépendante du
département un article en réponse. Pour arriver
à temps, il use du télégraphe. La réponse, télé-
graphiée, parvient au journal ; mais, au bout d'un
instant, l'administration court après et vient reprendre la dépêche qu'elle avait transmise. La
réplique ne paraît pas ce jour-là, et M. de Bonald
arrive trop tard.

LES DISTRIBUTEURS : — Les attentats à la libre
distribution essayés ou consommés, les distributeurs intimidés, troublés, menacés, pourchassés

---

frais, par la poste, de sa profession de foi et de deux bulletins de vote.

Le scrupule avec lequel je tiens à bien vérifier l'exactitude de tous les faits qui me sont dénoncés portant atteinte
à la sincérité du suffrage électoral m'a déterminé, avant de
vous adresser cette lettre, à me rendre, avec deux de mes
amis, chez l'honorable M. Dubreuil, qui, lui aussi, disait-
on, avait été témoin de ce même fait *en la commune du
Vieil-Baugé.*

Voici comment M. Dubreuil nous a raconté et précisé
les circonstances :

Il avait deux fois déjà vu ce fait se produire dans l'envoi de M. Freslon, reçu *par la poste* chez deux de ses fer-
miers, quand, se trouvant chez un troisième fermier à l'ar-

par les commissaires de police, par la gendarmerie, par les maires, sont la menue monnaie des protestations électorales.

Dans les campagnes, c'est une des grandes difficultés des candidatures indépendantes. On n'y peut enrôler le plus souvent que de pauvres hères, des êtres inoffensifs, placés si bas qu'ils semblent n'avoir rien à craindre, ce qui ne les sauve pas. A Benévent (Creuse), le candidat fait choix d'un jeune soldat, revenu au village en congé renouvelable. Tout à coup, l'ordre arrive au distributeur de rejoindre son corps. Il passe cinq jours à Guéret, et, les élections finies, il se trouve libre [1]. A Lannion, un pauvre porcher, chargé de

---

rivée du facteur rural, il a lui-même pris le paquet et enlevé la bande en disant : « Voyons si c'est comme dans les autres. »

Or, sous la bande se trouvait bien la profession de foi de M. Freslon et les deux bulletins de vote portant son nom ; mais un troisième bulletin imprimé et portant le nom de M. Bucher de Chauvigné *était glissé dans la profession de foi de M. Freslon.*

Il est permis de croire que ce n'est pas à M. Freslon qu'il faut attribuer ce singulier moyen de propagande en faveur du candidat du Gouvernement.

Veuillez agréer, monsieur, mes salutations.

G. BORDILLON.

1. *Docum.*, pièces 137 et 138.

distribuer pour M. Thiers, est enlevé par les gendarmes, avec beaucoup d'appareil, sous une prévention chimérique de fausses nouvelles. On
voulait le relaxer le 2 juin ; ses patrons poussèrent
les choses jusqu'à la police correctionnelle : il
fallut bien qu'on l'acquittât [1].

L'AFFICHAGE : — Pourquoi, sitôt qu'une affiche
indépendante vient s'étaler sur un mur, le premier mouvement du garde champêtre est-il de la
déchirer ? Est-ce parce qu'il est l'afficheur ordinaire du candidat de la préfecture ? Est-ce plutôt,
comme dans la circonscription de Meaux, parce
qu'il agit sous l'impulsion du commissaire cantonal? « Voilà le procédé : un jour on déchire une
affiche, le lendemain on en appose une autre à la
place, celle du candidat de la préfecture » ; c'est
un procureur impérial qui parle [2].

Des maires atrabilaires ont foulé aux pieds des
affiches du candidat de l'opposition, devant tout
un village. Des commissaires de police ont choisi,
pour cette exécution d'un nouveau genre, les jours
de marché dans les cantons [3].

---

1. Jugement de Lannion. *Docum.*, pièce 176.
2. Affaires Gareau (tribunal de Meaux).
3. Protestation de M. Adrien Dumont (Drôme). Lettre de
M. le procureur impérial de Nyons. *Documents*, pièce 121.

Quand les affiches sont si peu respectées, les afficheurs sont introuvables. On voit des candidats réduits à s'armer eux-mêmes du pot à colle et du pinceau.

A Montpellier, M. Charamaule dépose au parquet sa circulaire. Il y apprend que l'ordre est donné d'en arrêter, même par la force, la distribution et l'affichage. Il veut aller jusqu'au bout de son droit, il met l'autorité en demeure de le poursuivre. A l'heure dite, la police est là, arrache son affiche à peine collée au mur, mais on ne le poursuit pas.

A Béziers, à Limoges, à Paris même, on arrête, par la menace ou la saisie, des écrits électoraux, signés des candidats, qui avaient l'audacieuse prétention d'enseigner à leurs électeurs leurs droits et leurs devoirs.

Dans le Gers, dans le Seine-et-Oise, dans la Haute-Loire, la lacération a lieu avec éclat, avec ensemble.

Dans le Lot-et-Garonne, l'honorable M. Baze rencontre dans le maire de Saint-Front une résistance insurmontable. Il vient à Villeneuve chercher des juges. Le président lui donne une ordonnance à fin d'assigner le fonctionnaire récalcitrant. Ce qui se passe alors est inouï.

Le parquet défend à tous les huissiers du ressort de se charger de l'assignation avant l'élection passée, et la justice du pays, bon gré mal gré, interrompt son cours [1].

Pendant ce temps, le candidat officiel, étalant sur le papier immaculé et inviolable que se réserve l'administration les mérites qu'on lui prête, et les harangues qu'on fait pour lui, dispensé des droits de timbre, du dépôt au parquet [2], des soucis de distribution et d'affichage, attend la fin, dans le repos d'une bonne conscience.

---

1. *Docum.*, pièces 118 et suiv.

2. M. Labiche, candidat à Chartres, se présente au parquet pour déposer une réponse à je ne sais quel écrit en style villageois distribué contre lui. Le procureur impérial lui apprend que cet écrit, *étant un acte administratif,* n'a pu être déposé au parquet.

III

COUPS DE THÉATRE

La sécurité de l'opposition pendant les premiers jours de la lutte fut admirable.

L'atmosphère était paisible, l'autorité conciliante, la mauvaise volonté cédait devant un peu d'énergie, l'excès de zèle s'attirait même, en certains lieux, de douces réprimandes ; l'administration était sur pied, non bienveillante, mais recueillie et comme indécise.

Il y eut, partout, un moment de confiance paradoxale et de folle espérance.

La tactique de l'administration était profonde. Ne point user ses forces, laisser l'adversaire s'éparpiller ; soi-même se concentrer, attendre, et tout réserver pour le suprême effort.

La victoire fut l'œuvre des huit derniers jours.

C'était de bonne guerre, mais la guerre a son droit des gens. Afficher à la dernière heure, se servir, à ce moment suprême, des paroles ou des actes d'un candidat qui ne peut plus répondre, est-ce de bonne guerre, même sous la plume d'un préfet qui combat pour son gendre? Ainsi fit, assure-t-on, le préfet de Seine-et-Oise contre M. Barthélemy Saint-Hilaire [1]. Prendre une lettre d'un homme public, n'en donner que la moitié à ses lecteurs, garder celle qui explique ou justifie l'autre, est-ce de bonne guerre, comme on fit la veille du vote pour M. de Montalembert [2]?

On ne discute pas avec les masses, on les entraîne. C'est au dernier moment qu'on les décide. Elles sont alors à qui ose les prendre. C'est ainsi que les campagnes les mieux commencées peuvent finir à la débandade.

Quand on connaît le paysan, on sait par cœur toutes ses paniques, et l'on pourrait les noter d'avance :

---

1. *Docum.*, pièce 125.

2. Il s'agissait du vote de M. de Montalembert contre la réduction de l'impôt du sel, à l'Assemblée constituante.

1° C'est un ennemi de l'Empereur, on va le poursuivre;

2° Il est poursuivi;

3° On l'arrête :

la première un peu usée, la seconde agissant presque à coup sûr, la troisième irrésistible.

Le comité d'Auch avait couvert de ses affiches tous les murs de la circonscription. Sous l'apparence d'une contravention[1], l'ordre est donné de les arracher en masse. L'exécution a lieu la nuit, aux flambeaux; les gendarmes sont là, le sabre au poing... Le lendemain, les mandats du juge d'instruction s'abattent de toutes parts : il en tombe trente à la fois dans la circonscription. Tout de suite, le bruit se répand que la tête du comité, un avocat, un grand seigneur, un agent de change gémissent sur la paille des cachots. Panique immense.

Dans le Loiret, le vote s'ouvre par une leçon d'histoire.—Une insurrection à Orléans, l'hôtel de ville envahi par l'émeute, la garde nationale et la troupe sauvant la société, M. Péreira en prison... Quand cela? Il y a douze ans. Le journal de la pré-

---

1. Il y a eu, depuis, ordonnance de non-lieu.

fecture a exhumé cette vieille et petite affaire. La
préfecture a fait lire l'article par tous ses maires,
en guise de prône électoral. Par malheur, ce récit
emphatique, extrait d'une feuille du 4 décembre 1851, commençait par ces mots : « Hier à
une heure de l'après-midi...[1] » Les paysans cru-
rent ouïr l'histoire de la veille, et le scrutin fut un
sauve-qui-peut.

La logique du campagnard est brutale comme la
nature qui l'entoure. Poursuite, arrestation, em-
prisonnement, sont tout un pour sa sociabilité
naïve. Il a si longtemps ployé sous des tyranneaux
de village, qu'il a gardé dans sa longue mémoire
je ne sais quelle image de justice, simple comme
le bon plaisir, expéditive comme l'oubliette. Dans
ce précieux procès du garde de Saint-Hilaire (déjà
cité), il y a un trait curieux et vrai : c'est le trouble
de l'homme indépendant, civilisé, spirituel, devant ce subalterne dont la sotte ardeur le menace
de l'emmener de force au commissaire. « Vous
connaissez, messieurs, dépose M. de Chergé, le
préjugé qui existe dans les campagnes, préjugé
salutaire jusqu'à un certain point : toute intervention d'un agent de l'autorité entraîne, pour celui

---

1. *Docum.*, pièces 126 et suiv.

qui en est l'objet, non pas précisément une tache, mais... il en reste toujours quelque chose. Je voulais donc faire mon possible pour éviter *ce quelque chose.* »

Le grand art est de réserver jusqu'à la fin ce *Deus ex machina.* C'est ainsi que les choses se passent dans l'Hérault, dans l'Isère, dans la Haute-Saône, dans la Gironde. A Béziers, le candidat de l'opposition échange des lettres vives avec le sous-préfet. Un journal de Paris, — faute de mieux, — publie leur polémique. Mais M. le sous-préfet, qui ne lit pas les journaux de l'opposition, se figure qu'on n'a pas publié sa réponse. Aussitôt un placard administratif dénonce aux quatre coins de la circonscription, et la déloyauté imaginaire du candidat, et les poursuites *qui commencent...* M. Floquet les attend encore[1].

Il y avait de vraies poursuites dans la fameuse affaire de M. Casimir Périer, il y en avait contre M. d'Andelarre. Des deux procès, la justice du pays a dit plus tard ce qu'il faut croire. Mais quel est ce droit nouveau, que les préfets s'arrogent, d'afficher des poursuites comme on affiche des

---

1. *Procès de M. Floquet. Docum.*, pièce 177.

arrêts et d'accoler dans leurs actes publics le titre
d'un délit au nom d'un citoyen ? Verrons-nous
entrer dans nos mœurs ce pilori préventif ?

Le parquet de Grenoble trouve dans une lettre
de M. Périer le délit d'excitation à la haine et au
mépris du gouvernement. Avec la dépêche du
procureur général, M. le préfet compose une
immense affiche : imprimée dans la nuit, elle
part pour les communes de grand matin, le jour
du vote[1]. Sur le placard, il y a l'ordre à tous les
maires d'afficher immédiatement à son de trompe
et de tambour. Là-dessus, comme de juste, les
commentaires vont leur chemin : M. Périer est
en prison, disent les plus crédules ; il sera sûrement arrêté, selon les moins timides ; et les sages
estiment qu'un homme ainsi traité pourra dans
tous les cas bien peu pour la commune...

Non content d'afficher pendant quatre jours,
« que le marquis d'Andelarre est poursuivi par
« ordre du gouvernement de l'Empereur, pour
« outrages publics au préfet, » le premier magistrat de la Haute-Saône s'empare d'un jugement
prononcé le 30 au soir.

---

1. *Docum.*, pièce 140.

M. d'Andelarre était débouté sur une exception dilatoire, et condamné aux dépens. Condamné... le mot y est ; c'est assez ; dans la nuit, on pose une affiche, c'est le jugement du 30, et l'on n'a pas manqué d'imprimer le grand mot en énormes caractères.

Si tel est, même à distance, l'effet de la police correctionnelle sur des imaginations villageoises, que sera-ce d'une arrestation notoire, au moment où le scrutin s'ouvre ?

M. Delmas est un membre du conseil municipal de Sainte-Foy-la-Grande (Gironde), c'est de plus un chaud partisan de M. le duc Decazes ; il ne le cachait pas, et agissait, depuis vingt jours, en conséquence. Survient le conflit de dépêches télégraphiques que nous avons conté plus haut, au sujet du chemin des rives de la Dordogne. M. Delmas osa le commenter. Deux heures après, on l'arrêtait. Et le lendemain matin, jour du vote, au milieu de la foule tout émue, les gendarmes l'emmenaient à Libourne. Il y a du moins un délit, un réquisitoire, un commencement d'instruction ? Rien de tout cela, car M. Decazes accouru put obtenir, le jour même, du procureur impérial de Libourne l'ordre d'élargissement, sous cette condition, dont le magistrat lui-même a pris acte devant deux témoins, QUE M. DELMAS NE REPARAITRAIT PLUS A SAINTE-FOY JUSQU'A LA CLOTURE DU SCRUTIN !

IV

LE SCRUTIN

Charge d'âmes oblige. Puisque l'administration de ce temps-ci, non contente de faire nos affaires, veut faire aussi nos opinions, puisqu'elle croit le suffrage universel incapable de marcher sans lisières, il est prudent de le laisser seul le moins possible. Il est logique de le suivre jusqu'au vote.

Dans notre système électoral, ce rôle de haute confiance est dévolu aux 38,000 maires de l'Empire.

Les esprits libéraux n'ont plus guère d'illusions sur nos grandeurs administratives. Les sublimes créations du premier empire commencent à passer de mode. Pourtant, dans ce détachement général et salutaire, quelque chose avait trouvé grâce, c'est la fonction des maires.

On aime à croire que, si près de sa base, l'autorité change de caractère. Le commandement s'adoucit, l'obéissance paraît plus facile. Le fonctionnaire n'est payé qu'en honneur. C'est un égal pris parmi des égaux. Il tient moins du magistrat que du chef de famille. Ce qui domine en lui, c'est le côté traditionnel, bienveillant, tutélaire. Parmi ces gens de labeur que le besoin courbe sur la glèbe, il représente l'idée générale, l'aspiration un peu plus haute, il est le Mieux, quand il le veut; — il est le Mal, pour peu qu'il abuse.

Sous le règne du suffrage universel, un maire de campagne aura toujours, quoi qu'on fasse, une action électorale considérable. Influence inoffensive, si elle n'a pour mesure que la confiance que le maire inspire; influence légitime, quand elle ne serait pas inévitable. Hiérarchie naturelle et libre, qui n'a rien que de conforme à la plus rigoureuse démocratie. A une condition pourtant, c'est que cette intervention ne conservera pas le caractère impérieux, l'allure agressive et intolérante qu'elle a fait voir, en tant de lieux, durant les élections dernières.

N'en déplaise aux grands docteurs d'une bureau-

cratie dédaigneuse, ils avaient du bon, ces maires
sans arrogance des époques parlementaires, qui,
sortant des conseils élus, comptaient avec autre
chose que le bon plaisir d'un sous-préfet, qui
voyaient à côté d'eux leurs vrais juges et leurs
vrais maîtres, et qui portaient dans leur cœur
cette révérence de l'administré qui est le commencement de la sagesse pour l'administrateur.
Nous avons changé tout cela : vienne un conflit, ce n'est pas le maire qui aura tort. Les
conseils municipaux seront plutôt dissous, et
les communes livrées à la régie des commissions
administratives. Les maires le payent par un
peu plus de dépendance en haut : plus de latitude
en bas les dédommage.

Ainsi vont depuis dix ans les affaires communales, sans bruit d'ailleurs et sans effort, comme
vont longtemps toutes choses en France. Ces roi-
telets de village expriment eux-mêmes, avec
naïveté, l'idée qu'ils ont fini par prendre de leur
pouvoir. Un candidat en tournée dans le Var re-
cueille chemin faisant des déclarations de ce genre :
« La commune est à moi, je dirige ses actions;
« un maire est fait pour que sa commune ne voie
« que par ses yeux. » Et si l'on objecte à M. le
maire que sa commune s'appartient, comme le reste

de la France, il répond vivement : « Ma commune n'est pas la France[1] ! » Voilà un homme éclairé et qui connaît la raison des choses. Un autre, voyant l'opposition surgir, disait avec humeur : « Vous auriez dû laisser *mes* élections libres ! » Celui-ci s'emporte, aux approches de la grande épreuve, et s'en va partout criant « que c'est indigne, qu'on lui fait de l'opposition, qu'on lui soulève *sa* population.» Et pour peu que le ciel se trouble, ou qu'un échec paraisse possible, M. le maire laisse voir les profondes alarmes de son cœur, réunit le village, parle de ses services, déclare qu'il s'agit moins du candidat que de lui-même, et que si l'on veut « voter mal, » il aime mieux tout de suite donner sa démission[2].

Dans une machine administrative aussi parfaite que la nôtre, les détails curieux abondent. Il y a un rouage secret, mal connu, mais important, et qui a sa place, sa théorie, surtout sa pratique : c'est le ressort de l'excès de zèle. Entre ce que dit le ministre et ce que font les maires, la distance paraît grande, et pourtant l'un implique l'autre.

1. Carnoules (Var). Protestation de M. Philis.
2. V. aux *Docum.*, pièce 22, l'affiche du maire de Saint-Thibery (Hérault).

Quand le ministre de l'Intérieur met au ban de l'Empire des gens qui l'acclamaient et le faisaient naguère, dans les bureaux on sait ce que cela veut dire : façon d'écarter des affaires quatre ou cinq têtes qu'on croit rétives. Les préfets vont déjà plus loin. Ce sont eux qui accréditent ce préjugé vulgaire, que l'Empereur en personne distribue aux députés des bons points et des candidatures. Ils se chargent de prêcher aux maires le succès et « l'énergie. » Ce thème est répété sur tous les tons; après les préfets, les sous-préfets s'en emparent; les dépêches succèdent aux dépêches, les ordres se mêlent aux prières. Un maire campagnard ne tient pas devant ces appels pressants et personnels, devant ce flot de correspondances. Il croit de toute son âme à quelque grand péril de l'État et de l'Empereur. A son tour, il se met en campagne, avec son dévouement robuste, sa légalité primitive, sa grosse raison d'État de soldat et de laboureur.

Ne jugeons pas ses actes à nos mesures. La morale est telle que l'a faite le milieu où elle a pu grandir, et la moralité politique, qui manque si souvent dans des régions plus hautes, où l'homme des champs l'aurait-il apprise?

Un maire de campagne qui a du zèle ne se contente pas de distribuer lui-même, de maison en maison, les bulletins de « monsieur le préfet, » il les marque, pour les reconnaître, les parafe, les numérote [1], sans le plus léger remords.

Il empêche qu'on affiche les circulaires des opposants, il met les gendarmes aux trousses d'innocents distributeurs; mais c'est dans la paix de sa conscience.

Quand il engage les électeurs à voter « dans l'intérêt de leurs chemins [2], » quand il fait luire à leurs yeux éblouis l'appât d'une maison d'école, d'une grosse somme pour leur église, il ne leur glisse pas, comme on ferait à la ville, ces promesses à l'oreille, il les affiche, il les proclame, il monte au prône, comme à Kermaria, à la grand'messe du matin du vote, et le curé lui cède la parole [3].

Enfin, s'il fait proclamer, sur la place du village, que les bulletins du candidat de l'opposition, ap-

---

1. Exemples : dans le Doubs, dans la Creuse, etc.

2. Le maire de Proveysieux (Isère). *Docum.*, pièce 29.

3. A Kermaria (Côtes-du-Nord), M. le maire interrompit l'office du matin pour promettre aux paroissiens assemblés 10,000 fr. pour l'église, s'ils allaient tous voter en faveur de M. de Latour.

portés par la poste, ne sont pas « les bons[1], » qu'ils
ne valent rien pour le vote, et que « les bons » lui
seul les connaît, lui seul les distribue, c'est qu'il
est convaincu,—tenez-le pour certain,—qu'en
temps électoral, autant qu'en temps de guerre, la
ruse est licite et l'embuscade permise.

En tous pays du monde, un jour de scrutin est
un grand jour. Jour d'effusion, de liberté, de
royauté populaire. Les « hustings » d'Angleterre
sont célèbres pour leurs joies bruyantes, leurs
tumultes, leurs galas, leurs harangues. En France,
s'il y a fête, elle reste au plus profond des cœurs.

Cependant, c'est un dimanche. Les paysans
viennent tous à la messe matinale, pour assister
à l'office, le plus grand nombre pour causer sur
le parvis. Mais ce jour-là tout le monde entend la
messe, car les gendarmes sont sur la place et défendent les attroupements. Ni bruit, ni chants, ni
groupes, ni discours en plein vent. Si quelque voix
s'élève, c'est celle d'un maire emporté par le zèle,
d'un commissaire de police enthousiaste, d'un fonctionnaire qui ne peut se contenir[2]. Les groupes,

---

1. Dans le Haut-Rhin. *Docum.*, pièce 97.
2. V. les protestations de Cavaillon, de Millau, de Morannes (Maine-et-Loire). *Docum.*, pièces 144, 145, 146.

c'est la police qui les forme. Ils sont aux abords du scrutin, ils en obstruent les portes, en gardent lesavenues. Il y a là toute la force publique que la commune peut mettre sur pied, tout ce qu'elle compte de petits fonctionnaires, les bulletins officiels à la main, reconnaissant, interpellant, exhortant les électeurs. Ceux-ci passent en silence, entrent dans la salle, votent, et s'esquivent.

Le secret du vote est l'ordre de la loi; il est aussi sans doute le vœu de l'administration. Contre lui pourtant que de choses conspirent ! la nature du papier, l'épaisseur du caractère, la forme du bulletin, sa transparence. On cite un candidat gouvernemental, déjà célèbre par d'autres titres, qui remplaça, dans une seule nuit, celle qui précédait le vote, tous ses bulletins par d'autres imprimés sur papier diaphane. Notez aussi l'envoi des bulletins officiels, piqués ou collés avec les cartes d'électeurs, et dès lors faciles à reconnaître[1]. Ce sont les seuls, d'ailleurs, en beaucoup d'endroits, que le bureau souffre sur sa table : pratique illégale, mais que certains préfets

---

1. Usage à peu près universel.

recommandent[1]. Tout cela ne vaut pas de bons distributeurs.

« A Cavaillon, pendant les deux jours du vote, le commissaire de police, entouré d'une vingtaine d'agents de l'autorité : gardes champêtres, gardes-canaux, cantonniers, fourriers de ville, secrétaires de la mairie, officiers de pompiers et gendarmes, est resté en permanence dans les pas-perdus de l'hôtel de ville, seul endroit par où les électeurs pouvaient passer pour se rendre à la salle du scrutin. Là, à mesure que les électeurs de la campagne arrivaient, ils étaient entourés par les agents de l'autorité, qui leur faisaient exhiber non-seulement leurs cartes d'électeurs, mais aussi leurs bulletins de vote; et si ceux-ci portaient le nom du candidat de l'opposition, ils étaient enlevés de leurs mains et remplacés par d'autres au nom du candidat officiel [2]. »

A Milhau (Aveyron), trait pour trait, la scène est la même [3]. Et Milhau, Cavaillon, sont des villes.

---

1. Dépêche du préfet de Lot-et-Garonne, adressée aux maires la circonscription de Villeneuve-Agen, le jour du vote.—Article du *Journal de la Vienne*, du 30 mai.

2. Protestation signée par cent électeurs.*Docum.*, p. 145.

3. Protestation signée par cent-quarante électeurs. *Docum.*, ppièce 144.

Que sera-ce donc des petits villages ?

A Candebroude, dans l'Aude, au sommet de l'escalier qui conduit à la salle du vote, on a placé le buste impérial, entouré de l'écharpe du maire. Les bulletins officiels y reposent dans les plis des trois couleurs. Au-dessous de l'image auguste, le maire a écrit : « Venez me défendre à l'arme « blanche... avec des bulletins, » (a ajouté le judicieux instituteur). Un garde, orné de la plaque de ses fonctions, les prend et les distribue [1]. Avouons qu'il faut quelque assurance à un pauvre homme venant de son hameau pour traverser tête haute la haie des fonctionnaires, depuis le garde champêtre qui le suit de l'œil, jusqu'au maire qui du plus loin le voit venir. Il y en a qui s'en vont sans voter. « J'ai trouvé, dit naïvement l'un d'eux, M. le maire et l'instituteur sur la porte, si *indisposés* à voter pour l'opposition, que je m'en suis allé sans déposer mon vote [2]. »

Tout est simple d'ailleurs pour les gens simples. Les bulletins opposants sont reconnus. On cite des maires de village qui n'ont pas scrupule de les

---

1. Protestation de M. Mahul.
2. Dossier des élections du Gers.

ouvrir [1]. Indiscrétion toute familière, sans doute, comme les admonestations qui l'accompagnent, mais un peu trop paternelle pour un jour de scrutin !

Tel est le fonds commun des élections champêtres. Quelques-unes y tranchent à leur manière. On s'y égaie, on y chante, on y boit à l'anglaise. L'enthousiasme déborde, les auberges sont pleines. C'est un financier qui célèbre ses premières noces avec la politique. Les vins du Roussillon coulent à la gloire de M. Péreire. Dans l'Aveyron, les gens font ripaille en l'honneur de M. Calvet-Rogniat. Dans le village de Liaucous, on parle d'un veau égorgé la veille du vote, et débité aux électeurs, sous cette devise : « Veau de M. Calvet [2]. » Péché véniel, sans doute, de festoyer son monde. J'aime moins ces aumônes qui se font le jour du vote. Ainsi, au village de Ségur, des électeurs ont reçu, sous le pli qui apportait leur carte et les bulletins Calvet, *des bons d'un franc payables le jour du vote.* Les bons sont là [3]....

En Alsace, comme en Flandre, la politique a de

---

1. *Docum.*, pièces 153, 154, 159, 160, etc.
2. *Docum.*, pièce 72.
3. *Docum.*, pièce 69.

tout temps roulé des flots de bière. A Mulhouse et dans sa banlieue, M. Gros représente le gouvernement, M. Tachard l'indépendance. Tous deux sont riches, et les sceptiques diront qu'on a dû boire dans les deux camps. En tout cas, un trait curieux sépare essentiellement la liesse gouvernementale de la liesse de l'opposition. Le bruit s'est répandu, dans deux communes du canton de Guebwiller, que ceux qui voteraient pour M. Gros auraient à boire le jour du vote. Il suffirait de porter du scrutin au cabaret sa carte d'électeur. L'aubergiste reconnaîtrait les siens. En effet, voici la scène : tandis que le maire met un bulletin dans l'urne, l'adjoint prend la carte de l'électeur, regarde le maire, et sur un signe, y fait une corne, tantôt à droite, tantôt à gauche. La corne droite est la marque des élus, la gauche indique ceux qui ne boiront pas. Le second jour, dans un des bureaux, les assesseurs s'impatientèrent de ce manége [1]. On en prit note au procès-verbal, et c'est ainsi qu'est venu jusqu'à nous ce tableau de mœurs, digne des crayons d'Hogarth.

A côté de ce laisser-aller, toute autre chose

_____

1. Voir aux *Docum.*, pièces 72 et suiv.

paraît bien pâle. Ainsi la loi a entouré d'un soin minutieux toutes les phases de l'acte souverain, depuis le moment où l'urne s'ouvre jusqu'à l'instant où l'arrêt populaire en sort. Les heures, le lieu, les assistants légaux, les clefs qui ferment l'urne, les bandes qui doivent la recouvrir, le dépouillement, les scrutateurs, tout est prévu, réglé, distribué : l'ordre est parfait et la sécurité légale incomparable. Les préfets ont touché les premiers à cet édifice de garantie. La loi prescrit pour l'ouverture une heure uniforme dans toute la France; les préfets ont défait la loi [1]. Une à une, toutes les formalités protectrices se sont émiettées sous la main des maires. Les sous-préfets gémissent du petit nombre de procès-verbaux en bonne forme qui leur arrive des communes rurales. Il y a eu des conseillers municipaux expulsés du bureau par les maires pour avoir fait, sur la façon dont l'urne était pla-

---

1. Le ministre les y a autorisés par une circulaire qu'on ne trouve pas au *Bulletin officiel*. En certains lieux, le changement aux heures légales a été annoncé un peu à l'avance ; dans d'autres communes, l'heure indiquée sur les cartes diffère de celle de l'ouverture réelle des opérations électorales. V. *Docum.*, pièces 165 et suiv.

cée, une observation indiscrète [1]. A Herrin (Nord),
le dimanche soir, un électeur veut assister à la fermeture de la boîte : le maire le chasse; il sort
sans mot dire; une heure après, les gendarmes
l'arrêtent et le conduisent à Valenciennes, où le
procureur impérial le relâche.

Le premier inconvénient de ces vivacités
municipales, c'est de violer la loi au delà de toute
mesure; le second, qui doit faire réfléchir l'administration la plus haute, c'est de soulever dans les
communes des émeutes de défiances. Partout où
le maires en ont fait à leur tête, le paysan se
trouble, et l'on voit défiler les électeurs, qui déclarent qu'ils étaient 50 à voter pour M. X. et qu'il
ne s'est trouvé que 25 X. au dépouillement. On
cherchera peut-être dans ce recueil quelques-uns
de ces témoignages. On ne les y trouvera pas.
Pourquoi? Lecteur bienveillant, écoutez cette
histoire :

Dans un petit village de l'arrondissement de
Mirecourt, l'urne électorale, manquant de serrures, avait été fermée, le dimanche soir, par une
bande de papier collée. Quand on reprit, le lundi

---

1. A Moulon (Gironde).

matin, la suite des opérations légales, le garde
champêtre de la commune s'avisa d'observer que
la bande de papier n'était plus la même qu'il avait
vue la veille au soir. A tort ou à raison, il en ju-
geait ainsi, tant et si bien que ce garde—unique
dans son genre— s'en alla porter plainte au parquet de Mirecourt. Que croyez-vous qu'il en arriva? Le lendemain, la justice se transportait à
Savigny, mais c'est contre le garde qu'elle infor-
mait. Traduit pour fausse nouvelle devant la
police correctionnelle, il n'en réchappa qu'à la
Cour [1].

---

[1]. Voir aux *Docum.*, pour le procès du garde de Savigny.

V

CONCLUSION

Il faut maintenant laisser la parole aux documents eux-mêmes, seulement effleurés dans les pages qui précèdent. Ce livre n'est ni une dissertation, ni une polémique, ni un réquisitoire : c'est une enquête. Le fait n'y marche qu'escorté de ses preuves. Quelque enseignement aussi doit en sortir. Il ne faut pas craindre d'étudier sur le vif la vie politique contemporaine. Les gouvernements et les peuples ne sont dignes, qu'à la condition de résister à cette épreuve. Tout savoir est le devoir des uns, tout voir est le droit des autres.

Nous tenons à le dire : ce n'est pas le principe du suffrage universel qui perdra quelque chose aux indiscrétions de cette histoire. Le suffrage universel n'est pas seulement une institution sacrée et souveraine : c'est tout une politique, et presque un symbole. Il n'est pas seulement le fait, le Droit, le Juste, il est aussi l'Inévitable. Il est tout le présent, et il est tout l'avenir. Le suffrage universel est l'honneur des multitudes, le gage des déshérités, la réconcilation des classes, la vie légale pour tous. C'est en lui seul qu'il faut désormais vivre, espérer et croire.

Même ennemi, il faut l'aimer. On a dit des gouvernements qu'ils n'étaient pas des tentes pour le repos, il faut penser de la liberté qu'elle n'est pas seulement un portique pour la victoire. C'est à nous de justifier la liberté, en la faisant assez large pour embrasser, sans hypocrisie comme sans violence, tous les intérêts, tous les droits, toutes les classes ;—assez simple, pour être désormais, non-seulement le dieu du petit nombre, mais le bien des masses, des ignorants, des pauvres ; — assez calme pour n'effrayer personne, assez radieuse pour éclairer tout le monde.

Ce qui sort désormais jugé de la lutte électorale, ce qui demeure vaincu par sa propre victoire, ce n'est ni le suffrage universel, ni le gouvernement:

c'est la pratique des candidatures administratives. Ce qui a donné là, une fois encore, son dernier mot et sa mesure, c'est la centralisation exorbitante qui nous afflige. C'est par elle seule que le régime des candidatures officielles est possible. La plaie est là. Quand un gouvernement réformateur osera-t-il, voudra-t-il y porter le fer[1]

Quoi qu'il en soit, il est permis de dire que ce système électoral s'est, pour la dernière fois, montré devant la France. Il est désormais relégué au nombre des expédients dont l'histoire est pleine. Dans six ans, le gouvernement ne le reprendra pas.

Donnera-t-il du moins, pendant les vingt jours, cette liberté de réunion, sans laquelle le libre choix des électeurs, la délibération sérieuse et vivante est au moins difficile? Nous ne savons. Mais il se posera du moins un certain nombre de questions graves, qui importent au droit du pays et à la dignité du pouvoir.

---

1. « .... Je fais également étudier une loi destinée à « augmenter les attributions des conseils généraux et com- « munaux, et à remédier à l'excès de la centralisation. »

(*Discours de l'Empereur à l'ouverture des Chambres, le 5 novembre.*)

Le suffrage universel, tel qu'il est pratiqué, est-il entouré de toutes les garanties de lumières et d'indépendance que l'esprit de nos lois lui assure?

Le secret du vote est-il suffisamment protégé? Les campagnes continueront-elles à voter sous l'œil des maires? Peut-on laisser plus longtemps la présidence des opérations électorales à cette classe de fonctionnaires?

Les circonscriptions électorales, même rétablies dans l'ordre qu'indique la nature, ne seront-elles pas toujours trop étendues? Ne faut-il pas, pour les rendre accessibles, en augmenter sensiblement le nombre? Les sections de vote ne sont-elles pas trop disséminées? Entre la commune, bien souvent trop petite, et le canton, par fois trop grand, ne peut-on pas trouver un sage intermédiaire?

Les majorités ne font pas tout par le temps qui court. Plus on avance, plus il devient clair qu'à côté des suffrages qui se comptent il y a les suffrages qui se pèsent, que les minorités sont l'élément obscur, l'inconnue qu'il faut dégager, l'aiguille prophétique sur laquelle le pouvoir doit avoir l'œil fixé dans un pays libre.

Aujourd'hui, comme en 1857, le gouvernement a réuni plus de cinq millions de suffrages. Mais l'opposition, qui ne comptait, il y a cinq ans, que

660,000 voix, peut en montrer aujourd'hui tout près de deux millions. Ajoutez les majorités triomphantes dont Paris se fait honneur; faites le compte des voix des villes, qui, mises à part des voix des campagnes, ont constitué presque partout l'administration en état de défaite flagrante.

Les questions politiques peuvent se poser sur deux terrains : le terrain légal, le terrain révolutionnaire. Les questions révolutionnaires ne se résolvent que par la force, les questions légales s'éclairent par la discussion, s'atténuent par les concessions, se décident par la prudence. Malgré les provocations et les imprudences, la question électorale ne s'est pas posée sur le terrain révolutionnaire; l'opposition a partout accepté la constitution et la dynastie; les minorités n'ont pas voté contre l'Empire. Jamais aspiration plus libérale ne fut plus marquée, plus légale, plus franche; jamais avertissement plus modéré, plus respectueux, plus paisible ne fut donné au pouvoir. Et si le gouvernement reste sourd aux lointaines rumeurs de la liberté qui s'avance, qu'il regarde autour de lui tomber l'un après l'autre les soutiens des temps de dictature, et que le vide inattendu qu'un seul homme a pu laisser dans son système lui montre qu'au temps où nous sommes il n'y a que les institutions libres qui soient sûres de ne pas mourir.

Quant au pays attentif, réveillé, revenu de ses vaines terreurs, épris de nouveau de contrôle et de garanties, paisible comme on l'est dans la loi, patient comme tout ce qui dure, uni dans un vœu légal, dans une aspiration commune, où les vieilles rancunes disparaissent, où les partis s'apaisent et se fondent, — il attendra longtemps peut-être, mais à coup sûr, ce que nulle force au monde ne peut refuser à une nation qui le demande : la Liberté !

DOCUMENTS

Parmi les pièces qui suivent, quelques unes ont paru dans les journaux au moment de la lutte électorale. Le plus grand nombre est extrait de la vaste enquête qui est, à cette heure, sous les yeux du Corps législatif; c'est là qu'on peut trouver les originaux des documents authentiques dont ce recueil se compose.

I

CIRCULAIRES

DU MINISTRE DE L'INTÉRIEUR

N. 1.

Circulaire de M. le ministre de l'Intérieur aux préfets.

Paris, le 8 mai 1863.

Monsieur le préfet,

Les élections qui se préparent vont être pour la France une nouvelle occasion d'affirmer devant l'Europe les institutions qu'elle s'est données.

Dans cette circonstance, j'ai à peine besoin de vous rappeler les principes qui doivent vous servir de guide. Vous n'oublierez pas que l'Empire est l'expression des besoins, des sentiments, des intérêts des masses, et que, avant de rallier à lui toutes les forces vives de la nation, c'est dans la chaumière du peuple qu'il a été enfanté.

Fort de son origine providentielle, l'Elu du peuple a réalisé toutes les espérances de la France ; car cette France, qu'il avait trouvée dans l'anarchie, la misère et l'abaissement où le régime des rhéteurs l'avait jetée, il lui a suffi de quelques années pour l'élever au plus haut degré de richesse et de grandeur.

On sait comment dans ce pays, bouleversé par tant de révolutions, l'ordre politique, social et religieux a été restauré, et la sécurité des personnes et des choses établie comme elle ne l'avait jamais été ; comment, en dix ans, la fortune immobilière a été doublée, la fortune mobilière augmentée de 7 à 8 milliards, le revenu public accru de 300 millions ; comment le territoire a été sillonné de voies ferrées, de routes, de chemins vicinaux, et enrichi d'innombrables travaux publics ; comment enfin les glorieux triomphes de nos armes et la haute influence rendue à notre politique au dehors sont venus couronner un développement de prospérité jusqu'ici sans exemple dans le monde.

L'histoire dira par quels prodiges de sagesse, de courage et d'habileté l'Elu du peuple a accompli toutes ces choses ; mais elle révèlera aussi le secret de son étonnante fortune, je veux dire la confiance absolue, la fidélité touchante avec laquelle, dans la paix ou dans la guerre, dans les mauvaises comme dans les bonnes circonstances, le peuple français n'a cessé de le soutenir, de l'entourer, de le défendre.

C'est à cette confiance que l'Empereur fait encore appel. Il demande au pays une législature qui, devant terminer son mandat au moment où le Prince Impérial, le fils de la France, parviendra à la veille de sa majorité, soit aussi dévouée que les deux précédentes et n'ait d'autre préoccupation que l'avenir de l'Empire.

Monsieur le préfet, s'il n'y avait en France, comme en Angleterre, que des partis divisés sur la conduite des affaires, mais tous également attachés à nos institutions fondamentales, le gouvernement pourrait se borner, dans les élections, à assister à la lutte des opinions diverses ; mais dans un pays comme le nôtre, qui, après tant de convulsions, n'est sérieusement constitué que depuis dix ans, ce jeu régulier des partis, qui chez nos voisins féconde si heureusement les libertés publiques, ne pourrait dès aujourd'hui se reproduire qu'en prolongeant la révolution et en compromettant la liberté ; car chez nous il y a des partis qui ne sont encore que des factions. Formés des débris des gouvernements déchus, et bien qu'affaiblis chaque jour par le temps, qui seul peut les faire disparaître, ils ne cherchent à pénétrer au cœur de nos institutions que pour en vicier le principe, et n'invoquent la liberté que pour la tourner contre l'Etat.

En présence d'une coalition d'hostilités, de rancunes et de dépits opposés aux grandes choses de l'Empire, votre devoir, monsieur le préfet, est tout naturellement tracé. Pénétré de l'esprit libéral et démocratique de nos institutions que l'Empereur s'applique chaque jour à développer, ne vous adressez qu'à la raison et au cœur des populations. Laissez librement se produire toutes les candidatures, publier et distribuer les professions de foi et les bulletins de vote, suivant les formes prescrites par nos lois. Veillez au maintien de l'ordre et à la régularité des opérations électorales. C'est pour tous un droit et pour vous un devoir de combattre énergiquement toutes les manœuvres déloyales, l'intrigue, la surprise et la fraude, d'assurer enfin la liberté et la sincérité du scrutin, la probité de l'élection.

Le suffrage est libre. Mais, afin que la bonne foi des populations ne puisse être trompée par des habiletés de langage ou des professions de foi équivoques, désignez hautement, comme dans les élections précédentes, les candidats qui inspirent le plus de confiance au

Gouvernement. Que les populations sachent quels sont les amis ou les adversaires plus ou moins déguisés de l'Empire, et qu'elles se prononcent en toute liberté, mais en parfaite connaissance de cause.

Nous ne sommes plus au temps où les élections étaient entre les mains d'un petit nombre de privilégiés qui disposaient des destinées du pays. Grâce à l'Empereur, qui a su résister aux tentatives anciennes ou nouvelles de tous les partis pour restreindre le suffrage universel, et qui a voulu maintenir le droit de tout Français à être électeur, aujourd'hui la France, en possession du plus vaste suffrage qui existe en Europe, compte 10 millions d'électeurs, votant au scrutin secret, n'ayant chacun à rendre compte de son vote qu'à Dieu et à sa conscience : c'est la nation tout entière qui, maîtresse d'elle-même, ne peut être dominée, ni violentée, ni corrompue par personne.

Monsieur le préfet, en recommandant au choix des électeurs l'immense majorité des membres sortants du Corps législatif, le Gouvernement rend un hommage mérité à des hommes honorables, d'un dévouement éprouvé, et qui, avant de recevoir le patronage de l'administration, étaient désignés par les sympathies de leurs concitoyens. S'il a cru devoir refuser ce témoignage à quelques-uns, ce n'est pas pour de simples dissidences d'opinions, car il s'est fait une loi de respecter profondément l'indépendance des députés ; mais il ne peut appuyer auprès des électeurs que des hommes dévoués, sans réserve et sans arrière-pensée, à la dynastie impériale et à nos institutions. Il est donc contraire à la vérité d'attribuer l'attitude du Gouvernement, vis-à-vis de plusieurs candidats, au souvenir de certaines discussions. Quelques députés seulement, dans le nombre de ceux qui ont voté contre l'avis du Gouvernement, lors d'une circonstance importante, n'ont plus le patronage officiel ; mais leur vote n'est entré pour rien dans la résolution qui les concerne, et j'affirme, quant à moi, que jamais je n'ai eu la pensée de rechercher des votes inspirés par des scrupules de conscience.

J'appelle votre attention sur une autre manœuvre qu'il suffit de signaler au bon sens public. Les partisans de certaines candidatures ne craignent pas de prétendre qu'à défaut du concours de l'administration, elles peuvent se prévaloir des plus hautes et des plus augustes sympathies, comme si l'administration pouvait être dans les élections autre chose que l'instrument de la pensée même de l'Empereur.

Je terminerai, monsieur le préfet, en vous rappelant ces paroles solennelles que l'Empereur prononçait à l'ouverture de la session : « Dites à vos concitoyens « que je serai prêt sans cesse à accepter tout ce qui est « l'intérêt du plus grand nombre ; mais, s'ils ont à « cœur de faciliter l'œuvre commencée, d'éviter les « conflits qui n'engendrent que le malaise, de fortifier « la Constitution qui est leur ouvrage, qu'ils envoient « à la nouvelle Chambre des hommes qui, comme « vous, acceptent sans arrière-pensée le régime actuel, « qui préfèrent aux luttes stériles les délibérations sé- « rieuses ; des hommes qui, animés de l'esprit de l'é- « poque et d'un véritable patriotisme, éclairent dans « leur indépendance la marche du gouvernement, et « n'hésitent jamais à placer au-dessus d'un intérêt de « parti la stabilité de l'Etat et la grandeur de la pa- « trie. »

Vous connaissez maintenant, monsieur le préfet, la pensée tout entière du gouvernement de l'Empereur. Suivez exactement les instructions qui précèdent, et attendez avec confiance le résultat du vote. Les populations du 10 et du 20 décembre ne laisseront pas affaiblir dans leurs mains l'œuvre dont elles sont fières. Électrisées par leur patriotisme, elles se porteront en masse au scrutin et voudront donner une nouvelle et éclatante adhésion à l'Empire glorieux qu'elles ont fondé.

Recevez, monsieur le préfet, l'assurance de ma considération très-distinguée,

Le ministre de l'Intérieur,
F. DE PERSIGNY.

N. 2.

Lettre de M. le ministre de l'Intérieur à M. le préfet de Seine-et-Oise.

Paris, 14 mai 1863.

Monsieur le préfet,

Le gouvernement de l'Empereur a fait choix pour candidat officiel, dans la quatrième circonscription de Seine-et-Oise, de M. le général Mellinet, l'un des officiers généraux les plus braves et les plus distingués de notre armée. Après avoir héroïquement servi la France sur les champs de bataille de Sébastopol, de Magenta et de Solferino, il est prêt à consacrer son intelligence et son dévouement aux grands intérêts qui se débattent dans les Chambres, et sera heureux de représenter votre magnifique département.

Devant un nom si éminent, je devais croire que toute autre candidature s'effacerait. J'apprends cependant, avec regret, que, donnant pour raison que le Gouvernement aurait paru agréer sa candidature, M. Ernest Baroche refuse de se désister.—M. Ernest Baroche se trompe. Le Gouvernement, plein de sympathie pour le caractère élevé et les services éminents de son père, s'était montré disposé à adopter, sur sa demande, la neutralité dans cette circonscription, mais à une condition expresse. Après les circonstances pénibles qui avaient amené la résignation de ses fonctions au ministère du commerce, M. Ernest Baroche ne devait se présenter devant les électeurs qu'en expliquant publiquement sa conduite.

Malheureusement, l'attitude dans laquelle il persiste oblige le Gouvernement à ne plus consulter que son devoir.

Je vous invite donc, monsieur le préfet, à recommander uniquement la candidature de M. le général Mellinet, un de ces hommes sans peur et sans reproche dont un pays doit être fier, et qu'une grande assemblée serait heureuse de compter parmi ses membres.

Recevez, monsieur le préfet, l'assurance de ma considération très-distinguée,

Le ministre de l'Intérieur,

F. DE PERSIGNY.

N. 3.

Lettre de M. le ministre de l'Intérieur à M. le préfet d'Indre-et-Loire.

« Paris, le 29 avril 1863.

Monsieur le préfet,

A l'approche des élections, je viens de prendre les derniers ordres de l'empereur. Sa Majesté a décidé que M. de Quinemont serait le candidat officiel dans la deuxième circonscription.

M. de Flavigny est le candidat de l'opposition.

Il a pris lui-même cette attitude dans la circulaire

qu'il a récemment publiée, et tous les journaux hostiles à l'empereur et à son gouvernement lui ont donné leur appui.

En conséquence, vous aurez, monsieur le préfet, à combattre la candidature de M. de Flavigny, et vous appuierez hautement la candidature de M. de Quinemont.

Recevez, monsieur le préfet, l'assurance de ma considération très-distinguée,

Le ministre de l'Intérieur,

F. DE PERSIGNY.

Cette circulaire ne fut rendue publique que la veille de l'élection.

Une circonstance accidentelle permit seule à M. de Flavigny de répondre à la hâte quelques lignes.

Une saisie fut opérée chez l'imprimeur, par ordre de la préfecture; elle n'atteignit que deux exemplaires seulement, les autres ayant été livrés.

II

CIRCULAIRES ÉLECTORALES

DES PRÉFETS ET DES SOUS-PRÉFETS

N. 4.

PRÉFECTURE DE LOT-ET-GARONNE.

Électeurs,

Une candidature rivale s'est produite. A travers les tendances et les prétentions contradictoires de cette coalition de partis hostiles, de haines sourdes, de ressentiments individuels et d'amours-propres froissés, auxquels l'opposition fait appel, il lui serait difficile peut-être de formuler tout haut son programme. Mais le nom sous lequel elle s'abrite dit assez ce qu'elle veut.

On ne parle pas encore de renverser le gouvernement qu'a établi la volonté nationale; mais déjà il est question de retenir, — tranchons le mot, — de paralyser la main glorieuse qui, depuis onze ans, dirige avec tant de puissance les destinées de l'empire et pèse, pour le bien de l'humanité et le progrès de la civilisation, sur celles du monde entier.

Électeurs, les mots de *contrôle* et d'*indépendance* ne trompent plus personne. Faisons justice, une bonne fois, des équivoques et des habiletés de langage. Ce qu'on vous demande, c'est de déchirer de vos propres mains vos votes du 10 et du 20 décembre, c'est le reniement du gouvernement que vous avez fait; c'est la condamnation du régime qui, à l'intérieur, a sauvé la France, arraché le pays à l'abîme où l'entraînaient d'incorrigibles rhéteurs, assuré au paysan son champ, à l'ouvrier le fruit de son labeur, à tous le bien-être et l'avenir; raffermi sur ses bases éternelles la religion, la famille, la propriété, la société ébranlée; triplé la fortune publique et la fortune privée; décuplé les sources de la richesse commune; grandi cette démocratie de l'intelligence et du travail, dont l'empire est la formule la plus pure, et, à l'extérieur, élevé si haut la grandeur et la gloire de la nation, qu'au lendemain d'Austerlitz la France n'était ni plus écoutée ni plus respectée.........

Le préfet de Lot-et-Garonne,

Alp. Paillard.

22 mai 1863.

N. 5.

PRÉFECTURE DE LA GIRONDE.

Bordeaux, le 29 mai 1863.

Le Sénateur chargé de l'administration du départe-
ment de la Gironde au rédacteur en chef du Courrier de
la Gironde :

Monsieur,

Vous m'avez adressé par la voie de votre journal une
lettre dans laquelle vous me demandez pourquoi
l'administration traite en suspects, mieux que cela, en
ennemis, des hommes tels que M. Dufaure, et pourquoi
elle paraît tant redouter son entrée à la Chambre . . .

Lorsque M. Dufaure annonce dans sa proclamation
que priver les écrivains de la liberté d'écrire, c'est enlever à la nation la faculté de savoir, que gêner la parole de ses représentants, c'est la priver elle-même du
droit de se faire entendre, il émet deux faits faux.

Je ne discute pas la loyauté de son caractère, mais
je le combats précisément parce qu'il peut être à ce
point aveuglé, qu'il croit qu'il n'y a en France ni liberté de presse, ni liberté de parole et de tribune.

L'administration le combat encore, parce que M. Dufaure déclare que les événements dont il a été le témoin
attentif depuis douze ans, au lieu d'ébranler ses con-
victions, les ont fortifiées. Eh bien! si M. Dufaure ne sait
pas reconnaître ce que l'empire a donné à la France
de grandeur, de force, de gloire et de prospérité, ce
qu'il a fait pour les classes ouvrières, s'il ne sait pas
voir que, devançant l'opinion publique, l'Empereur a
pris et prendra l'initiative de toutes les réformes libé-

rales, et que lui seul peut couronner son œuvre par la liberté dont les factions coalisées retarderont l'avènement, M. Dufaure est *suspect ou ennemi!*

Agréez, Monsieur, l'assurance de ma considération très-distinguée.

Le Sénateur chargé de l'administration du département de la Gironde,

Piétri.

(*Communiqué.*)

—————

Nous reproduisons, comme type, la collection des *circulaires confidentielles* adressées par M. le préfet d'Ille-et-Vilaine aux maires du département. On peut y suivre pas à pas toutes les phases de la lutte électorale si vive et si caractéristique en Bretagne.

N. 6.

PRÉFECTURE D'ILLE-ET-VILAINE.

CABINET DU PRÉFET.

(*Confidentielle.*)

Rennes, 12 mai 1863.

Monsieur le maire,

Il résulte de tous les renseignements qui me parviennent, qu'une lutte électorale très-vive se prépare dans plusieurs circonscriptions du département.

Je suis informé, en effet, que *tous les ennemis de*

l'Empire et de mon administration, sans distinction d'origine ou d'opinion, se proposent de combattre *de concert* les candidats du Gouvernement de l'Empereur. Une association aussi anormale, monsieur le maire, entre des partis qui, jusqu'à ce jour, n'ont pas cessé de lutter les uns contre les autres, nous indique jusqu'à quelles extrémités se laissent entraîner les ennemis de l'Empire dans la voie de l'hostilité et de l'ingratitude !

Les populations feront justice, j'en ai le ferme espoir, *d'une manœuvre si peu conforme au caractère et aux sentiments du pays breton.*

Les populations apprécient, je le sais, les bienfaits qu'elles ont reçus de l'Empire, et elles ne se tromperont pas sur le but que se proposent d'atteindre les partisans de la coalition qui m'est annoncée entre des membres du parti légitimiste, du clergé et du parti républicain.

Le pays, depuis cinq ans, monsieur le maire, dans toutes les élections, a condamné, en donnant au Gouvernement de l'Empereur de loyaux auxiliaires, les prétentions et les attaques de tous les partis hostiles à l'Empire.

Le pays ne se démentira pas.

Il est, toutefois, dès à présent incontestable, monsieur le maire, qu'une lutte électorale, organisée par les partis hostiles dans de pareilles conditions, nous autorise à prendre toutes les dispositions en notre pouvoir, pour garantir contre toute atteinte la liberté des élections, au moment du vote et aux abords du scrutin.

Je vous invite, en conséquence, à vous mettre en mesure, sans aucun retard d'organisation. Vous pourrez faire appel, à ce sujet, au concours des électeurs eux-mêmes, et, s'il y a lieu, au dévouement des membres de votre conseil municipal. — Je ne désire pas seulement, monsieur le maire, que les électeurs se prononcent dans chaque circonscription en faveur du candidat du Gouvernement de l'Empereur. Je suis résolu à employer tous les moyens en mon pouvoir pour que la manifestation de l'opinion du pays se produise en toute liberté et de la manière la plus régulière.

Agréez, monsieur le maire, l'assurance de ma considération la plus distinguée,

Le préfet d'Ille-et-Vilaine,

P. Féart.

M. le maire de la commune de

N. 7.

PRÉFECTURE D'ILLE-ET-VILAINE

CABINET DU PRÉFET.

(Confidentielle.)

Rennes, le 15 mai 1863.

Monsieur le maire,

Une lutte électorale est au moment de s'engager dans votre commune, entre M. de Dalmas, candidat du Gouvernement de l'Empereur, et M. de Kerdrel, candidat de l'*opposition*.

Cette lutte, je l'espère, se produira, monsieur le maire, dans toutes les conditions de *liberté* et de *légalité* que la loi nous commande de maintenir pour tous les électeurs sans exception.

Je ne saurais, dès à présent, toutefois, me dissimuler, d'après les renseignements qui me parviennent, que les partis *hostiles* à l'empire ne se feront pas scrupule de répandre dans le pays, à l'occasion de cette lutte, les plus regrettables et même les plus odieuses *calomnies* contre le gouvernement, contre l'*administration* préfectorale et contre le *candidat* qui, après le voyage de l'empereur en Bretagne, a obtenu, dans les arrondissements de Fougères et de Vitré, 26,000 suffrages sur 30,000 votants.

Je crois devoir, par ce motif, monsieur le maire, et en raison même des graves circonstances dans lesquelles nous nous trouvons, vous communiquer et vous prier de faire connaître à tous vos subordonnés les instructions du gouvernement aux fonctionnaires publics.

Le gouvernement demande à tous les fonctionnaires publics de se souvenir, conformément au *serment* qu'ils ont prêté, qu'ils doivent à l'empire le *concours de toute leur influence.*

Vous m'avez prouvé, monsieur le maire, que, sous ce rapport, je puis compter sur vous.

Je vous serai reconnaissant, toutefois, de profiter de toutes les occasions qui pourront vous être données de faire connaître l'importance que le Gouvernement de l'Empereur attache au succès de la candidature de M. de Dalmas.

Je désire, en outre, qu'en toute circonstance, monsieur le maire, vous n'hésitiez pas à indiquer à vos administrés, comme je le ferai moi-même, la *différence* qui existe entre *un candidat comme M. de Dalmas et un candidat comme M. de Kerdrel.*

M. de Dalmas a donné, en toute occasion, le plus loyal concours à mon administration et au Gouvernement de l'Empereur.

M. de Kerdrel a donné sa démission de député en 1852, d'après ses propres expressions, pour ne pas proclamer l'Empire, et aujourd'hui il s'associe *tous* les adversaires de l'AUTORITÉ PRÉFECTORALE de ce pays.

M. de Dalmas m'a secondé dans l'exécution de toutes les mesures que j'ai adoptées pour la restauration des édifices religieux, pour l'amélioration et l'installation des écoles et des mairies.

M. de Kerdrel, je me crois autorisé de le penser, mon-

sieur le maire, ne défendrait pas, avec le même dévoûment que M. de Dalmas, *les intérêts de l'administration
civile* et de toutes les institutions impériales dans le département d'Ille-et-Vilaine.

Il est vrai que les amis de M. de Kerdrel prétendent
que s'il était nommé, il défendrait plus utilement que
M. de Dalmas les intérêts *religieux.*

Il me paraît difficile que les populations de Fougères et de Vitré puissent partager ces avis.

Le Gouvernement de l'Empereur, monsieur le
maire, protége plus efficacement que les *partis* ne sauraient le faire les intérêts du Pape et du monde catholique.

Des partis, en effet, qui cherchent à ébranler
l'Empire assument beaucoup trop facilement la responsabilité de priver, s'ils pouvaient réussir, la papauté de la seule puissance politique qui, après la
protection divine, soit actuellement en mesure de sauvegarder les intérêts du catholicisme.

Les populations, au contraire, qui persévèrent
dans leur dévouement à l'Empire font preuve, tout à la
fois, et dans l'intérêt même du monde catholique, de
reconnaissance et de prévoyance.

Je ne pense pas, par ces motifs, monsieur le maire,
que les amis de M. de Kerdrel puissent revendiquer
légitimement pour ce candidat le privilége exclusif de
l'aptitude à bien défendre les intérêts religieux.

« M. de Dalmas a servi utilement les intérêts du
catholicisme en votant, toutes les fois que l'occasion lui
en a été donnée, sur la demande même du Gouvernement de l'Empereur, les dépenses si nombreuses et si
importantes qui ont pour principe et pour but la protection accordée au Saint-Père par le Gouvernement
de l'Empereur.

M. de Dalmas s'est associé aux demandes du *parti
catholique* toutes les fois qu'il a pu le faire sans ingratitude pour l'Empereur et sans danger pour l'Empire,

et j'ai la ferme confiance que les amis du Gouvernement sauront gré au représentant qu'ils se sont donné d'avoir soutenu de son concours le Gouvernement qui protége le Saint-Père et garantit le repos de la France.

Je ne crois pas, d'ailleurs, monsieur le maire, que les populations des arrondissements de Fougères et de Vitré appellent de leurs vœux un régime politique qui placerait *toute* l'organisation municipale et toute l'organisation politique *dans les mains de l'autorité religieuse.*

J'ai la conviction, à tous ces titres, monsieur le maire, qu'en 1863 comme en 1859, les populations des arrondissements de Vitré et de Fougères sauront tout à la fois défendre leur indépendance contre les entreprises des *partis* et se montrer reconnaissantes des bienfaits qu'elles ont reçus de l'Empire.

La question que les électeurs sont appelés à résoudre dans la lutte ouverte entre M. de Dalmas et M. de Kerdrel est, au reste, nettement posée au pays.

Les amis de l'Empire et du développpement des institutions impériales voteront pour M. de Dalmas.

Les adversaires de ces institutions voteront pour M. de Kerdrel.

Je vous invite, monsieur le maire, à contribuer, dans la mesure de votre position, à faire apprécier à ce double point de vue, à vos administrés, toute la portée du vote qui leur est demandé.

Nous devons, d'après les belles expressions de M. le ministre de l'Intérieur, ne nous adresser, à l'occasion des élections, qu'à la *raison* et au *cœur* des populations.

Je vous serai très-obligé, monsieur le maire, de me seconder dans l'accomplissement de ce devoir.

Je suis heureux, d'ailleurs, de pouvoir vous informer que je reçois d'un grand nombre de points de la circonscription électorale de Fougères et de Vitré les assurances les plus favorables au succès de la candidature de M. de Dalmas.

Je recevrai avec intérêt, monsieur le maire, toutes les communications que vous jugerez opportun de m'adresser au sujet des prochaines élections.

Je vous prie de m'accuser réception de cette dépêche.

Je n'ai pas besoin d'ajouter, d'ailleurs, que vous devez considérer la présente communication comme tout à fait personnelle et *confidentielle*.

Agréez, je vous prie, monsieur le maire, la nouvelle assurance de ma considération la plus distinguée,

Le préfet d'Ille-et-Vilaine,

P. FÉART.

Monsieur le maire de la commune de

(Autographié.)

N. 8.

PRÉFECTURE D'ILLE-ET-VILAINE.

CABINET DU PRÉFET.

(*Personnelle.*)

Rennes, 20 mai 1863.

Monsieur le maire,

Les partis hostiles ont déjà répandu et ils s'efforcent de propager de nombreuses calomnies.

Je suis persuadé que vous saurez mettre vos administrés à l'abri de cette regrettable tactique de l'opposition.

Il est un bruit, toutefois, qui me concerne personnellement et que je tiens à démentir immédiatement.

Il est affirmé qu'après les élections je serai éloigné de ce pays.

Ce bruit, monsieur le maire, est complétement faux, et je vous autorise à le démentir.

J'ai demandé à l'Empereur lui-même, dans la dernière audience que Sa Majesté a bien voulu m'accorder, de me maintenir dans ce pays.

Sa Majesté a bien voulu, monsieur le maire, m'encourager dans ma persévérance.

Il est incontestable, en effet, que si, par un nouveau travail de plusieurs années, je ne complétais pas mon œuvre, tous les résultats que j'ai obtenus pourraient être considérablement amoindris. Le Gouvernement n'est pas disposé à favoriser le retour des précédentes difficultés préfectorales.

Je suis résolu, de mon côté, à ne pas abandonner les fonctionnaires et les populations qui, depuis cinq ans, se sont engagés, sur ma demande, dans toutes les luttes que j'ai soutenues et que je tiens, par un nouveau travail de plusieurs années, à mener à bonne fin dans l'intérêt du département et de l'Empire.

Agréez, monsieur le maire, l'assurance de ma considération la plus distinguée.

Le préfet d'Ille-et-Vilaine,

P. Féart.

M. le maire de la commune de

N. 9.

PRÉFECTURE D'ILLE-ET-VILAINE.
CABINET DU PRÉFET.

(Confidentielle.)

Rennes, le 22 mai 1863.

Monsieur le maire,

Je suis informé que les partis hostiles à l'Empire s'efforcent par tous les moyens d'empêcher les électeurs de voter en faveur de M. de Dalmas, candidat du Gouvernement de l'Empereur.

Je signale particulièrement à votre attention le fait suivant : J'ai acquis la certitude que M. de Kerdrel, candidat de l'opposition et de la coalition des partis hostiles, adresse aux curés et desservants tous les imprimés qu'il destine aux électeurs.

Aucune preuve plus complète ne pouvait nous être donnée, monsieur le maire, du rôle très-hostile et très-anormal que se propose de prendre le clergé dans la prochaine lutte électorale.

Il est évident que les candidats de la coalition n'adresseraient pas leurs communications aux électeurs par l'intermédiaire des curés et des vicaires, et qu'ils ne feraient pas de chaque presbytère un dépôt de leurs imprimés électoraux, si le clergé n'avait, dès à présent, résolu de les seconder dans leurs attaques contre les candidats du Gouvernement de l'Empereur.

J'ai à ce sujet des informations très-précises.

Je vous invite par ce motif, monsieur le maire, à vous mettre dès à présent en mesure de me signaler et même de neutraliser, en temps utile, l'illégitime pression que le clergé se propose d'exercer avant et pendant le scrutin sur les électeurs de votre commune.

Agréez, monsieur le maire, l'assurance de ma considération la plus distinguée,

Le préfet d'Ille-et-Vilaine,

FÉART.

Monsieur le maire de la commune de

N. 10.

PRÉFECTURE D'ILLE-ET-VILAINE.
CABINET DU PRÉFET.

(*Confidentielle.*)

Rennes, le 25 mai 1863.

Monsieur le maire,

La loi vous autorise à dresser procès-verbal de tous les abus qui pourront se produire dans votre commune à l'occasion des élections.

Je vous rappelle ce droit et ce devoir.

Il ne vous appartient pas seulement, en effet, de prendre dans votre commune toutes les mesures nécessaires au maintien de l'ordre et du repos publics.

Il est de votre devoir et de votre droit de constater, en votre qualité d'officier de police judiciaire, tous les faits qui seraient de nature à justifier ultérieurement des poursuites devant les tribunaux.

Je vous autorise, d'ailleurs, monsieur le maire, dans le cas où les abus dont il s'agit ne vous paraîtraient pas comporter des poursuites judiciaires, à m'adresser sur ces abus, à défaut de procès-verbaux, *des rapports administratifs.*

Le Corps législatif, dans ces conditions, pourra se prononcer en parfaite connaissance de cause sur tous les incidents qui pourront se produire à l'occasion des élections, et, de mon côté, je me trouverai en mesure soit d'assurer immédiatement l'exécution de la loi, soit de demander des instructions au Gouvernement.

Vous saurez remplir, j'en suis convaincu, monsieur le maire, la mission qui vous est confiée, dans les graves circonstances où nous nous trouvons, par la loi et par le Gouvernement, *quels que puissent être le caractère ou la fonction des auteurs des abus que je signale à toute votre vigilance.*

Je vous prie de m'accuser réception de la présente dépêche.

N. 11.

PRÉFECTURE D'ILLE-ET-VILAINE.
CABINET DU PRÉFET.

(Confidentielle.)

Rennes, le 25 mai 1863.

Monsieur le maire,

Je suis informé que dans un grand nombre de communes, le presbytère est devenu le centre et le foyer des manœuvres les plus actives et des attaques les plus vives contre les candidats du Gouvernement de l'Empereur.

J'ai le ferme espoir, monsieur le maire, que le pays saura résister aux entraînements et aux sollicitations de tous les partis hostiles à l'Empire.

Il me paraît indispensable, toutefois, en présence de l'attitude très-anormale que vient de prendre le clergé, de vous indiquer les devoirs que nous avons à remplir.

Je vous invite, par ces motifs, monsieur le maire, à rappeler, en toute occasion, l'attention de nos administrés sur les considérations suivantes :

Il est faux de prétendre que la religion soit mise en danger ou en question, et de soutenir que voter pour le candidat de l'opposition, c'est voter pour le pape.

Il est injuste de contester les services rendus à la religion par le Gouvernement.

Je ne saurais trop vous encourager, à tous ces titres, monsieur le maire, à recourir à tous les moyens de persuasion en votre pouvoir pour prévenir, sur ces graves questions, toute erreur de la part de vos administrés, et j'espère qu'il est temps encore de faire connaître à ce sujet, par votre intermédiaire, toute la vérité aux populations qui seront disposées à se laisser entraîner par les partis dans la voie de l'opposition.

Les partis hostiles, monsieur le maire, en posant comme il le font la question religieuse, à l'occasion de la question électorale, ne servent ni la papauté ni la religion.

Ils les compromettent très-inopportunément dans une lutte politique.

Les partis, en effet, sont si peu en mesure de sauvegarder les intérêts de la papauté et de la religion que, si l'Empire pouvait être sérieusement ébranlé, comme ils le désirent, les intérêts de la papauté, comme tant d'autres, seraient profondément menacés.

Les amis du Gouvernement de l'Empereur, à tous ces titres, monsieur le maire, représentent mieux et peuvent mieux servir que tous ses adversaires et ses ennemis les intérêts de la religion.

Je ne conteste pas qu'il soit dans le droit des électeurs de se préoccuper des intérêts de la papauté.

Je suis profondément convaincu que le moyen employé par les partis hostiles est directement contraire au but qu'ils prétendent poursuivre.

Ces considérations, je l'espère, monsieur le maire,

pourront vous permettre d'édifier vos adversaires sur la véritable portée du vote qui leur est demandé, soit par les candidats de l'opposition, soit par les candidats du Gouvernement de l'Empereur.

Il vous appartient, d'ailleurs, d'apprécier dans quelle mesure il peut être opportun, dans votre commune, d'appeler l'attention de vos administrés sur ces graves questions.

Je me borne à vous signaler qu'il est de notre devoir de faire tous nos efforts pour détruire, par la discussion et par la persuasion, les erreurs, les malentendus ou les calomnies répandus depuis quelques jours dans le département.

Les partis hostiles, croyez-le bien, monsieur le maire, se préoccupent bien moins de défendre le pape que d'attaquer l'Empire.

N, 12.

PRÉFECTURE D'ILLE-ET-VILAINE.
CABINET DU PRÉFET.

(*Confidentielle.*)

Rennes, 29 mai 1863.

Monsieur le maire,

Je suis informé que des ecclésiastiques se proposeraient de se rendre en grand nombre dans la salle du scrutin au moment de l'élection.

Il est de votre devoir, dans une semblable situation, de prévenir de regrettables conflits et d'assurer la liberté du vote.

Je vous autorise par ce motif à appeler en mon nom tous les fonctionnaires et employés, en résidence dans votre commune ou dans votre canton, à vous prêter, s'il y a lieu, leur concours personnel pour assurer la liberté du vote et la régularité des opérations électorales.

Je vous adresse ci-après une copie des instructions et des articles de la loi que vous pourrez avoir à appliquer.

N. 12 (bis).

PRÉFECTURE D'ILLE-ET-VILAINE.
CABINET DU PRÉFET.

(Confidentielle.)

Rennes, 29 mai 1863.

Monsieur le maire,

Je suis informé de toutes les menaces qui sont adressées en ce moment à tous les fonctionnaires par les partis hostiles à l'occasion des élections.

Ces menaces, monsieur le maire, n'ont aucune valeur.

Le Gouvernement de l'Empereur connaît aujourd'hui ses amis et ses ennemis.

Je vous donne de nouveau l'assurance, par ce motif, que vous serez soutenu et protégé dans l'accomplissement de tous vos devoirs de loyal fonctionnaire.

Je vous autorise en outre à affirmer hautement que l'appui du Gouvernement ne fera défaut à aucun des amis de l'Empire.

Le temps est passé où les fonctionnaires dévoués à leur devoir pouvaient être exposés à la persécution des adversaires et des ennemis du Gouvernement.

Je suis personnellement plus que jamais résolu à demander au Gouvernement de l'Empereur de me permettre de continuer l'œuvre politique que j'ai commencée dans le département d'Ille-et-Vilaine.

N. 13.

Circulaire du Préfet de l'Eure aux Pompiers.

Évreux, le 16 mai 1863.

Mon cher commandant,

Il n'est pas de concours que je puisse réclamer avec plus de certitude que le vôtre et celui des hommes que vous commandez.

Les relations qui existent entre vous, les pompiers et musiciens du département et moi, me garantissent l'énergique dévouement que je rencontrerai toujours en eux.

Je ne rappellerai pas tout ce que j'ai pu faire pour leur organisation matérielle, enviée de tous leurs camarades des autres départements; je n'ai eu d'autre but, en agissant ainsi, que de les mettre mieux à même de porter à leurs concitoyens des secours efficaces, que de donner plus d'éclat à toutes vos fêtes communales. Je ne rappellerai pas l'empressement qu'ils ont, dans toutes les occasions, rencontré en moi pour leur être utile; je ne faisais qu'acquitter ma dette de reconnaissance envers eux, qui n'avaient cessé de m'accueillir avec tant de cordialité. Je me bornerai à leur répéter que les témoignages de sympathie dont ils m'honoraient, toutes les fois qu'il m'était donné de me trouver parmi eux, étaient trop chaleureux pour laisser le moindre doute de leur sincérité. Je viens donc sans hésitation leur dire :

« Mes amis, le 31 mai et le 1er juin prochain, vous « êtes appelés à nommer votre député. Je recom- « mande à vos suffrages des hommes honorables, « capables, dévoués à vos intérêts. La plupart d'entre

« vous les connaissent et savent combien ils sont ser-
« viables, généreux; combien ils sont aimés des
« ouvriers au milieu desquels deux d'entre eux ont
« vécu.

   « Les conseils que j'ai pu vous donner ont toujours,
« vous le savez, été dictés par une affection, je le dis
« hautement, par une reconnaissance que j'aime à
« proclamer; toujours vous m'avez trouvé le même
« après comme avant la victoire. Eh bien! aujour-
« d'hui encore, écoutez ma voix : je suis des vôtres;
« ayons l'esprit de corps, et que chacun de vous
« marche au scrutin, ayant pour guides dans son cœur
« son Empereur, son Pays et son Préfet; et si quel-
« ques jaloux viennent critiquer votre dévouement,
« faites risées de ces injures, dictées par la passion et
« le dépit. »

   Voilà, mon cher commandant, ce que je vous prie
de faire connaître à vos hommes : avec eux je dois tout
espérer.

   Agréez, mon cher commandant, l'assurance de mes
sentiments les plus dévoués.

Le préfet de l'Eure.

N. 14.

PRÉFECTURE DE SEINE-ET-OISE.

CABINET DU PRÉFET.

(Confidentielle.)

Versailles, le 15 mai 1863.

Monsieur le maire,

   Vous avez pris connaissance de la circulaire adressée
aux préfets par M. le ministre de l'Intérieur au sujet

des prochaines élections. Elle aura eu de l'écho dans vos sentiments. Le Gouvernement dit hautement l'importance qui s'attache à cette solennelle manifestation de l'opinion publique, quels sont les hommes qui lui inspirent le plus de confiance, ceux dont le dévouement lui paraît être le plus sûrement acquis à l'Empereur, à sa dynastie et à nos institutions.

En les recommandant au choix des électeurs, le gouvernement rend, comme dit M. le ministre de l'Intérieur, « un hommage mérité à des hommes « honorables, d'un dévouement éprouvé, et qui, avant « de recevoir le patronage de l'administration, étaient « désignés par les sympathies de leurs concitoyens. »

Dans ma tournée pour le conseil de révision, j'ai déjà eu soin de vous faire connaître que M. le baron Caruel de Saint-Martin était le candidat sur lequel le gouvernement appelait les suffrages des bons citoyens, dans la circonscription dont votre commune fait partie. Je vous ai demandé, pour le succès de sa candidature, l'appui de votre active et honorable influence. . . . .

Demandez-leur, je vous prie, d'assurer de nouveau le succès de sa candidature; faites appel, pour l'obtenir, au concours des citoyens les plus honorables de votre commune. Votre parole loyale et sincère aura de l'influence sur eux. Demandez l'appui des membres de votre conseil municipal; les sympathies d'hommes aussi honorables, qui se recommandent à la considération de tous par la légitime confiance qu'ils ont obtenue de leurs concitoyens, ne pourront qu'être très-profitables à la candidature que nous soutenons, et elles seront en même temps pour elle un honneur précieux. J'ai le plus ferme espoir qu'elles ne lui feront pas défaut.

Vous rappellerez aux électeurs de votre commune que c'est pour tous un devoir de se rendre aux élections, de répondre à l'appel loyal et sincère qui leur est fait.

Sans gêner la liberté des votes, vous emploierez la légitime et honorable influence que vous exercez autour de vous à éclairer vos concitoyens, à rallier au candidat du Gouvernement le plus grand nombre possible de suffrages.

Si une candidature hostile se présentait, les sentiments de loyal dévouement à l'Empereur, que je vous connais, me donnent l'assurance que vous la combattriez résolûment et sans hésitation; mais viendrait-elle elle-même à s'annoncer sous une apparence de modération, vous la repousseriez aussi . . . .

Les amis du gouvernement comprendront qu'il ne faut pas laisser diviser leurs voix, qu'ils doivent les porter avec ensemble, avec union, sur le candidat du Gouvernement; que ce n'est pas tout que ce candidat soit élu, mais qu'il faut encore qu'il le soit par un nombre considérable de voix.

Le préfet de Seine-et-Oise,
Comte de Saint-Marsault.

P. S. — Ayez soin de faire placer à la porte de la mairie, et dans les lieux les plus apparents de votre commune, l'affiche indiquant le nom des candidats du Gouvernement de l'Empereur.

Vous voudrez bien aussi faire afficher dans les mêmes endroits la circulaire du candidat du Gouvernement, que vous allez bientôt recevoir.

Vous voudrez bien donner des ordres pour que ces diverses affiches ne soient ni déchirées ni enlevées.

Si de nouvelles affiches vous étaient nécessaires, veuillez les demander; elles vous seraient envoyées aussitôt.

Cette lettre vous est personnelle; vous ne devez donc en donner copie à personne. Mais rien ne s'oppose à ce que, *si vous le jugez convenable*, vous en fassiez la lecture aux membres de votre conseil municipal et aux divers fonctionnaires de votre commune.

N. 15.

Lettre de M. le préfet d'Indre-et-Loire à l'honorable M. Gouin, député.

Tours, le 10 mai 1863.

Monsieur,

Son Excellence Monsieur le ministre de l'Intérieur me charge de vous prévenir que si vous voulez conserver l'attitude que vous m'avez annoncée dans l'élection de Chinon, il considérera votre conduite comme un acte d'hostilité ; qu'il proposera à l'Empereur un autre candidat à votre place.

Je vous prie de vouloir bien me faire connaître exactement votre réponse, et de me la faire parvenir par l'ordonnance qui vous remettra ce pli.

Agréez....

Signé : le préfet,
PODEVIN.

N. 16.

La publication de cette lettre fut suivie du communiqué suivant :

PRÉFECTURE D'INDRE-ET-LOIRE.
(Journal d'Indre-et-Loire.)

M. le préfet d'Indre-et-Loire nous adresse le *Communiqué* suivant :

A la suite d'un entretien entre M. le préfet et

M. Gouin, celui-ci, pour bien préciser son attitude, a formulé, dans une lettre adressée, le 10 mai, à M. le préfet, la déclaration suivante :

« Je ne compte pas faire des démarches pour M. de « Flavigny ; mais je suis trop loyal pour ne pas vous « dire qu'à tous les électeurs qui viendront chez moi « me consulter, je leur répondrai : Si j'étais de l'ar- « rondissement de M. de Flavigny, je voterais pour « lui, attendu qu'il a personnellement mon estime et « mon amitié. »

Cette déclaration a été acceptée par le gouvernement et la candidature de M. Gouin maintenue comme offi- cielle.

Il ne peut entrer dans la pensée du Gouverne- ment de l'Empereur d'empêcher un candidat de voter selon sa conscience.

N. 17.

INDRE.

—

SOUS-PRÉFECTURE
de La Châtre.

—

Confidentielle.

La Châtre, 27 mai 1863.

Monsieur le maire,

Vous n'ignorez pas que M. de Bondy se porte comme candidat en opposition contre M. Delavau, candidat de l'Empereur.

Étranger à notre circonscription électorale, M. de Bondy n'a aucun titre pour prétendre à l'honneur de la représenter. J'ajouterai que M. de Bondy est du petit nombre de ceux qui, regrettant une dynastie dé- chue, recherchent le mandat de député, non pour per- fectionner nos institutions, mais pour travailler à les renverser, non pour faire les affaires du pays, mais pour entraver celles de l'État et nous livrer de nouveau à tous les hasards des révolutions.

En présence d'une candidature qu'appuient les amis du drapeau rouge, vous penserez comme moi, j'en suis convaincu, que les questions de personnes doivent s'effacer; qu'il ne s'agit plus de comparer un homme à un autre, mais uniquement de savoir si l'on veut ou non du Gouvernement de l'Empereur, si l'on veut le soutenir et le défendre, ou travailler à son renversement, en confiant le mandat et les pouvoirs de député à un de ses ennemis déclarés.

Votre patriotisme, M. le maire, et votre dévouement à l'empire me sont un sûr garant de votre attitude en cette circonstance. Vous emploierez, j'en suis certain, toute votre activité à combattre la candidature de M. de Bondy, et à réunir le plus de voix possible autour du candidat du Gouvernement.

Groupez autour de vous tous les hommes d'ordre. Concertez-vous avec eux pour agir énergiquement et employez toutes vos légitimes influences en vue d'assurer le succès éclatant de la bonne cause.

Ne perdez pas de temps. Le moment du scrutin est proche. L'Empereur et la France comptent sur vous.

Recevez, monsieur le maire, l'assurance de ma considération la plus distinguée.

Le sous-préfet de La Châtre,

Signé : LANGLOIS.

N. 18.

SOUS-PRÉFECTURE DE LIBOURNE.

CABINET DU SOUS-PRÉFET.

Libourne, le 28 mai 1863.

Monsieur le maire,

L'heure du scrutin va sonner.

En présence des tentatives violentes et déloyales faites par la coalition des partis hostiles pour égarer l'opinion et compromettre ainsi la liberté et la sincérité du vote, le devoir de tous les bons citoyens est de redoubler d'efforts.

Veuillez, au reçu de la présente, réunir auprès de vous tous les amis de l'Empereur, et les conjurer de s'unir pour assurer le triomphe complet de la cause que nous défendons.

Le repos public et la consolidation du gouvernement national et fort que nous avons fondé dépendent en ce moment de notre patriotisme et de notre énergie.

Voyez vous-même, s'il est possible, les électeurs les plus influents; prenez toutes les mesures propres à déjouer les manœuvres coupables, et faites en sorte que les opérations électorales s'accomplissent avec toute la régularité désirable.

Je n'ai point à vous donner d'instructions spéciales; vous puiserez dans votre amour du bien et dans votre dévouement les moyens et la force d'accomplir ce qui est aujourd'hui plus que jamais, je le répète, un devoir sacré.

Recevez, M. le maire, l'assurance de ma considération la plus distinguée,

Le sous-préfet de l'arrondissement de Libourne,

LEGLAY.

9

III

PROCLAMATIONS ET AFFICHES DE MAIRES

N. 19.

Copie d'une affiche placardée dans la ville de Chauffailles *(Saône-et-Loire).*

Chers électeurs,

Mon devoir me dicte la manifestation de ma pensée et des conseils au moment solennel pour nous tous de choisir un représentant de nos intérêts.

Le Gouvernement de l'Empereur a déjà fait beaucoup de belles choses ; il en a commencé beaucoup d'autres aussi grandes ; il en reste encore d'une égale importance pour lesquelles il n'a eu que le temps de poser les premiers jalons.

Continuez-lui votre confiance par reconnaissance de ce qu'il a fait, en lui donnant le moyen d'achever ce qui est commencé et de faire tout ce qu'il désire pour la prospérité du pays, en acceptant le candidat qu'il vous conseille.

Moi, je vous demande aussi de me permettre l'achèvement de notre œuvre de satisfaction des intérêts du pays en vous conseillant de voter pour M. de BARBANTANE.

Ne vous laissez donc pas égarer par des promesses fallacieuses, et ne restez pas chez vous les 31 mai et 1ᵉʳ juin prochain, *mais venez déposer dans l'urne le candidat* que je vous conseille dans vos intérêts.

Le conseiller général, maire de Chauffailles,

A. GOYNE.

N. 20.

Habitants d'Ouistreham (Calvados).

Des agents plus ou moins payés, et d'ailleurs étrangers à la commune, se vantent publiquement de vous faire voter contre le candidat du Gouvernement.

Je connais trop votre fierté et votre esprit d'indépendance pour croire que vous vous laisserez influencer par qui que ce soit.

Ici, vous n'avez qu'un ami sincère et véritable : c'est moi !! Et quand je vous dis : Votez pour M. Bertrand, c'est que ce vote est dans votre intérêt le plut cher !... !... !... !...

26 mai 1863.

Le maire,

DEBLED.

N. 24.

Proclamation de M. le maire de Jouvelle à ses administrés.

Messieurs les électeurs,

L'heure est arrivée où vous êtes appelés à manifester l'expression de votre volonté, et dire par un *oui* : Nous sommes pour notre auguste Empereur, ou bien par un *non* : Nous ne le connaissons pas.

Le moment des discussions est passé; vous n'êtes plus entourés de ces solliciteurs que la *hideuse* envie ou le coupable orgueil dévorent; de ces mécontents qui veulent de l'opposition à tout prix, qui ne connaissent que l'égoïste moi, et effacent le généreux nous; de ces trompeurs qui, sous le masque mielleux de leur langage, ont cherché à vous entraîner dans une voie dont vous ne tarderiez pas à vous repentir; et il est loin de ma pensée, ô électeurs intelligents! qu'aucun de vous se serait laissé entraîner à ces sollicitations.

Nous avons un grand devoir à remplir, puisqu'il s'agit de chercher parmi les candidats qui se présentent à nos suffrages celui qui doit mieux représenter nos principes; mais ce devoir ne sera *saintement* accompli qu'autant qu'il sera libre de tout pouvoir.

Aimant l'Empereur et son *gouverneur*, parce qu'il a rétabli d'une manière miraculeuse ces améliorations de toute nature que *j'avais conçues*, je lui donnerai une preuve de ma reconnaissance en votant pour le candidat qu'il nous propose, M. Galmiche, dont je connais les hautes capacités administratives et les opinions libérales.

Je ne voterai pas pour M. d'Andelarre, parce que cet ancien député, auquel nous avons donné notre mandat, en se montrant l'ennemi déclaré de l'Empereur, s'est montré le protecteur du parti de la noblesse et du clergé, c'est-à-dire de ce parti qui voudrait voir revenir l'époque où nos *aïeuls* étaient *conviés*, à tour de rôle, pour *battre l'eau* et *imposer silence aux grenouilles*, dans le but de *laisser dormir* paisiblement M. le marquis et madame la marquise, ou MM. les prieurs de tel ou tel village.

Telle est ma profession de foi, et croyez bien qu'elle ne m'est imposée par personne, mais qu'elle est l'expression de mes sentiments.

Électeurs ! sachez qu'en votant pour M. Galmiche, vous votez pour vous, pour votre tranquillité, votre bonheur; pour l'avenir, le progrès; pour l'Empereur.

Électeurs ! l'Empereur vous aime ! aimez-le aussi !

Vive la France régénérée ! Vive l'Empereur !

Jouvelle, 31 mai 1863.

Le maire,

Arriset.

N. 21 (bis).

MAIRIE DE SAINT-CHRISTOPHE-SUR-AVRE.

Aux électeurs de la commune de Saint-Christophe-sur-Avre.

Chers concitoyens,

Des bruits circulent dans la commune que certaines personnes connues de tous par leurs idées perverses se proposent de vous surprendre dans l'acte de patriotisme dont vous aurez à donner une preuve dans les élections prochaines.

Défiez-vous de ces cabaleurs, de ces ennemis de la tranquillité publique, qui ne sont heureux que dans le trouble et l'agitation, parce qu'ils espèrent toujours en tirer quelque avantage. Soyez fermes dans votre devoir, ne soyez pas...

.... De ces machines sans vouloir,
Que la main des hommes par ressort fait mouvoir.

Le maire de Saint-Christophe-sur-Avre,
HERNIER.

Saint-Christophe, le 28 mai 1863.

N. 22.

ÉLECTEURS DE SAINT-THIBÉRY.

Le moment est venu où il vous sera facile de prouver si vous êtes réellement attachés à ma personne et à mon administration. Cela étant, comme je ne crois pas en devoir douter, vous me verrez redoubler de zèle pour tout ce qui touche à vos intérêts et à votre bien-être, et fort de votre sincère appui, vous me verrez bientôt réaliser les grandes améliorations que réclamaient en vain depuis longtemps vos propriétés et vos habitations.

Mais si, entraînés par ces belles promesses, prodiguées par des mains impuissantes, par ces grands mots dont vous jouissez déjà de la signification, affichés sur votre place comme un appât funeste à votre prospérité par des agitateurs inconnus, sans aucune garantie pour vous du passé ni de l'avenir, vous méconnaissiez les avis paternels du maire que vous avez enlevé à ses habitudes solitaires et tranquilles, pour le combler de toutes sortes de soucis, n'en doutez pas, sa démission de maire de Saint-Thibéry accompagnerait le procès-verbal qui doit constater le résultat de vos suffrages.

Je ne veux point vous retracer sous vos yeux ce temps encore si peu éloigné, où l'anarchie et la misère désolaient non-seulement vos familles, mais la France entière, notre chère et brillante patrie; œuvre incontestable de ces hommes dont un brillant suppôt cherche à vous séduire aujourd'hui. Je préfère vous parler de l'auguste pilote que la Providence a choisi pour empêcher notre belle France de sombrer, et qui l'a amené à ce haut degré de gloire et de prospérité dont nous sommes si fiers, et que les nations nous envient.

En effet, la France est au faîte de la gloire et de la civilisation; son commerce est étendu sur tous les points connus du globe; une parfaite tranquillité règne dans tout l'Empire; toutes les industries et tous les arts fleurissent; nos vins se vendent bien, les salaires sont bien rémunérés; notre commune surtout est dans un état croissant de prospérité, jouissant d'une bien grande liberté.

Vous avez, dites-vous, le maire que vous désiriez; en un mot vous possédez tout ce qui est pratiquement possible d'obtenir; vous devez être satisfaits, et c'est à l'Empereur que vous devez cette satisfaction.

Il y a bientôt trois ans, secondé par le charitable pasteur qui vous aimait tant et que vous n'oublierez pas, vous vîntes, malgré moi, m'arracher à mes goûts simples, à ma paisible demeure. J'acceptai le mandat qu'on allait me confier pour aider à cet ami à tous à faire le bien, qu'à notre grand regret il n'a pu accomplir, et tâcher de mon côté de vous procurer toutes les améliorations désirables. Vous savez tous avec quel zèle et quel dévouement je me suis mis à l'œuvre, et vous savez aussi à quelle lutte j'ai été et je suis encore exposé, et par rapport à vous tous. Je ne me sens pas en état de continuer ce difficile mandat sans un puissant appui, et c'est de vous, électeurs, que je le réclame.

Vous comprendrez facilement que si je suis protégé par mes supérieurs et soutenu par vous, avec le profond dévouement pour le bien public que vous me connaissez, tout s'aplanira sous mes pas ; dans le cas contraire je dois céder.

Je suis profondément attaché à l'Empereur et à son gouvernement parce qu'il n'est pas possible de nier ces grandes choses que son règne a déjà produites. Je ferai tout ce qui dépendra de moi pour soutenir ses institutions, parce que je crois que tout se fait pour le bien de tous. Je vous invite à suivre mon exemple et, si vous comprenez vos intérêts et votre bonheur, aucun de vous ne manquera à l'appel qui sera fait autour de l'urne électorale en faveur du candidat choisi par l'administration.

Alors vous prouverez à votre maire que vous avez confiance en lui, et à la France entière que les habitants de Saint-Thibéry ne sont pas tels qu'on s'ingénie à le faire croire, mais bien d'honnêtes citoyens dévoués à l'Empereur, à l'Impératrice et au prince impérial.

Saint-Thibéry, le 24 mai 1863.

Le Maire,
Signé : THOURETTE.

N. 23.

Extrait de la circulaire du maire de Plombières.

. . . .

Sans vouloir exercer de pression, le maire croit aussi de son devoir de recommander aux électeurs le candidat proposé par le gouvernement, et ici, remarquez-le bien, je vous parle moins en qualité de maire que comme habitant de Plombières.

Si à Plombières, qui a été comblé de bienfaits par l'Empereur, la majorité n'était pas acquise à M. de Bourcier, ce serait une faute et une maladresse; ce serait de l'ingratitude envers l'Empereur.

Cette considération, capitale pour Plombières, doit dominer toutes les autres. N'oublions pas que Plombières est dans une position exceptionnelle et que son vote ne saurait passer inaperçu.

Dans ces circonstances, le maire invite très-instamment les électeurs, dans l'intérêt de la France, dans leur intérêt particulier, à voter pour la candidat du Gouvernement de l'Empereur. Il espère que la grande majorité comprendra la position, et que l'appel fait au bon sens de la population, à son amour de l'ordre et à sa reconnaissance pour l'Empereur, n'aura pas été fait en vain.

Le maire : HAUMONTÉ.

N. 24

Le maire de Bains, à ses concitoyens.

Mes chers administrés,

. . . .

Si vous avez confiance *dans votre maire*, qui s'efforce en toute circonstance de vous prouver qu'il est votre ami, toujours prêt à vous rendre des services, votez avec lui pour le candidat que l'empereur vous demande,

ET MONSIEUR DE LA GUISTIÈRE

se rappellera la confiance dont vous lui aurez donné la preuve en lui accordant vos suffrages; alors, quand le *maire de Bains* sollicitera pour la commune, pour vous ou vos enfants, des faveurs ou des secours, la haute influence de ce député nous les obtiendra d'un gouvernement qui est généreux envers tous.

Croyez votre maire, qui ne vous a jamais trompés, et qui s'efforce d'empêcher qu'on vous entraîne dans une erreur déplorable qui vous donnerait, dès son lendemain, des regrets inutiles; car vous auriez, sans compensation aucune, compromis les intérêts du pays, ceux de la commune et les vôtres, en vous mettant dans les rangs des ennemis de l'Empereur, à qui la France doit sa splendeur, sa prospérité, sa sécurité.

Votre dévoué maire,

E. Manoury La Cour.

Bains (Ille-et-Vilaine), le 26 mai 1863.

N. 25.

Proclamation du maire de Boëre (Loire).

Électeurs de la commune de Boëre,

Je vous en supplie, pas d'abstention; rendez-vous tous au scrutin pendant ces deux jours, 31 mai et 1er juin, et prouvez par votre vote que vous êtes aussi les véritables amis de l'Empereur et de l'empire. Oui, laissez à des mains débiles la triste tâche d'agiter une dernière fois le drapeau blanc, et levant en opposition, haut et ferme, l'immortel drapeau tricolore, le seul que craint et admire le monde entier, *vous concilierez loyalement et avec honneur dans votre vote le sentiment de vos intérêts et le sentiment patriotique.*

Vive l'Empereur !

La candidature recommandée est celle de M. Bouchetal La Roche.

Boëre, 30 mai 1863.

Le maire,
Signé : SYVETON.

N. 26.

Électeurs de Gonsans !

Le maire de la commune invite les électeurs à voter
pour M. L. du Moulin : c'est l'ami de l'Empereur, *c'est
lui qui a empêché l'impôt du sel.* L'autorité municipale
compte sur vous ; ne vous laissez point entretenir par
de belles paroles et de magnifiques promesses, par un
candidat *hostile* au gouvernement. Quand vous serez
dans la peine, la municipalité et le gouvernement
vous aideront. M. de Mérode se moquerait de vous.

Le maire,
BAUD.

Le 1ᵉʳ juin 1863.

N. 27.

Proclamation du maire de Viarmes.

Tous les habitants de la commune de Viarmes
savent que si la mairie, l'école, le logement de l'instituteur et la salle d'asile, sont maintenant établis dans
le château, c'est à un secours de 3,000 francs, accordé
par S. Exc. le ministre de l'Instruction publique, que
cet important résultat est dû. Sans ce secours, les
ressources que la commune possédait eussent été insuf-

fisantes. Nous n'aurions point aujourd'hui de salle d'asile, et tous les autres services communaux seraient encore dans un état provisoire, dont on ne pourrait prévoir la fin.

Mais, ce qu'un certain nombre d'habitants savent aussi et que quelques autres nient, c'est que c'est au concours dévoué de M. Dambry, alors notre député, à ses démarches pleines de zèle, que la commune doit d'avoir obtenu le secours de 3,000 fr. précité.

Dans l'intérêt de la vérité qui est une, le maire a cru devoir publier ce fait, et serait heureux que les personnes qui pourraient en douter, et celles qui, sans en douter, désireraient pouvoir en parler en connaissance de cause, voulussent bien prendre la peine de venir chez lui. Il se ferait un devoir de leur communiquer la correspondance qui a eu lieu entre M. Dambry et lui à ce sujet.

C'est ainsi dans l'intérêt de la commune, que le maire tient à ce que les électeurs sachent qu'en votant pour M. Dambry, candidat du Gouvernement, non-seulement ils donnent une preuve d'attachement à l'Empereur, mais qu'en même temps, ils payent une dette de reconnaissance.

Ils comprendront tous, d'ailleurs, que des faits accomplis qui peuvent se renouveler valent beaucoup mieux que de belles promesses dans un langage pompeux qui ne fait qu'égarer l'opinion ; que les affaires d'un pays ne se font pas par des paroles, mais par des actes. . . . .

Le présent avis sera publié et affiché au tableau.

Viarmes, le 28 mai 1863.

Le maire, LIBERT.

N. 28.

Le maire de la commune de Soulaines a l'honneur d'inviter généralement tous les électeurs de la commune à se rendre à la mairie le dimanche, 31 du courant, ou lundi, 1er juin, munis de leur carte et de leur bulletin de vote, qui leur seront remis cette semaine *pour réélire* M. Segris, député, le méritant à juste titre, en observant aux habitants de Soulaines qu'il est grandement dans leurs intérêts de *remplir fidèlement les intentions de M. le préfet* qui, jusqu'à ce jour, nous a favorisés dans nos entreprises, par les fonds du gouvernement qu'il a accordés ; tâchons de continuer à conserver sa bonne intelligence, afin qu'il nous vienne encore en aide pour terminer la confection de nos routes, n'ayant pas les moyens par nous-mêmes d'en venir à bout ; chaque électeur doit se faire un devoir à remplir cette *obligation si legère* à réaliser ; par *ce moyen* je suis convaincu d'un avenir favorable pour la commune.

Fait à la mairie, le 24 mai 1863.

Le maire,

Lebreton.

N. 29.

LE MAIRE DE PROVEYSIEUX A MM. LES ÉLECTEURS DE SA COMMUNE.

Messieurs,

Je suis content de l'empressement que vous avez mis

à vous approcher de l'urne électorale ; je suis fier pour vous de ce que, en si grand nombre, par votre vote, vous avez consolidé le gouvernement de celui que nous nous sommes choisi en 1852 pour nous gouverner.

L'Empereur, le préfet de l'Isère sont contents de vous, et votre maire, messieurs les électeurs, vous remercie de ce que, à part le petit nombre de 23, et malgré les conseils si pressants que vous avez pu recevoir dans la localité et ailleurs, tous, comme un seul homme, vous avez voté dans l'intérêt de vos chemins et de votre commune.

Agréez, messieurs les électeurs, mes remercîments bien sincères.

Vive l'Empereur ! vive M. Royer !

En mairie, le 7 juin 1863.

Le maire,
RAFFIN.

Pour copie conforme.
BOUVIER.

IV

BIENFAITS ADMINISTRATIFS

N. 30.

Extrait du journal *le Chercheur* (numéro du 28 mai 1863).

Nous sommes heureux d'annoncer à nos lecteurs que, sur la haute recommandation de M. Sallandrouze de la Mornaix, plusieurs secours viennent d'être accordés à différentes communes de notre arrondissement par Son Exc. M. le ministre de l'Intérieur, savoir :

Un secours de 1,000 fr. à la ville de Bénévent-l'Abbaye et un autre de 500 fr. à la commune de Marsac, destinés à être distribués entre les propriétaires le plus cruellement éprouvés par l'orage du 17 de ce mois.

Un autre secours de 1,000 fr. à la ville de Bénévent pour exécution de travaux d'utilité publique.

Trois subventions s'élevant ensemble au chiffre de 1,400 fr. aux établissements de bienfaisance de Bourganeuf et Bénévent.

Enfin, M. le préfet, prenant en considération les votes émis par les communes d'Azet-Châtenet et de Saint-Hilaire-le-Château, a bien voulu accorder, sur les fonds départementaux, une subvention de 500 fr. à la première de ces communes pour lui venir en aide dans la construction du chemin vicinal partant du chef-lieu et se dirigeant sur Bénévent-l'Abbaye, et à la deuxième une subvention de 150 fr. pour effectuer des travaux de réparation à son cimetière.

N. 31.

Aix, 29 mai 1863.

Monsieur le maire,

Par sa lettre du 29 du courant, M. l'agent-voyer en chef me prie de vous informer que M. le sénateur vient d'accorder à votre commune un secours de 1,500 fr. pour la reconstruction de votre chemin vicinal, n° 10, dit de Sauréas.

Je dois vous faire remarquer que ce nouveau secours de 1,500 fr. est en sus de celui de même somme qui vous a été accordé sur les fonds de 1862, dont le mandat a été délivré dans la journée d'hier; c'est donc en tout une somme de 3,000 francs que votre commune va recevoir.

L'agent-voyer de l'arrondissement,
Signé : GRANDCOURT.

Pour copie conforme, le maire d'Eguilles,
Signé : DIOULOUPER.

N. 32.

CABINET
du prefet.

—

Grenoble, le 30 mai 1863.

Monsieur le maire,

Je reçois à l'instant votre lettre d'hier, par laquelle vous me faites connaître que votre commune ne peut disposer que d'une somme de 100 fr. pour payer la Gravelière qu'elle se propose d'acheter en vue d'assurer le bon entretien de ses chemins vicinaux, laquelle Gravelière doit lui coûter 4 à 500 fr.

Je m'empresse de vous informer que, voulant donner à la commune de Bresson une preuve toute particulière de l'intérêt que je lui porte, je viens de lui accorder une subvention de 300 fr., sur les fonds dont je puis disposer, pour l'aider dans la réalisation d'un projet si utile pour la population tout entière, puisqu'il s'agit, en définitive, de lui procurer de bonnes voies de communication pour les besoins de tous les jours.

Cette somme sera versée très-incessamment dans la caisse.

(Ici sont apposées les signatures de trois membres du bureau.)

N. 33.

CABINET DU PRÉFET DE L'ISÈRE.

Grenoble, 29 mai 1863.

Monsieur le maire,

Je sais que votre commune se propose d'établir des fontaines publiques.

Je suis tout disposé à la seconder dans la réalisation de cette utile entreprise, pour laquelle je me fais un véritable plaisir de lui réserver une subvention.

Le Conseil municipal et la population de Brié sauront, je n'en doute pas, apprécier cette nouvelle marque d'intérêt, dont je vous prie de leur donner immédiatement connaissance, et je me plais à croire qu'ils auront à cœur de la reconnaître, en donnant un éclatant témoignage de leurs sentiments d'affection pour un gouvernement qui s'attache avec tant de sollicitude à satisfaire leurs besoins.

Veuillez bien m'adresser le projet dont il s'agit le plus tôt possible, avec une délibération votant toutes les ressources que la commune pourra y affecter, et dès que ces pièces me seront parvenues, je m'empresserai de donner suite à cette importante affaire.

Recevez, monsieur le maire, l'assurance de ma considération distinguée.

Le préfet de l'Isère,
Signé : Ponsard.

(Copie certifiée par le maire.)

A M. le maire de Brié et Angonnes.

N. 34.

CABINET DU PRÉFET DE L'ISÈRE.

Grenoble, 29 mai 1863.

Monsieur le maire,

Votre commune attache avec raison une grande importance à la rectification de la rampe d'Eybens, sur le chemin de grande communication n° 5, de Grenoble à Vizille.

Ce projet est à l'étude depuis quelque temps. J'invite aujourd'hui même, de la manière la plus expresse, M. l'agent voyer en chef de me mettre promptement à même d'y donner suite, et vous pourrez être convaincu, monsieur le maire, qu'il ne dépendra pas de moi que cette amélioration ne reçoive une très-prochaine réalisation.

Veuillez en donner immédiatement l'assurance au Conseil municipal ainsi qu'aux habitants, qui sauront apprécier qu'il n'est aucun besoin légitime des populations qui ne soit l'objet de la sollicitude de l'administration, et je me plais à croire qu'ils auront à cœur de le reconnaître en donnant un éclatant témoignage de leur attachement au Gouvernement de l'Empereur.

Recevez, monsieur le maire, etc., etc.

Le préfet de l'Isère,

Signé : PONSARD.

A M. le maire de Brié.

(Copie certifiée par le maire.)

N. 35.

Mes chers administrés,

Je m'empresse de vous informer que notre excellent préfet vient de nous donner de nouvelles preuves de sa haute et profonde sollicitude pour les intérêts de notre commune. Aux dons qu'il nous a faits récemment, savoir :

1º Pour les réparations du cimetière. . . . . 100 fr.
2º Pour la compagnie des pompiers 100
3º Pour le bureau de bienfaisance 50

A reporter. . . . . 250 fr.

Report . . . . 250 fr.

Il vient d'ajouter :

1º Pour la reconstruction d'une passerelle sur le ruisseau dit le Gouret. 50

2º Pour les réparations qu'exigent les murs qui entourent la place dite de l'Hôpital. . 50

3º Pour la réparation du four banal. 37

4º Enfin, pour le récrépissage du pont du Chambon, près du champ de foire, pont qui tombe en ruine 100

Total de ces dons . . . . . . 487 fr.

Ces ressources sont bien précieuses, surtout eu égard à l'état de nos finances. Nous allons avoir l'occasion de témoigner notre reconnaissance à M. le préfet et au Gouvernement de l'Empereur, en nommant M. Royer notre député, qui, à tous les titres, est si digne de nos suffrages.

Monestier de Clermont, le 20 mai 1863.

Le maire,

GUIRONNET DE MASSAS.

N. 36.

PRÉFECTURE DE LA LOZÈRE.

Lettre affichée.

Mende, le 29 mai 1863.

Monsieur le maire,

J'ai l'honneur de vous informer que, prenant en considération la situation de votre commune à l'occasion d'achat d'une cloche ou réparations au clocher de

Cubières, M. le ministre des cultes a bien voulu, sur ma proposition, réserver une somme de cinq cents francs destinée à être appliquée aux travaux dont il s'agit.

M. le ministre des cultes a bien voulu en outre réserver une autre somme de deux cents francs pour l'église de Pomaret.

Recevez, monsieur le maire, l'assurance de ma considération très-distinguée.

Le préfet,
Signé : DE PÉBEYRE.

Pour copie conforme :

Le maire,
Signé : MARTIN.

(Cachet de la mairie.)

N. 37.

Nous soussignés : Hercule Malachane, propriétaire, et Pierre Folcher, aussi propriétaire, tous deux conseillers municipaux pour la section de Pomaret, commune de Cubières, déclarons les faits suivants :

Nous fûmes fort surpris, le samedi 30 mai, veille des élections, de voir affichée au lieu ordinaire une lettre de M. le préfet, certifiée conforme par le maire, informant ce dernier que le ministre avait « réservé une « somme de cinq cents francs à l'occasion de l'achat « d'une cloche ou réparation au clocher, et une autre « somme de deux cents francs pour l'église de Pomaret. »

Conseillers municipaux, il est certain pour nous que le conseil municipal n'a pris aucune délibération pour solliciter le concours de l'État ou du département relativement à des réparations au clocher ou pour l'achat d'une cloche pour l'église du chef-lieu. Nous savons encore qu'aucun devis n'a été établi. Il eut été soumis au conseil. Enfin nous croyons savoir que l'Etat n'accorde point de secours pour le mobilier des églises. La lettre du 29 mai nous laissait cependant la liberté de disposer des 500 fr. pour une cloche.—Une autre réflexion que nous fîmes, c'est que bien rarement l'Etat accorde des subventions sans que la commune assure le principal de la dépense ; que même il faut que ce principal soit fait non au moyen de fonds libres, mais par la voie de l'impôt ou des souscriptions particulières. — Mais, ce qui doit être plus rare encore, c'est que d'office et sans demande l'Etat surprenne ainsi les populations, qui les reçoivent d'ailleurs avec plaisir, par l'allocation de libéralités faites ainsi.

Tout ce que nous avons dit des 500 fr., nous le disons pour les 200 fr. spéciaux à notre église de Pomaret. Jamais, ni le conseil de fabrique ni le conseil municipal n'ont sollicité ces 200 fr. reçus avec satisfaction ; car, encore qu'il n'y ait eu jusqu'ici que promesse, nous sommes convaincus que l'encaissement n'en saurait tarder.

Nous n'avons pu toutefois nous empêcher de remarquer cette coïncidence de la date de la décision avec celle des élections.

Nous joignons ici l'affiche même apposée le 30 mai, certifiée par notre maire.

A Pomaret, commune de Cubières, le 1er octobre 1863.

Signé : FOLCHER et MALACHANE.

N. 38.

Nous soussignés, électeurs de la commune de Lacresse, canton de la commune de Peyreleau, arrondissement de Milhau, certifions que pour favoriser l'élection de M. Calvet-Rogniat, député sortant et candidat officiel, et nuire à celle de M. de Bonald, son concurrent, on a employé les manœuvres suivantes dans ladite commune :

1° Sachant qu'un grand nombre d'électeurs désiraient le partage des communaux, environ quinze ou vingt jours avant les élections, on a fait circuler et signer dans ladite commune une pétition pour le demander, faisant espérer que, par le moyen de cette pétition, M. Calvet-Rogniat l'obtiendrait. Dans le même temps, pour gagner plus d'électeurs soit à M. Calvet-Rogniat, soit à la pétition, en leur faisant craindre la vente des communaux, auxquels ils sont très-attachés, on allait jusqu'à dire que M. Victor de Bonald avait promis de les faire vendre, après les élections, au sieur Alméras soussigné, conseiller municipal, lequel proteste ici contre une pareille assertion, et déclare que c'est une pure calomnie inventée contre M. de Bonald. Enfin, il est de notoriété publique que M. Nouzials (Paulin), percepteur à Salles-Curan, parut à Lacresse deux jours avant le vote, et qu'il a déclaré la veille, surtout le premier jour des élections, qu'il portait 300 francs que M. Calvet-Rogniat lui avait donnés pour payer les frais de partage desdits communaux.

2° M. le maire de Lacresse a rapporté, à plusieurs électeurs de sa commune, que M. le sous-préfet de notre arrondissement, chez lequel il fut convoqué pour le 6 mai, jour de foire à Milhau, lui avait fait entendre des menaces formelles, lui déclarant que si la commune de Lacresse ne votait pas pour le candidat du Gouvernement, elle serait marquée à l'encre rouge et n'obtiendrait rien de l'administration.

Fait à Lacresse, le 2 juillet 1863.

(Suivent les signatures.)

N. 39.

Les électeurs de la commune de Lapanouse de Cernon, canton de Cornus, arrondissement de Saint-Affrique, protestent contre les élections qui ont eu lieu dans cette commune les 31 mai et 1ᵉʳ juin de cette année, attendu que les votes donnés au candidat de l'administration ont été obtenus par des promesses faites en vue de l'élection, et qui ont reçu avant l'élection un commencement d'exécution. Ces promesses ont eu pour but et pour résultat une captation de suffrages contraire au vœu de la loi.

Le fait suivant, qui est de notoriété publique, et qu'une enquête mettrait dans la plus complète évidence, justifie pleinement l'assertion des soussignés.

La commune de Lapanouse possède un bois, qui est sous le régime forestier. Depuis trois ans, elle était en instance pour obtenir 1° d'y faire dépaître les troupeaux; 2° que les coupes fussent accordées aux habitants dans une partie du bois, à leur convenance. Depuis trois ans l'administration forestière résistait à ces demandes, et elle avait continué à marquer les coupes dans une partie du bois, si dégarnie et si rabougrie, que les habitants s'étaient refusés à les faire.

Les choses étaient en cet état, lorsque le 24 mai 1863, M. Calvet-Rogniat vint faire sa tournée électorale. On ne lui cacha pas que la population de Lapanouse était indisposée par la sévérité de l'administration forestière, et qu'il ne devait pas compter sur les suffrages de cette commune, si les deux demandes n'étaient accordées avant l'élection.

M. Calvet-Rogniat prit l'engagement formel de les faire accorder, et, en effet, le samedi 30 mai, veille de l'élection, M. le maire reçut, fit publier au son du tamtour et afficher les deux lettres suivantes de M. le sous-préfet de Saint-Affrique.

(PREMIÈRE LETTRE).

Saint-Affrique, 23 mai 1863.

La faculté de paître à la Mouline et à Fontplatelle est accordée dès aujourd'hui 30 mai. Vous pouvez faire paître librement, en attendant que vous obteniez la distraction du régime forestier. La coupe vous est accordée au mois de septembre; ayez toujours confiance dans l'administra-tion et dans le gouvernement de l'Empereur : vous savez que nous n'avons plus rien à cœur que le soin de vos in-térêts, et que, mieux que personne, nous pouvons vous donner satisfaction.

Je viens de comprendre le chemin numéro 77 pour une somme de 800 fr. dans la répartition des ressources ex-traordinaires, sur la demande de M. Calvet-Rogniat.

(DEUXIÈME LETTRE.)

Annoncez aux habitants de Lapanouse que la libre dé-paissance est accordée dans la Fontplatelle et la Mouline.

La commune de Lapanouse jouira instantanément de cette faculté, en attendant la distraction du régime fo-restier.

A la suite de ces deux lettres, M. le maire en fit affi-cher une troisième qu'il adressait lui-même à ses ad-ministrés, et qu'il terminait en espérant que nul électeur n'hésiterait à donner sa voix à M. Calvet-Rogniat en reconnaissance.

Les soussignés ajoutent qu'il est de notoriété publique à Lapanouse que M. Calvet-Rogniat a promis que, s'il était nommé député, l'église de Lapanouse recevrait la somme de 1,500 fr. pour son clocher, et 150 francs pour les fonts baptismaux.

En conséquence, les soussignés protestent contre des suffrages accordés sous l'appât de semblables promesses, et appellent la réprobation du Corps législatif sur de telles manœuvres.

Fait à Lapanouse de Cernon, le 14 juin 1862.

(Suivent sept signatures, dont six conseillers municipaux.)

N. 40.

Brignoles, 29 mai 1863.

Monsieur le maire,

Par décision de M. le préfet du Var, les chambrées ou cercles ne seront plus soumis, à partir du 1er juillet prochain, aux droits de consommation envers les contributions indirectes.

Veuillez faire connaître ce nouveau témoignnage de la constante sollicitude du Gouvernement de l'Empereur aux chambrées de votre commune, sur le dévouement desquelles j'aime à compter.

Recevez, M

Le Sous-Préfet,
CHIAPPINI.

Pour copie conforme :
Le Maire.

N. 41.

CANAL DU VERDON.

Habitants de l'arrondissement d'Aix !

L'Empereur, dont vous connaissez tous la sollicitude exceptionnelle pour la ville d'Aix, vient de vous donner une nouvelle preuve de l'intérêt qu'il porte à ces contrées.

Le canal du Verdon, qui depuis si longtemps était pour nos populations la plus vive de ses espérances, devient enfin une réalité.

Un décret de l'Empereur en ordonne l'exécution immédiate.

Depuis quelques jours on avait voulu ébranler votre confiance dans le succès de notre entreprise.

Voyez maintenant le cas qu'il faut faire des insinuations intéressées des ennemis du gouvernement.

Unissons-nous tous aujourd'hui dans une commune pensée de gratitude et de bonheur. Nos contrées vont se vivifier, la richesse s'y répandre; la ville d'Aix va trouver, dans les bienfaits que le canal du Verdon lui réserve, l'élément le plus fécond de sa régénération, de son développement et de sa prospérité.

VIVE L'EMPEREUR !

Le sous-préfet d'Aix,

Baron DE FARINCOURT.

24 mai 1863.

N. 42.

AVIS.

Le public est averti que M. le préfet de l'Eure vient d'envoyer, sur ma demande, un secours de 200 francs à la commune de Souy pour la construction d'un lavoir public, et avec le vif désir que son don et celui de M. le duc d'Albuféra, formant une somme totale de 400 francs, engagent ladite commune à faire quelque chose d'une utilité reconnue.

Que l'on ne croie pas, vu le moment, que M. le

préfet agisse dans un but intéressé. Comme il me le dit lui-même : *Il est assuré que, cédant à de fâcheuses influences, qui n'ont jamais rendu aucun service, la plupart des habitants de Souy oublieront ceux que l'on a toujours trouvés quand il s'agissait d'être utile, et que par conséquent le résultat de l'élection sera mauvais.* Néanmoins, il a voulu tenir compte des sacrifices que s'impose la commune : sa justice et sa générosité seules l'ont poussé à nous accorder sa bienveillance.

Souy, 29 mai 1863.

BRAULT.

(Cachet de la mairie.)

AUTRE AVIS.

Messieurs,

Sans vouloir ni prétendre exercer sur vous aucune pression, je vous prierai néanmoins de songer un peu aux intérêts de notre commune, et de sonder votre jugement et votre bon sens dans l'élection qui va avoir lieu prochainement ; c'est assez dire aux personnes d'un esprit réfléchi. Ils sauront, je n'en doute pas, comprendre leur intérêt en s'associant au vœu de l'administration

Tout à vous,

Le maire de Souy,

BRAULT.

N. 43.

Nous, soussignés, électeurs de la commune d'Oberentzen, canton d'Ensisheim, attestons, par le présent, que le 31 mai, à huit heures du matin, il a été publié ce qui suit, par l'appariteur de la commune :

Qu'on ne devait voter pour aucun autre que pour

M. Gros de Wesserling, attendu que la commune ayant besoin d'argent pour la construction d'une école de sœurs, on n'obtiendrait pas l'appui du gouvernement en agissant différemment, et que c'était mensonge de dire que M. Tachard de Morschwiller est un agriculteur.

(Suivent les signatures.)

Oberentzen, le 11 juin 1863.

N. 44.

Le maire de la commune d'Oberentzen fait savoir à ses concitoyens qu'il est à désirer que M. Gros soit élu comme député, parce que personne ne peut faire autant pour la commune que M. A. Gros, qui seul est proposé par le gouvernement. Si le gouvernement est appelé à venir en aide à la commune, pour la nouvelle maison d'école, il faut que la commune prouve par cette élection qu'elle est digne de l'assistance du gouvernement.

L'adversaire de M. Gros a été autrefois avocat, et n'est point agriculteur, comme il l'annonce.

Certifié véritable la présente publication, qui a été lue par l'appariteur, d'après les ordres de M. le maire.

L'adjoint,
signé : ERNST.

N. 45.

VERCEL.—« Le gouvernement, par l'entremise de « M. Latour du Moulin et de M. le sous-préfet de « Baume, vient d'accorder 400 fr. aux indigents de la

« commune. Le maire espère que, par reconnaissance,
« les indigents voteront pour M. Latour du Moulin.

« Le maire de Vercel,

« Signé : CLERC. »

(Et plus bas le cachet de la mairie.)

N. 46.

Dans la commune de Blagnac, canton de Toulouse, le maire a fait afficher un placard ainsi conçu :
« Sur la recommandation de M. le comte de Campaigno, maire de Toulouse et candidat du Gouvernement, M. le préfet a alloué à la commune de Blagnac
une somme de 800 fr. pour la réparation de la rue
Blanche. »

« *Votons pour M. de Campaigno !*

« Le maire,

« ROCOLLE. »

N. 47.

MAIRIE DE VALBONNAIS.
(CHEF-LIEU DE CANTON.)

Avis.—Le maire de la commune de Valbonnais
aux électeurs de la commune.

Permettez-moi, messieurs, de vous engager à vous
rendre exactement au scrutin dimanche et lundi
prochains, et de voter pour M. *Royer*, candidat du
Gouvernement; votre pays, plus que toute autre com-

mune, a besoin du concours du gouvernement, et il ne nous fera pas défaut, soyez-en sûrs ; car déjà un premier secours de 5,000 francs vient de nous être accordé par Son Excellence M. le ministre de l'Instruction publique et des Cultes pour notre église de Valbonnais ; un deuxième secours nous arrivera sous peu de temps. Ce ne sera pas là le dernier de nos besoins ; des secours seront successivement demandés pour l'église des Engelas et pour des maisons d'école. Prouvons-lui donc, par nos *votes unanimes*, que nous sommes reconnaissants, et que nous avons confiance dans l'avenir.

Valbonnais, le 25 mai 1863.

Le Maire,

A. Dussert.

N. 48.

Les soussignés, conseillers municipaux de la commune de Solliès-Pont, certifient que le 21 mai dernier, le sieur Blèse, adjoint au maire, les convoqua chez leur collègue Gardy, et que là, après s'être donné comme envoyé spécialement à cet effet par le maire, il leur a déclaré que s'ils ne votaient pas pour le candidat du Gouvernement, le quartier Notre-Dame n'aurait pas le pavage auquel il a droit, et qui a été décidé en vertu d'une délibération du conseil municipal.

A Solliès-Pont, le 10 juin. »

Signé :

(Les quatre conseillers nommés par le quartier.)

N. 49.

A Chargey-lès-Port.

Le proclamateur a annoncé au son du tambour que si l'on votait bien, on réduirait les prestations de 3 jours à 2 jours ; mais que si on votait mal, on ferait les trois jours.

Déclaration des sieurs Benchet François, jeune.

Contes, jeune.

N. 50.

Passavant, le 5 août 1863.

Monsieur le comte de Mérode,

Ayant eu l'occasion de m'entretenir avec mon collègue, M. Faivre, notaire à Huanne-Montmartin, c'est à lui que je dois l'honneur de vous écrire en ce moment.

Monsieur le comte, lors des élections des 31 mai et 1er juin 1863, M. André, chef de bureau à la préfecture de Besançon, s'est transporté à Passavant, porteur d'une dépêche télégraphique, accordant aux habitants de Besançon remise de la moitié des prestations qu'ils étaient tenus de faire sur la route de Beaune à Morteau.

Cette dépêche télégraphique ne portait l'empreinte que d'un seul sceau, celui de la mairie de Passavant.

J'ai tout lieu de croire, Monsieur le comte, que cette dépêche télégraphique, affichée à une colonne du porche de l'église de Passavant, à la sortie de la messe, au moment précis de l'ouverture du scrutin, n'a été qu'une manœuvre électorale.

PELLETIER.

N. 51.

Extrait d'une lettre de M. Damotte.

Monsieur le Comte,

. . . .

M. Pelletier, qui vous a écrit concernant le fait de la commune de Passavant, relativement à la remise des prestations en nature, est notaire dans la commune même de Passavant, et comme vous pouvez le penser, il sait parfaitement ce qui s'est passé à cet égard. Quand à moi, je puis vous assurer que le fait est vrai, je crois vous en avoir déjà entretenu ; je l'ai entendu raconter par plus de vingt habitants de cette commune.

. . . .

V. DAMOTTE.

Baumes-les-Dames, le 12 octobre 1863.

N. 51 (bis).

Extrait d'une lettre de M. Lévy-Vernier à M. le comte de Mérode.

Monsieur le comte,

Je tiens de M. Nevey, maire de Sancey-le-Grand, les renseignements que vous me demandez sur la création du bureau de poste de Sancey.

Depuis plusieurs années, comme vous le savez, M. Nevey faisait des démarches actives pour arriver au résultat que votre candidature lui a si facilement fait obtenir.

L'année dernière, lors d'un voyage à Paris et d'une visite faite à M. Tourangin, sénateur, ce personnage lui avait fait espérer un prochain succès pour ses démarches en mettant en avant les rapports d'amitié de son fils, receveur général, avec le directeur général des postes.

Comme le maire de Sancey ne voyait rien venir, il prit le parti de rappeler à M. Tourangin les promesses du sénateur. Le sénateur fit alors une démarche près du directeur général, qui répondit, que pour cette année il n'y avait rien à attendre pour Sancey.

Ceci se passait au mois d'avril de cette année.

Votre candidature fut annoncée et aussitôt, c'est-à-dire *le 10 mai dimanche*, M. Nevey écrivit à M. Latour-Dumoulin que s'il n'obtenait pas le bureau de poste demandé, lui, maire de Sancey-le-Grand, ne répondait pas de lui faire avoir un seul suffrage dans tout le vallon de Sancey, et le *jeudi 14 mai* arrivait une réponse de M. Latour-Dumoulin, annonçant le bureau de poste à Pierre-Fontaine. L'artiste vétérinaire Bailland, que je vous avais présenté à Sancey, a été démis de ses fonctions de commis-greffier de la justice de paix cela pour avoir soutenu votre candidature et annoncé que *le vent venait de Maiche*.

Votre très-humble et très-obéissant serviteur,

Eug. VERNIER.

N. 52.

Je soussigné, Batifol Pierre, cultivateur, premier conseiller municipal de Fournels, affirme les faits ci-après.

Dans le courant de mai, une convocation directe de M. le préfet me fut adressée pour me rendre à la maison d'école de Fournels, à une réunion qu'il devait présider. Je ne me souviens plus à quelle date elle eut lieu.

Là se trouvaient, lorsque j'y arrivai, M. le préfet, M. le sous-préfet, M. le sénateur Barrot, et M. Joseph Barrot, son fils, qu'on nous dit être le candidat du Gouvernement pour les élections prochaines. Comme assistants étaient réunis le conseil municipal de Fournels, tous les maires du canton, à l'exception de celui de Fournels, malade ; quelques adjoints, quelques membres du conseil municipal d'Albaret-le-Comptal, une grande partie des instituteurs du canton, si ce n'est tous.

M. le préfet prenant la parole nous dit :

« Messieurs,

« Je viens ici vous présenter le candidat désigné à vos « suffrages par le gouvernement, M. Joseph Barrot. Je « dois, au surplus, vous prémunir contre les démar-« ches que fait M. de Chambrun pour obtenir de « nouveau votre mandat. M. de Chambrun n'a rien « obtenu, rien pu obtenir du gouvernement, dont il a

« perdu la confiance qu'il ne mérite pas. S'il était
« renommé, rien ne lui serait accordé, je vous le
« déclare. La Lozère n'aurait aucune part aux libé-
« ralités du gouvernement, aux distributions de fonds
« dont il dispose pour secours de toute nature. Si
« vous éprouviez des pertes de bestiaux, si la grêle
« endommageait vos récoltes, vous ne pourriez plus
« prétendre à aucune indemnité. Le département de la
« Lozère, en un mot, le département de la Lozère et
« ses habitants seraient délaissés, abandonnés, et le
« gouvernement cesserait de se préoccuper de vos
« besoins si vous nommiez le candidat qu'il repousse. »

Enfin, pendant une heure durant, M. le préfet a
parlé contre M. de Chambrun, qu'il a mis aussi bas
que possible.

Puis, s'adressant aux instituteurs, M. le préfet leur
dit : « Et vous, messieurs les instituteurs, votre devoir
« en ce moment est de seconder l'administration de
« tous vos efforts, de travailler sans relâche au triomphe
« de la candidature qu'il recommande. Allez de
« hameau en hameau, dans chaque maison, chez tous
« les électeurs, obtenez leurs suffrages pour cette can-
« didature. »

Les instituteurs exécutant leurs ordres sont venus
nous visiter. Celui de Fournels, M. Richard, est venu
chez moi, et en m'engageant à voter pour M. Barrot,
il ajoutait : « Voter pour M. de Chambrun, c'est
« provoquer une nouvelle révolution, c'est amener la
« guerre civile. » Ce n'est pas à moi seul qu'il a tenu
ce propos, mais à tous ceux qu'il a visités, et il a visité
toute la commune.

A Varennes, commune de Fournels, le 26 septembre 1863.

Signé : BATIFOL.

N. 53.

C'était peu de jours avant les élections. Le conseil municipal et les notables furent convoqués pour assister à une réunion provoquée par M. le préfet pour présenter à Ispagnac le candidat du Gouvernement au Corps législatif, M. Barrot.

Plusieurs heures de retard de la part de ces messieurs eurent pour effet de dissiper l'assemblée convoquée pour 5 heures du soir.—Ces messieurs n'arrivèrent en effet que vers 10 heures.

Ce n'étaient plus le conseil municipal et les notables, mais toute la population indistinctement qui se rencontra à leur arrivée.—Et au lieu de recevoir à la mairie, c'est au domicile privé du maire que la réception eut lieu. « Entrez, dit le maire, à toutes les personnes pré-« sentes. Conseillers, notables ou autres, plus vous « serez nombreux, meilleure sera l'impression. »

On entre en foule.—Là se trouvaient : M. le sénateur Barrot, M. J. Barrot, le candidat, M. le comte de Saint-Exupéry, sous-préfet de Florac et M. le préfet.

La séance s'ouvrit.—M. le préfet prit la parole : « Nous avons, dit-il, à nous excuser tout d'abord de « n'être point arrivés à l'heure ; mais il en faut accuser « surtout le mauvais état des chemins.

« Nous allons avoir à faire des élections. — Trois « candidats sont en présence. — Parmi eux il faut « choisir le meilleur. Examinons les titres de chacun « à la confiance du pays.

« Nous avons d'abord M. de Chambrun. Quant à lui, « il a été six ans votre représentant. — Qu'a-t-il fait ? « Rien. S'il était renommé que ferait-il dans l'avenir? « Rien. — En effet : présenté à la Lozère en 1857 par « le gouvernement lui-même, trompé sur ses sentiments,

« le lendemain il lui tournait le dos, s'en séparait et se
« montrait son ennemi acharné.

« Je vous disais il n'y a qu'un instant qu'il n'avait
« rien obtenu. Mais chaque pas que nous faisons dans
« ce pays avec ces messieurs nous en donne une preuve
« nouvelle. Nous arrivons de Sainte-Enimie! Hé bien,
« tout le retard dont nous avons eu à nous excuser
« auprès de vous, nous le devons à l'absence absolue
« de toute influence de votre ancien député auprès du
« gouvernement. — Nous avons en effet rencontré des
« routes impossibles, et si vous eussiez eu part aux sa-
« crifices du gouvernement, cette impraticabilité des
« voies de communication qui ne se rencontre nulle
« part à un aussi haut degré ne serait plus le triste
« privilége de notre Lozère; et pourtant cet état de
« choses se continuerait si vous nommiez un député
« d'opposition, un député qui ne voudrait jamais ac-
« cepter le Gouvernement de l'Empereur. »

A Ispagnac, le 11 octobre 1863.

Signé : L. Grégoire, conseiller communal;
Justin Firmin, conseiller communal; Saint-
Pierre Osmin, J.-A. Bouchité et Xavier
Peyre.

N. 54.

Nous soussignés, électeurs de la ville de Trets, certifions que le lundi 25 mai de la présente année 1863,
M. Bournat, candidat du gouvernement, s'est rendu à
Trets, en compagnie de M. le sous-préfet d'Aix et de
M. Rigaud fils. L'administration municipale est allée,
musique en tête, les recevoir à l'entrée de la ville; une
réunion publique a eu lieu dans la salle de l'hôtel de
ville, avec l'assistance du conseil municipal et du juge

de paix. M. le sous-préfet et M. Rigaud fils ont pris la parole pour recommander la candidature de M. Bournat. M. le sous-préfet a promis une allocation de trois mille francs pour construire un pont sur l'Arc; M. Rigaud fils a rappelé les services que son père a rendus à la population.

Trets, le 6 juin 1863.

(*Onze signatures légalisées par le maire de Trets.*)

N. 55.

Procès-verbal de la séance du 18 mai, du conseil municipal de Moulon.

Nous soussignés, membres du conseil municipal de la commune de Moulon, ou habitants de cette commune,

Certifions que, sur l'invitation écrite qui nous avait été adressée, nous nous sommes réunis le 18 mai dernier à la mairie, sous la présidence de M. le sous-préfet de Libourne.

M. Arman, candidat à la députation, assistait à cette séance, dans laquelle M. le sous-préfet nous engagea à voter pour M. Arman, nous promettant dans ce cas de nous faire accorder tout ce que nous demanderions dans l'intérêt de la commune ; car, dit ce magistrat : « *Si le gouvernement doit justice à tout le monde, il ne doit ses faveurs qu'à ses amis.* » Afin de donner plus de poids à sa parole, il prit note de toutes les demandes qui lui furent adressées, et qui furent transcrites *ad hoc* par son secrétaire.

« M. Arman donna l'assurance que s'il était re-
« nommé, il s'occuperait très-activement de ces de-
« mandes; qu'il regrettait de n'avoir pas connu plutôt

« les besoins de la commune, que déjà une grande partie
« au moins serait accordée ; que les ministres l'ont
« traité en enfant gâté en lui accordant tout ce qu'il
« leur avait demandé. »

C'est ainsi que l'on a promis :

500 fr. pour un pont ;
1,500 fr. pour la maison d'école ;
500 fr. pour réparation de l'église ;
800 fr. pour un acqueduc près le champ de foire.

—————————

3,300 fr.

En foi de quoi, nous soussignés, avons délivré la
présente attestation pour servir et valoir ce que de
droit.

Moulon, le 31 mai 1863.

Signés : F. DOTERAC, membre du Conseil municipal ;
JOUGON,   —
MÉRIC,   —
GADRA,   —
AUGRAND,   —
COLAS,   —
LUCIEN JEAN,   —

N.° 56.

Le *Journal de la Vienne,* journal gouvernemental, a
publié, le 4 avril, la note suivante :

« Hier, M. de Soubeyran a fait parvenir à monsieur
le maire de Poitiers une dépêche annonçant que le conseil d'État vient de voter l'emprunt de la ville de Poitiers.

« C'est une très-grosse et très-bonne nouvelle que
nous donnons à nos concitoyens, en leur faisant con-

naître cette précieuse dépêche. Elle porte sur ses ailes
du travail pour dix ans, et du bien-être dans une proportion considérable.

« M. de Soubeyran, à qui nous devons beaucoup de
gratitude, s'est empressé de communiquer à monsieur
le maire le vote si désiré. *C'est une attention dont les
électeurs lui sauront gré sans doute.*

« Maintenant, il faut résolument se mettre à l'œuvre, et penser que *le premier coup de pioche va retentir
dans tous les cœurs.* — A. PIOGEARD. »

N. 57.

Extrait du *Journal de la Vienne* (du 30 mai 1863).

Poitiers, 30 mai.

M. de Soubeyran, qui est un candidat nouveau,
nous est favorablement connu. Il a pris, avec ses deux
collègues du conseil général, une part active au vote
qui a décidé l'achèvement immédiat des chemins
vicinaux, si utiles aux habitants de nos campagnes.

Le Crédit foncier de France, dont il est sous-gou-
verneur, est un établissement auquel les communes
rurales ont souvent recours pour leurs emprunts.
M. de Soubeyran, dans ses hautes fonctions, nous ren-
dra d'importants services.

.... Nous nous bornerons à signaler son active
intervention dans les questions relatives à l'établissement d'une succursale de la Banque de France à Poitiers, au chemin de fer de Poitiers à Limoges, aux
autres lignes intéressant le département, aux emprunts
communaux et départementaux à l'occasion des grands
travaux qui vont assurer pour longtemps l'aisance des
classes ouvrières non-seulement dans le chef-lieu du
département de la Vienne, mais encore dans de nom-

breuses et importantes communes, notamment dans
celles de Loudun, Neuville, Lencloître, Chasse-
neuil, etc.

N. 58.

Extrait du *Mémorial du Poitou* (numéro du
17 mai 1863).

« A monsieur de Soubeyran! » par M. Léon Guellerin, adjoint au maire de Lencloître.

M. Guellerin a commencé par remercier M. le
maire de lui avoir laissé le soin d'être auprès de
M. de Soubeyran l'interprète de la reconnaissance publique pour tout le bien qu'il a déjà fait à Lencloître.

C'est ici le lieu de dire que, depuis assez longtemps,
le maire de Lencloître avait préparé, avec la collabo-
ration successive de M. Ranché, dont la mémoire est
chère au pays, et de M. Guellerin, qui l'a dignement
remplacé comme adjoint, un projet de construction qui
devra, comme on l'a mentionné plus haut, former le
complément de la place et réunir plusieurs services
publics. Il s'agira d'une dépense d'environ 80,000 fr.
M. le sous-préfet de Chatellerault, M. le préfet de la
Vienne avaient contribué de tous leurs moyens à la
maturité du projet. Mais par une activité digne des plus
grands éloges, M. de Soubeyran est parvenu à faire
rendre le décret et à assurer les moyens d'exécution.
C'était, quant à présent, le comble des vœux de Lencloître.

Qu'on juge des applaudissements qui ont couvert
la voix vibrante de M. Guellerin quand il a appris à
toute la population cette nouvelle, qui n'avait pas encore
transpiré.

Il a eu à peine besoin de rappeler que Lencloître
était rattaché à la circonscription électorale dans la-

quelle se produit la candidature de M. de Soubeyran.

Les cris répétés de : Vive M. de Soubeyran ! ont dû lui révéler les sentiments de gratitude et les dispositions des bons habitants du pays.

Le succès de l'allocution de M. Guellerin a été complet.

M. de Soubeyran a paru profondément touché des marques de sympathie dont il est l'objet, et il en a exprimé tout son bonheur dans quelques paroles qui ont été recueillies avec soin, quand il a porté un toast à la prospérité de la *ville* de Lencloître.

Lencloître peut donc prendre le titre de *ville*, M. de Soubeyran le lui a décerné.

N. 59.

LENCLOITRE. — M. le préfet vient de transmettre à M. le sous-préfet de Châtellerault, pour qu'il soit notifié à M. le maire de Lencloître : 1° le décret du 20 mai 1863, qui déclare d'utilité publique la construction d'une mairie, d'une justice de paix, d'une halle et d'une salle d'asile ; 2° l'autorisation d'emprunter la somme de 75.000 fr., nécessaire à la construction des nouveaux édifices.

N. 60.

Extrait de la protestation de M. de Montesquiou, contre l'élection de la 2ᵉ circonscription de la Vienne.

« ... Des habitants de Lencloître, les mieux placés pour connaître les affaires communales, ont dit et répètent encore que l'emprunt de 75,000 fr., remboursable en trente ans, a été contracté moyennant une annuité qui représente, outre l'intérêt à 5 p. %, juste l'amortissement de la somme prêtée, sans aucune commission pour le crédit foncier, à la condition toutefois qu'une somme égale à celle de l'emprunt serait souscrite par des tiers en obligations communales de l'emprunt de la commune de Lencloître. Et en quoi cette souscription, fût-elle faite par des habitants de la localité, pourrait-elle justifier la suppression de toute commission, c'est-à-dire du seul bénéfice réservé à la société? Les obligations communales se placent par les receveurs généraux et par les notaires : elles sont même quelquefois souscrites avec prime, et les communes qui empruntent n'en paient pas moins une commission.

N. 60 (bis).

Saint-Léger-lès-Charnay, le 1er juin 1863.

Monsieur,

Je ne veux pas terminer une journée ennuyeuse sans vous communiquer le résultat du scrutin que nous venons de dépouiller en ce moment dans ma commune.

Sur 522 électeurs inscrits, 188 se sont prononcés pour M. de Barbantane, candidat patroné, comme disent les circulaires administratives; 160 ont voté pour vous et 179 se sont abstenus.

. . . .

Pour arriver à ce résultat.... je ne vous dirai pas toutes les promesses et tous les moyens d'intimidation qui ont été employés, mais je ne veux pas passer sous silence un fait qui ne serait pas croyable s'il n'était pas vrai. Je veux parler de l'affichage, quinze jours avant les élections, et de la publication le matin même des élections d'un chemin de fer qui est remis sur le tapis pour la troisième fois dans les mêmes circonstances. Je puis vous en parler sciemment, car j'ai été réveillé à cinq heures du matin par le son de la caisse, au milieu de mon domaine qui ne renferme pas d'autres habitations que celles de mes vignerons. La circulaire administrative annonçait seulement que le chemin de fer était mis à l'étude; mais le sous-secrétaire disait, par la bouche du crieur public : « Si vous ne votez pas pour l'administration, vous n'aurez pas votre chemin. »

. . . .

Dii meliora parent! c'est le souhait de votre tout dévoué serviteur.

Signé : BALLARD.

N. 64.

Extrait du journal *le Corrézien* (jeudi 21 mai).

VOYAGE DE S. EXC. M. ROUHER, MINISTRE DE L'AGRICULTURE, DU COMMERCE ET DES TRAVAUX PUBLICS, DANS LA CORRÈZE.

Arrivée de S. Exc. M. le Ministre à Brives.

Lundi dernier, 18 mai, M. Rouher, ministre de l'agriculture, du commerce et des travaux publics, est arrivé à Brives.

Son Excellence était attendue à la gare de cette ville par M. le préfet de la Corrèze, M. le baron de Clamecy, sous-préfet de Brives, M. Meynard, conseiller de préfecture, M. Bareau, ingénieur en chef des ponts-et-chaussées et M. Mathieu, avocat à la cour impériale de Paris, candidat du Gouvernement de l'Empereur aux prochaines élections pour l'arrondissement de Brives.

La grande avenue de la gare et les boulevards
jusqu'à la sous-préfecture avaient été ornés de mâts
vénitiens et de drapeaux tricolores : toutes les maisons
étaient pavoisées.

Vers le milieu de l'avenue, un arc de triomphe
garni de feuillages et d'écussons, et portant au fronton
les inscriptions : Vive l'Empereur ! à Son Excellence
M. Rouher, ministre ! avait été élevé sous la direction
de M. Dumas, architecte de la ville de Brives. C'est là
que le maire de Brives et ses adjoints, le conseil
municipal, les membres de la légion-d'honneur, les
médaillés de Sainte-Hélène, les fonctionnaires et les
notabilités de la ville, devaient se réunir pour recevoir
et complimenter Son Excellence ; la compagnie des
sapeurs-pompiers servait d'escorte ; le corps de musique
organisé par M. Darnet a bien voulu, sur l'invitation
de M. le maire, prêter son concours à cette solennité.

. . . .

M. le Ministre était accompagné par M. Bohat,
préfet de la Corrèze, M. de Franqueville, directeur
général des chemins de fer, et M. Barreau, ingénieur
en chef. M. Mathieu était aussi arrivé dans la voiture
de Son Excellence.

Lorsqu'on s'est trouvé réuni dans le grand salon
d'honneur de l'Hôtel-de-Ville. M. le maire de Brives
a prononcé le discours suivant :

. . . .

Son Excellence M. Rouher a répondu à cette allocution de bien-venue sur un ton parfait d'urbanité et de
bienveillance : il a dit qu'il n'était pas seulement venu
dans la Corrèze pour satisfaire à des sentiments bien
précieux d'affection de famille, mais qu'il avait eu
aussi en vue d'interroger et de vérifier par lui-même
les besoins du pays ; qu'il tenait surtout à concilier,
dans l'intérêt de toutes les parties du département,
le débat auquel donnait lieu l'établissement du réseau
de chemin de fer. Dans un langage élevé, digne de

l'homme d'état éminent qui a inauguré en France le régime de la liberté commerciale, Son Excellence a montré la merveilleuse influence qu'étaient appelés à exercer sur la richesse de notre pays ces instruments rapides de circulation et d'échange, véritables auxiliaires de la liberté inaugurée dans les traités récents.

Les paroles de M. le Ministre ont été plusieurs fois couvertes par les acclamations de l'auditoire. Son Excellence a ensuite interrogé M. le maire de Brives sur les besoins de la localité, écoutant avec beaucoup d'attention et d'intérêt soit à l'Hôtel-de-Ville, soit plus tard dans les salons de la sous-préfecture, tous les renseignements qui lui ont été donnés sur les grands travaux projetés par la ville de Brives, sur la question relative à la principale avenue de la gare, en un mot sur les améliorations nombreuses depuis longtemps désirées dans la localité.

Réception faite à Son Excellence par les communes de Chameyrac et de Cornil.

Sur la limite des communes de Chameyrac et de Cornil, au lieu dit *Chez Bussière*, étaient réunis deux mille cultivateurs parés de leurs habits des dimanches; échelonnés sur les accotements de la route impériale, ils attendaient avec une vive impatience le passage de Son Exc. M. Rouher;—ils venaient de nouveau acclamer l'Empereur, et saluer dans M. le ministre le Colbert du xixe siècle. Grands et petits, riches propriétaires, modestes cultivateurs, tous spontanément avaient couru au rendez-vous.

M. Hugo, maire de Chameyrac; M. Estorges, maire de Cornil; les honorables desservants de ces deux communes marchaient en tête de cette grande manifestation, dont le souvenir (nous aimons à le croire) sera toujours agréable à Son Exc. M. le ministre.

Un arc de triomphe avait été préparé ; aux guirlandes de fleurs et de feuillages étaient joints de nombreux instruments d'agriculture.

Sur le fronton on lisait l'inscription suivante :

Les habitants des communes de Cornil et Chameyrac au Ministre de l'agriculture. Vive l'Empereur !

On voyait aussi des écussons sur lesquels était gravé le chiffre de Son Excellence.

. . . .

Son Excellence M. Rouher veut bien dire à M. Hugo qu'il savait tout le dévouement de ces populations, honnêtes et laborieuses, au gouvernement de l'Empereur ; que les travaux du chemin de fer, si nécessaire au débouché des produits agricoles de la Corrèze, commenceront immédiatement.

M. Hugo a eu l'honneur d'exposer à M. le ministre que, dans le projet du chemin de fer dressé par les ingénieurs, l'établissement d'une station avait été fixée au pont de Cornil.

« — Vous devez l'avoir, votre population est assez importante, vous l'aurez. »

Arrivée de Son Exc. M. Rouher dans la ville de Tulle.

L'arrivée de Son Exc. M. le ministre de l'agriculture, du commerce et des travaux publics, avait d'abord été annoncée pour dimanche.

Notre ville de Tulle, heureuse et fière de recevoir un tel hôte, s'était parée de son mieux afin de lui témoigner sa reconnaissance. L'expression de sa joie fut arrêtée par une dépêche annonçant que Son Excellence n'arriverait que lundi.

. . . .

Parvenu à l'arc de triomphe, Son Excellence est descendue de voiture. M. Lafond de Saint-Mûr s'est avancé à sa rencontre et lui a adressé l'allocution suivante que nous sommes heureux de pouvoir reproduire :

« Monsieur le ministre,

« Le conseil municipal de la ville de Tulle, ses habitants, mes collègues des cantons voisins sont fiers et profondément heureux de l'honneur qu'ils reçoivent en ce moment. La France doit à vos facultés d'initiative la réforme des douanes, la suppression de l'échelle mobile, le régime des traités de commerce et le développement de nos grandes voies de communication. Sa gratitude est grande pour le ministre qui sert l'Empereur d'un dévouement aussi fécond.

« Le souvenir de la visite de Votre Excellence, que nous devons à notre habile et bien-aimé préfet, sera impérissable dans nos annales; il y a quelques jours, elle nous dotait d'un chemin de fer; il n'est que le prélude de voies nouvelles dont nous poursuivons la création de tous nos efforts, et nous vous remettons avec une entière confiance le soin de cet avenir, sur lequel nous avons bien des fois appelé toute la sollicitude de Votre Excellence. Je ne saurais assez, M. le ministre, me féliciter d'être l'interprète fidèle des sentiments de toute une population auprès de l'éminent homme d'État qui a conquis un nom a jamais illustre, et qui personifie si bien le rang justifié par l'éclat du mérite : l'entourer de nos hommages, c'est nous honorer nous-mêmes. »

M. le ministre a répondu à M. Lafond de Saint-Mûr qu'il venait, au nom de l'Empereur, étudier les besoins de la Corrèze, rechercher les moyens pour donner le plus grand essor à son agriculture par la création de nouvelles voies de communication.

Son Excellence, par des paroles saisissantes, a fait ressortir tous les bienfaits que la France doit au gouvernement de l'Empereur, tous les progrès réalisés par l'industrie et par l'agriculture.

M. le ministre a dit que les populations de la Corrèze, qui avaient donné les preuves d'un dévouement sans borne à Napoléon III, accepteraient avec confiance et sans réserve les candidats présentés par le gouvernement dans les prochaines élections. — Il a terminé en adressant à M. Lafond de Saint-Mûr des paroles très-flatteuses :—M. le ministre a dit qu'il avait su apprécier la position prise au Corps législatif par notre honorable député, ses succès à la tribune, et qu'il le comptait au nombre des amis dévoués du gouvernement.

Les cris répétés par la foule de vive M. le ministre! vive M. le préfet! ont répondu aux dernières paroles de Son Excellence.

Mardi Son Exc. M. Rouher a bien voulu accorder une audience aux députations venues de l'arrondissement d'Ussel et du canton d'Uzerche.

M. le ministre a écouté avec la plus grande bienveillance les demandes qui lui étaient adressées.

Les mandataires de l'arrondissement d'Ussel et du canton d'Uzerche espèrent que les vœux par eux exprimés seront accueillis, et qu'un jour viendra où ces contrées seront traversées par les lignes de fer de Tulle à Limoges, et de Brives à Clermont par Ussel.

M. de Franqueville, conseiller d'Etat, directeur général des chemins de fer, et M. Mathieu, candidat du Gouvernement de l'Empereur pour la deuxième circonscription électorale de la Corrèze, se trouvaient auprès de M. le ministre, pendant qu'a duré la réception officielle des autorités civiles et militaires de Tulle.

Extrait du journal *le Corrézien* (samedi 23 mai).

VOYAGE DE SON EXCELLENCE M. ROUHER, MINISTRE DE L'AGRICULTURE, DU COMMERCE ET DES TRAVAUX PUBLICS, DANS LA CORRÈZE.

Arrivée de Son Excellence M. Rouher dans la ville de Tulle.

Mardi, les membres de l'ex-commission d'enquête

des chemins de fer ont eu l'honneur d'être reçus par M. le ministre de l'agriculture, du commerce et des travaux publics.

Par l'organe de leur président, ils ont exprimé à Son Excellence leurs sentiments de profonde gratitude pour l'accueil bienveillant qui a été fait aux observations consignées dans le procès-verbal d'enquête.

M. le ministre a répondu à la commission de la manière la plus gracieuse, avec cette hauteur de vues, cette parole qui distinguent l'éminent homme d'Etat.

Son Excellence a dit les idées, les projets du Gouvernement de l'Empereur en vue de substituer les chemins de fer aux routes départementales et même aux chemins vicinaux, et a démontré, par des chiffres, que leur exécution ne grevait qu'en apparence le budget de l'Etat ;—qu'en ajoutant au bien-être général, ils contribuaient à accroître, dans une large mesure, la fortune publique.

Voulant adopter l'ordre chronologique dans notre récit, nous ne pouvons pas donner encore le compte-rendu des journées de mercredi et jeudi ; — Son Excellence a visité Beaulieu, Uzerche, Lubersac, Pompadour et Vigeois. Les correspondants particuliers du journal n'ont pas eu le temps de nous faire connaître les détails de ces voyages si heureux, si utiles pour les intérêts du département de la Corrèze.

Son Excellence M. Rouher étudie avec la plus grande sollicitude les besoins, les intérêts de tous les départements ; il cherche les moyens d'introduire les lignes ferrées dans les pays déshérités jusqu'à ce jour de ces voies de communications.—Que Son Excellence daigne se rappeler son voyage en Limousin, et nous restons convaincus que le département sera traversé par des chemins de fer.

Extrait du journal *le Corrézien* (jeudi 28 mai).

VOYAGE DE S. E. M. ROUHER, MINISTRE DE L'AGRICULTURE, DU COMMERCE ET DES TRAVAUX PUBLICS, DANS LA CORRÈZE.

Passage de S. Exc. M. Rouher à Beaulieu.

A Beaulieu se trouvaient réunis tous les maires du canton, ceux des cantons de Meyssac et de Beynat, un nombreux clergé et plusieurs membres du conseil général et du conseil d'arrondissement.

Son Excellence a accueilli avec la plus grande bienveillance les demandes qui lui étaient adressées;—il a bien voulu dire que des études sérieuses se faisaient pour les tracés des chemins de fer corréziens.

Extrait du journal *le Corrézien* (mardi 26 mai).

Passage de S. Exc. M. Rouher dans la ville d'Uzerche.

L'arrivée à Uzerche de M. le ministre de l'agriculture, du commerce et des travaux publics, avait été annoncée le mercredi 20 pour le jeudi 21 courant.

Son Excellence était attendue par le conseil municipal, les autorités civiles et religieuses, les corps constitués et les fonctionnaires de la ville, sous un arc de triomphe dressé pour la recevoir.

MM. les maires et adjoints du canton et des communes environnantes, au nombre de vingt au moins, revêtus des insignes de leurs fonctions, toutes les notabilités de la ville et du canton, suivies de nombreux habitants de la campagne, s'étaient empressées de venir à l'avance de M. le ministre et de se joindre aux autorités locales. Une foule compacte encombrait toutes les avenues.

. . . .

A neuf heures du matin, l'arrivée de M. le ministre a été annoncée par le bruit des bombes et des cloches qui sonnaient à toute volée.

Son Excellence était accompagnée par M. de Franqueville, directeur général des chemins de fer; par MM Bohat, préfet de la Corrèze; Boris, ingénieur en chef des ponts et chaussées de la Corrèze; Bareau et Doutres, ingénieurs.

La voiture de M. le ministre était précédée de quelques minutes par celle de M. le baron de Clamecy, sous-préfet de Brives, où se trouvait aussi M. Mathieu, candidat du Gouvernement pour la deuxième circonscription.

. . . .

M. Materre, maire et membre du conseil général, s'est avancé au-devant de Son Excellence et lui a adressé le discours suivant, que nous sommes heureux de pouvoir reproduire :

« Monsieur le ministre,

« La ville d'Uzerche, heureuse de l'honneur inespéré que Votre Excellence veut bien lui faire de s'arrêter aujourd'hui, quelques instants, dans ses murs, s'empresse de venir saluer, en la personne de l'un de ses grands ministres dont s'honore la France, le représentant de l'Empereur. . . . .

« A ces sentiments permettez-nous de joindre aujourd'hui ceux de notre vive reconnaissance pour les bonnes paroles que vous avez daigné nous faire entendre, paroles dont nous n'avons été que les échos inhabiles, mais qui ont comblé de joie nos populations. L'étude approfondie que vous avez faite depuis longtemps de la question des chemins de fer corréziens, la peine que vous avez voulu prendre de venir chercher, sur les lieux, les moyens de concilier tous les intérêts engagés dans cette grave affaire, si importante pour notre département et pour la ville d'Uzerche en particulier, ne nous permettent pas de douter de votre bienveillante sollicitude et nous ont fait concevoir les plus belles espérances, pour une prompte réalisation de son vœu. »..

. . . .

M. le ministre a répondu en termes saisissants, que nous regrettons de ne pouvoir reproduire, combien il était touché de l'accueil qu'il recevait à Uzerche ; que les populations avaient raison de se montrer dévouées et fidèles à l'Empereur, qui avait tant fait pour la gloire et la prospérité de la France; qu'il ne manquerait pas d'exposer à Sa Majesté les vœux de la ville d'Uzerche pour le rétablissement d'un quatrième arrondissement. M. le ministre a ajouté, en réponse au désir exprimé en ce qui concerne le chemin de fer, que cette affaire rentrait plus particulièrement dans ses attributions; qu'il avait reçu mission de l'Empereur de venir dans la Corrèze étudier les moyens de doter ce département de voies de communication devant faire profiter bientôt le pays des avantages qu'elles procurent, en donnant un plus grand essor à l'agriculture et à l'industrie; que cette question, objet de toute sa sollicitude, ne pourrait tarder à obtenir une solution.

Une nouvelle explosion de cris de : Vive l'Empereur ! Vive M. le ministre ! Vive M. de Franqueville ! Vive M. le préfet ! s'est fait entendre.

M. Materre, maire de Lonzac, M. Valette, maire de Chamboulive, M. le juge de paix Lavialle de Lameillère, les adjoints et un grand nombre des habitants de ces deux communes, ayant appris que Son Excellence devait passer jeudi à Uzerche, avaient voulu venir présenter à l'éminent ministre de Napoléon III l'hommage de leur profond dévouement à l'Empereur.

Cette députation a exprimé, par l'organe de M. Materre, la reconnaissance des habitants de ces contrées, par suite de la décision que Son Excellence avait prise le 19 mai courant, autorisant l'ouverture immédiate d'une enquête sur le projet de déviation de la route impériale, n° 140, de Figeac à Montargis par le Lonzac et Chamboulive. M. le ministre, en répondant à cette députation, lui a fait concevoir de grandes espérances pour la réalisation d'un projet ardemment désiré.

M. le maire, après les présentations, a fait remarquer à Son Excellence la direction projetée du chemin de fer de Limoges à Brives, et lui a fourni tous les renseignements qu'elle a bien voulu lui demander sur les points qui nécessiteraient des travaux d'art, sur l'importance de ces travaux et sur l'emplacement de la gare. M. le ministre s'est montré satisfait des indications qui lui ont été fournies.

Pendant que M. le ministre traversait le tunnel, M. le maire a cru devoir lui faire remarquer que les travaux d'étanchements, récemment exécutés, étaient incomplets ; que le crédit de 22,000 fr. alloué pour cette réparation n'avait pas permis d'appliquer jusqu'au fond des parties latérales le ciment Gariel, ce qui laissait subsister l'humidité sur les murs non recouverts et sur les trottoirs dangereux en toute saison, et surtout pendant l'hiver. M. le ministre a fait appeler immédiatement M. Boris, ingénieur en chef, et lui a donné l'ordre de préparer sans retard un projet pour la continuation des travaux. Les cris de : Vive l'Empereur ! Vive M. le ministre ! ont de nouveau retenti sous les voûtes sonores du souterrain.

Un chant national entonné spontanément par une foule de jeunes gens a produit un effet merveilleux.

Arrivé sur le viaduc construit sur le Bradascou, M. le ministre s'est arrêté pour remarquer la vallée de ce ruisseau et la place où doit être établi, pour le chemin de fer, le viaduc destiné à franchir l'espace à traverser pour passer de la vallée du Bradascou dans celle de la Vezère.

Visite de Son Excellence M. Rouher au Conseil municipal de la ville de Tulle.

Son Excellence M. le ministre a voulu exprimer lui-même aux représentants de la ville de Tulle ses remerciements de l'accueil chaleureux et sympathique qui lui avait été fait par la population.

Les membres du Conseil ont été appelés à l'hôtel de ville, vendredi, pour y recevoir la visite dont Son Excellence voulait bien l'honorer.

. . . .

A neuf heures du matin, M. le ministre, en habit de ville, portant le cordon de Grand-Croix de la Légion d'honneur, sortait à pied de l'hôtel de la préfecture, accompagné de M. le préfet et de M. de Franqueville, conseiller d'Etat, directeur général des chemins de fer et des ponts et chaussées, commandeur de la Légion d'honneur. Le son de la grande cloche, les salves d'artillerie, les tambours du poste de la mairie battant aux champs, ont annoncé son arrivée à l'hôtel de ville.

. . . .

M. le ministre a dit ses impressions de voyage dans la Corrèze : « Ce département vaut mieux que sa répu-« tation; il est pittoresque, il charme les yeux; il n'est « pas pauvre comme on le croit ailleurs. Un avenir « brillant lui est réservé, car sa production doit s'é-« tendre beaucoup, surtout lorsque ses produits pourront « s'écouler plus facilement. Et à ce propos, a ajouté « Son Excellence, je puis vous dire que les questions « relatives aux chemins de fer Corréziens seront pro-« chainement résolues. »

. . . .

Son Excellence a invité M. le maire et les membres du conseil à lui exprimer les vœux et les besoins de la ville de Tulle; daignant offrir d'en prendre note en ce qui concernerait son département, offrant gracieusement de transmettre à MM. les ministres, ses collègues, ceux qui seraient en dehors de ses attributions.

. . . .

M. le maire a été heureusement inspiré en adressant les félicitations du conseil à M. de Franqueville, à l'habile et intelligent directeur général des chemins de fer et des ponts-et-chaussées, qui depuis huit ans a concouru, par ses connaissances spéciales, par l'application de ses grandes facultés administratives, à la réalisation des idées de l'Empereur et du ministre.

N. 62.

ÉLECTIONS DES 31 MAI ET 1ᵉʳ JUIN 1863.

CANDIDATURE DU MARQUIS D'ANDELARRE.

Où est la vérité?

M. le préfet a fait placarder partout une dépêche annonçant « que le passage du chemin de fer n'était « pas décidé par la vallée de la Linotte, et qu'il n'y « avait pas de solution. »

L'honorable M. Thirria m'écrit la lettre suivante :

Paris, le 28 mai 1863.

Monsieur et cher collègue,

Je viens de voir à l'instant le Ministre de l'agriculture, du commerce et des travaux publics qui m'engage à déclarer :

« 1° Que sa dépêche télégraphique du 25 mai au préfet de la Haute-Saône devait être interprétée *uniquement* en ce sens qu'une décision *officielle* n'avait pas encore été prise sur le projet de la compagnie concessionnaire du chemin de fer de Vesoul à Besançon, et qu'elle n'aurait lieu qu'après l'avis du conseil général des ponts et chaussées ;

« 2° Que j'avais été complétement dans le vrai en annonçant que la compagnie se proposait de faire passer le chemin par la vallée de la Linotte, Loulans et la vallée de l'Ognon jusqu'à Voray.

« Vous pouvez donner à cette déclaration toute la publicité que vous jugerez convenable.

« Veuillez agréer, monsieur et cher collègue, l'assurance de mes sentiments les plus distingués et les plus dévoués.

« L'inspecteur général des mines, membre du conseil général pour le canton de Rioz,

« E. Thirria. »

Pour copie conforme,

Marquis d'Andelarre.

Andelarre, le 29 mai 1863.

N. 63.

DÉPÊCHE TÉLÉGRAPHIQUE.

Le Ministre des travaux publics au préfet de la Haute-Saône.

Paris, 29 mai.

Je ne puis préjuger quelles seront les propositions que la Compagnie soumettra à l'approbation souveraine de l'administration.

Ce que je puis vous confirmer, c'est que je ne suis saisi d'aucune proposition ; que les propositions d'une

Compagnie ne lient à aucun degré l'administration supérieure, et que la décision à intervenir sera déterminée uniquement par les intérêts généraux et ceux des populations desservies, qui seront préalablement consultées.

Les affirmations de M. d'Andelarre sont donc sans valeur. Je regrette que M. Thirria ait laissé mettre son nom dans cette affaire.

Le Ministre des travaux publics,
Signé : ROUHER.

N. 64.

Extrait du cahier des délibérations du Conseil général de la Haute-Saône.

Session de 1859.

EXTRAIT DU RAPPORT DU PRÉFET.

« En ce qui concerne le chemin de fer de Besançon « à Vesoul, la Compagnie a pris des engagements for- « mels pour la construction de cette ligne ; elle a même « fait faire des études pour en déterminer le tracé.

« Les choses en étaient là lorsque le gouvernement, « qui recherche les moyens d'assurer, d'une manière « plus complète, les rapports de Besançon avec la Suisse « et avec les départements voisins, notamment avec la « Haute-Saône, a chargé les ingénieurs de l'Etat d'étu- « dier trois lignes rayonnant de Besançon et dirigées « l'une... la seconde sur Vesoul.

. . . .

« 2° La ligne de Vesoul à Besançon ouvrira une lon- « gueur de 53 kilomètres entre les gares des deux « villes. Elle se dirigerait par Quincey, Neuroy, Filain,

« Loulans (*canton de Monthozon et vallée de la Linotte*),
« Rignosot, Marchaux et Roche. »

N. 65.

Extrait des délibérations du Conseil général de la
Haute-Saône du 24 août 1860.

RAPPORT : .... De là les propositions aujourd'hui
soumises à votre appréciation au sujet des chemins de
fer qui peuvent intéresser encore le département de la
Haute-Saône, propositions qui sont le corollaire des
*études faites à cet égard par MM. les ingénieurs du gou-
vernement.*

Ces propositions sont les suivantes :

1° ...

2° Et, en seconde ligne, la construction d'un chemin de fer de Vesoul à Besançon, *par la vallée de la
Linotte.*

..... Nous admettons tous les calculs qui ont fait
penser à MM. les ingénieurs du gouvernement que ce
chemin de Vesoul à Besançon, *par la vallée de la Linotte*, est un chemin très-exécutable et qui sera suffisamment profitable à la Compagnie qui l'exécutera.
C'est pour nous une raison de plus de nous étonner et
de nous affliger que depuis un an cette Compagnie,
manquant à ses promesses, ne l'ait pas encore formellement soumissionnée.

VOTE : Le Conseil général persiste dans son vœu de
l'année dernière en faveur d'un chemin de fer de Vesoul à Besançon, ce chemin étant, suivant lui, le plus
utile aux intérêts du département.....

———

Les deux conseils généraux du Doubs et de la Haute-

Saône, saisis de la question cette année 1863, entre la vallée de la Linotte et Rioz, par une pétition du canton de Rioz, l'ont rejetée sans discussion. Ils ne se sont occupés que des variantes de la ligne par la Linotte.

N. 66.

Rapport fait au nom de la commission chargée d'examiner le projet de loi relatif à la concession des chemins de fer de Besançon à Vesoul et de Besançon à Gray, par M. le marquis D'ANDELARRE, député au Corps législatif.

Chemin de Vesoul à Besançon.

Le chemin de Vesoul à Besançon, figurant le premier dans l'art. 2 de la convention passée entre M. le ministre des travaux publics et la Compagnie de Paris à Lyon et à la Méditerranée, nous avons eu à nous occuper de lui dans le rang qu'il occupe dans cette convention.

« La ligne de Vesoul à Besançon, dit l'exposé des « motifs, réalise à elle seule une abréviation de plus de « 100 kilomètres. N'est-ce point là une amélioration « désirable et urgente, en face surtout de la situation « économique qui est faite à nos industries par le traité « avec l'Angleterre. »

Le chemin de Vesoul à Besançon traverse en effet perpendiculairement un bassin minéralogique parallèle à la rivière de l'Ognon, qui s'étend de Lure à Marnay, et se tient à la portée des riches et inépuisables minières de Rougemontot et de Battenaus ; il traverse deux établissements métallurgiques, Larians et Loulans.

Il est le premier pas dans la riche et industrielle vallée de l'Ognon, qui avait mérité, en 1846, l'inscription du chemin direct de Paris à Mulhouse, par Dijon et Besançon, et il sert de pierre d'attente à un chemin d'industrie privée à l'état de projet, qui, en reliant les forges considérables de Villersexal, de Montagney, de Pont-sur-l'Ognon, de Fallon, de Magny-Vernois, plongerait dans la seule houillère des départements de l'est, la houillère de Ronchamp, dont il transporterait les produits dans tous les établissements industriels du pays.

Ces considérations locales, dont nous avons cru devoir vous entretenir, nous ont paru si puissantes qu'en les rapprochant des conditions générales dans lesquelles le projet se trouve placé, nous n'avons pas hésité à regarder que le chemin de Vesoul à Besançon satisfait complétement aux conditions d'intérêt général de grande communication et d'industrie.

D'après le rapport des ingénieurs et les conclusions du Conseil général et des ponts et chaussées, le chiffre de 31,000,000 francs auquel est évaluée la dépense des 112 kilomètres de chemin de fer à exécuter n'est pas exagérée. C'est donc sur cette somme que reposerait la garantie stipulée par la convention. Votre commission n'a aucune objection à faire sur ce chiffre, qui augmente de 31 millions le capital dont l'Etat garantit l'intérêt à 4 0/0 par an et l'amortissement à 0,65 0/0 également par an à la compagnie de Lyon; ce qui porte ce capital à 1,156,000,000, au lieu de 1,125,000,000.

Voir ci-dessus : Les dépêches relatives au chemin de fer de la Dordogne (page 54);

Celle relative à l'érection de la Seyne en chef-lieu de canton (page 55).

V

LIBÉRALITÉS INDIVIDUELLES

N. 67.

Nous, soussignés, électeurs de la commune de Venosc, déclarons à qui il appartiendra :

1º Que M. Garden, maire de cette commune, la veille des élections, en distribuant lui-même les cartes d'électeurs, a donné à plusieurs d'entre nous certaine somme d'argent, à cette condition que nous voterions pour M. Royer, dont il nous imposait le vote, en ajoutant que plus tard nous en recevrions d'autres récompenses ;

2º Qu'il a arraché à plusieurs des bulletins de M. Périer, pour en remettre de ceux de M. Royer ;

3º Que, quittant sa place de président du bureau, il sortait à tout instant pour aller chercher des électeurs jusqu'à l'auberge, pour les faire voter pour M. Royer, ajoutant à ses démarches mille promesses aux uns et des menaces aux autres.

Venosc, le 20 juin 1863.

(*Suivent les signatures*).

N. 68.

Le dimanche 31 mai, à l'issue de l'office divin, on publia au son du tambour : *De la part de M. le maire, les électeurs sont invités à aller voter tous pour M. Calvet, qui a donné* 50 *fr. pour réparer le puits de place et* 50 *fr. pour le chemin de Favayrolles.* D'un autre côté, trois individus principaux savoir : Déjean Justin, cultivateur à Martrin ; Bardry Louis, marchand à Martrin et Bardy Casimir son frère, demeurant à Broquies, canton de Saint-Rome (le troisième étranger à la commune, comme on vient de le voir), prenaient les électeurs à mesure qu'ils arrivaient, les menaient au cabaret, où ils les faisaient boire à rien ne coûte, et disaient hautement : *C'est l'Empereur qui paye,* afin de cacher en quelque sorte la main qui avait distribué l'argent ; et du cabaret on les conduisait à l'urne, où ils les faisaient voter sous leurs yeux. Ces manœuvres ont été pratiquées toute la journée du dimanche 31 mai, avec une audace, signe du mot d'ordre reçu, et cela, à la vue d'un public, qui en était indigné. Outre que le fait a été public, voici une manière bien simple de le rendre sans réplique. Le lundi 1er juin, les trois meneurs furent invités ou du moins admis à boire et à manger dans la salle même des élections avec les membres du bureau ; et là, le verre en main, ils se sont vantés d'avoir *fait boire les électeurs comme des canards et de les avoir fait voter oomme des poulets.*

Lors de la rédaction du procès-verbal, M. Jolby,

premier conseiller et faisant partie du bureau à Viques a demandé que ce fait fut consigné au procès-verbal. Le bureau a avoué que le fait était vrai (présents : M. Ries de Vespontie, conseiller municipal ; M. Bertrand, curé de Martrin et M. Cadillac, instituteur libre à Favayrolles) ; mais il a soutenu que ce n'était pas de nature à être consigné au procès-verbal, et il a passé outre. Un membre, savoir ledit Bardy, marchand, s'est même permis de faire des menaces et de dire à M. Jolby, en frappant plusieurs fois du poing sur la table : *Jean, si tu fais mettre cela, tu me le payeras ; tu cherches à mettre mon frère dans l'embarras ; mais aussi je sais des choses contre toi, et je puis faire des révélations.*

Le dimanche matin, ledit Justin Déjean disait publiquement au cabaret Durand (M. Vigroux, adjoint, était présent et témoin) : Nous sommes bien appuyés, nous sommes forts ; si M. le curé ose paraître dans la salle des élections, je me charge de le faire partir. En effet, M. le curé s'étant présenté pour voter, ledit Déjean l'a interpellé et insulté. Tous les membres du bureau ainsi que les électeurs présents ont réclamé et requis. M. le maire a fait un aveu et une réponse dignes de remarque, il a dit : *C'est vrai que M. le curé est dans son droit, mais celui qui a plus de bon sens doit en dépenser plus ; d'ailleurs nous avons reçu des instructions, et ce que Justin a dit n'est pas contre les instructions ; je sais jusqu'où il peut aller, et, s'il va au delà, je lui imposerai silence.* Le lendemain lundi, M. le curé ayant paru dans la salle pour assister au dépouillement, le même Déjean l'insulta et l'injuria de plus fort ; personne cette fois ne dit rien, ni M. le maire non plus, ni M. le curé non plus ; mais il se vit obligé de se retirer.

Le dimanche au soir 31 mai, Jucry Marc, de la Vidatarie, n'ayant pas encore voté, le même Déjean fut le trouver au cabaret Marc, et là, il fait tout ce qu'il peut pour l'engager à voter pour M. Calvet-Rogniat ; mais il ne peut rien obtenir. Jucry veut voter pour M. de Bonald. Alors Déjean lui dit : Si tu le fais, tu iras en prison, voilà l'ordre de M. le préfet; et en même temps il tire un papier de sa poche. (Présents: Puech aîné, père, de Jouveyrac; Puech cadet, son frère; Reornie, tailleur d'habits, à Martrin; etc. etc.) Jucry fut tellement effrayé qu'il fut aussitôt trouver M. le curé (lequel se trouvait en ce moment avec MM. Cadillac et Paul Jolby, instituteurs privés, à Favayrolles) pour lui demander aide et protection. M. le curé lui a dit qu'il était libre de voter pour qui il voudrait, et que nul n'avait le droit de le faire mettre en prison. Jucry ne pouvait pas revenir de sa frayeur, et il disait toujours à M. le curé : Mais Justin m'a montré l'ordre de M. le préfet. M. le curé, pour rassurer cet homme, fut obligé de prier les deux instituteurs libres de l'accompagner jusqu'à la salle, pour être témoins des menaces qu'on pourrait lui faire encore.

Le dimanche après les élections, 7 juin, le même Déjean, portant une ceinture rouge en bandoulière, cria plusieurs fois à haute voix et devant la porte de l'église, à l'issue de l'office divin et sur la place publique : *Ceux qui ont voté pour M. de Bonald, qu'ils aillent boire au bézal (ruisseau), et ceux qui ont voté pour M. Calvet, qu'ils viennent boire au baricou (tonneau)*; mais cette fois on ne fit boire que les zélés.

Les soussignés peuvent garantir l'exactitude et la vérité de tous les faits ci-dessus; ils offrent la preuve au besoin.

MARTRIN, 30 juin 1863.

(*Suivent les signatures.*)

N. 69.

En présence des électeurs soussignés, il a été livré à M. Clunet de la Geneste, membre du conseil municipal de Ségur, deux bons de 1 fr. chaque, signés de M. Roux, maire et notaire à Ségur, qui avaient été remis en même temps que leurs cartes d'électeurs, et un bulletin portant le nom de M. Calvet-Rogniat, aux nommés Cassagnes père, d'Avaux et Pierre Vergely d'Avaux, l'un et l'autre de la commune de Ségur. Ces deux électeurs-ci ont prouvé, en livrant ces bons, leur complète innocence au sujet de la fraude électorale ou de l'acte de corruption dont ils étaient l'objet. Ils ont déclaré, en présence des mêmes témoins, que ces *bons, cartes* et *bulletins* avaient été remis, en leur absence, à leur propre femme, par le sieur Beck (Adrien), marchand de Ségur, avec recommandation de venir retirer le montant du *bon* chez M. Roux, maire de Ségur, avant d'aller voter.

Ce fait de corruption paraît une manœuvre assez générale. Un certain nombre d'électeurs, porteurs de pareils bons, n'ont pas voulu s'en défaire; quelques autres, d'ailleurs, se trouvent entre les mains des soussignés, qui croient faire acte de citoyens honnêtes et dévoués à la base fondamentale de l'Empire en protestant de toute leur énergie contre de tels actes, et les dénonçant à la justice, pour qu'elle lave d'une telle souillure le droit sacré des électeurs.

Des deux électeurs qui ont livré ces bons, l'un déclare ne point savoir signer.

(Suivent les signatures, après avoir annexé à cette pièce les deux bons en question.)

A Ségur, le 31 mai 1863.

Voici un des bons :

Bon pour un franc, payable chez M. Roux, notaire à Ségur.

Le 31 mai 1863.

B. Roux.

Casagnes, à Alaux.

N. 70.

Les soussignés ont l'honneur de certifier à qui de droit que le 30 du mois de mai 1863, veille des élections, il a été égorgé, dans le village de Liaucous, commune de Mostuéjouls, un veau qui a été partagé entre les électeurs qui ont voté pour M. Calvet. De plus, lorsque le veau a été égorgé, on a posé sur lui cette inscription : *Veau de M. Calvet.*

Les soussignés certifient que leur déclaration est complète et véritable.

N. 71.

L'*Écho de l'Aveyron* publie l'extrait suivant du procès-verbal des opérations électorales de la commune de Coussergues :

« Avant la clôture des opérations, un électeur demande qu'il soit constaté au procès-verbal que hier, dimanche, le garde communal, en annonçant au son de la caisse, sur la place publique, à l'issue de la messe, que le scrutin allait être ouvert, a ajouté que les électeurs pouvaient aller manger et boire à discrétion, et que rien ne coûterait, à l'auberge dite de Saint-Jacques, tenue par le sieur Ségur, dit Mazel ; qu'un grand nombre d'électeurs ont été attirés dans cette auberge, et qu'après s'y être gratuitement repus, ils ont été conduits, le drapeau de la commune en tête, au scrutin par ce même garde communal ; ce qui, au dire de l'électeur, constituerait tout au moins une de ces *manœuvres déloyales,* une de ces *surprises* dont parle S. Exc. le ministre de l'Intérieur dans sa circulaire aux préfets du 8 mai dernier, manœuvres ayant pour objet de porter atteinte à la *sincérité du scrutin* et à la *probité de l'élection.*

« Le bureau, après en avoir délibéré, reconnaissant l'exactitude du fait allégué par l'électeur, lui en donne acte et dit qu'il en sera fait mention au procès-verbal.

« VIGROUX. »

N. 72.

COMMUNE DE LAUTENBACHZELL, CANTON DE GUEBWILLER.

Observations insérées au procès-verbal des élections d'un député au Corps législatif, des 31 mai et 1er juin 1863.

1° Lorsque le procès-verbal des élections a été ouvert, l'un des assesseurs s'est levé et est allé dire à voix basse à un membre du bureau. Marck, aussi membre du même bureau, a dit que cela n'est pas une règle; si l'on a quelque chose à dire, qu'on se le dise à haute voix, que tout le monde l'entende, et on lui a répondu que cela ne le regardait pas.

2° Le membre du bureau qui déchirait les coins des cartes d'entrée a pris tantôt un coin, tantôt un autre, aux signes des yeux du président. Ce même Marck a dit que cela ne convenait pas qu'on fasse des signes, qu'on doit écorner les cartes du même côté. On lui a répondu que cela n'est pas prescrit, qu'on peut ôter quel coin de la carte qu'on veut. Le président lui a répondu qu'il ne peut pas fermer les yeux, et qu'il n'avait fait aucun signe; qu'il regarde tous l'un comme l'autre.

Le maire,

Signé : RISSER.

N. 73.

Nous, électeurs inscrits dans la commune de Lautenbach, canton de Guebwiller, déclarons par le présent que, lors des élections des 31 mai et 1er juin derniers, l'un des assesseurs du bureau, chargé de recevoir les bulletins de vote, s'assurait, soit par le toucher, soit en les entr'ouvrant, soit en les examinant, à la clarté du jour, par la transparence du papier, du nom inscrit sur les bulletins, et enlevait le coin droit des cartes des électeurs qui avaient voté pour le candidat officiel, et le coin gauche de celles des électeurs qui avaient voté pour le candidat de l'opposition.

Cette différence de cornage avait pour but d'indiquer aux aubergistes les personnes qui, ayant reçu la promesse d'un litre de vin, étaient autorisées à consommer dans leur auberge.

Les auberges de notre commune dans lesquelles il a été versé à boire gratuitement, en échange de cartes cornées, sont les suivantes : Jacoberger (Bernard), Früinholtz (Augustin), Kreminger (Joseph), Klein (Louis), Kebelen (Bernard), Kreminger (Félix), veuve Heig, Früinholtz (Alexandre).

(Suivent 19 signatures.)

N. 74.

Les soussignés, électeurs de la commune de Linthal, canton de Guebwiller, déclarent que les 28 et 29 mai 1863, ils ont reçu des mains de l'appariteur de la commune leurs cartes d'électeurs, sans bulletin de vote, et que l'appariteur leur avait promis que s'ils votaient le 31 mai avec le bulletin qui leur serait déli-

vré par le maire, dans la salle du scrutin, ils auraient
droit à consommer un demi-litre de vin, et soit un
pain de deux sous, soit un cigare.

Fait à Linthal, le 15 juin 1863.

Et ont signé la présente déclaration.

(*Suivent les signatures.*)

(Annexé à l'original deux cartes d'électeurs, dont
l'une ayant le coin supérieur droit, l'autre le coin supérieur gauche écorné.)

N. 75.

Les soussignés, électeurs à Lautenbachzell, déclarent
avoir bu gratuitement un litre de vin à l'auberge, après
avoir justifié qu'ils avaient voté pour M. Gros.

Signé : Schafhauser (Joseph).
Pfihl (Joseph).
Schneider (Xavier).

Nota.—Les deux premiers ont été chercher leurs
litres à Rinthal, chez Ackermann, aubergiste, en
échange de leurs cartes, quoiqu'ils aient voté dans la
commune de Lautenbachzell, où ils demeurent.

N. 76.

Nous, soussignés, Georges Galliath, propriétaire,
demeurant à Guebwiller, et le sieur Louis Baechler,
maître cordonnier, et demoiselle Marie Bauchmann,
couturière, les deux demeurant aussi à Guebwiller,
déclarons que, dans la soirée du 31 mai dernier, nous

sommes entrés dans l'auberge du sieur Gremminger, buraliste à Lautenbach, accompagnés : 1° de Jean-Baptiste André, serrurier, et Mark (Léger), maître cordonnier, les deux demeurant à Lautenbachzell ; y avons trouvé Joseph Bentzinger, maître charpentier à Lautenbach, lequel nous a de suite déclaré que les élections étaient une saleté, et que l'on donnait à boire à ceux qui votaient pour M. Gros ; et nous lui avons répondu que nous ne le croyions pas. A l'instant, il a appelé madame Gremminger, et a demandé combien que vous payez à boire aux électeurs qui votent pour M. Gros ; elle a répondu : pour 50 centimes, vin, pain, fromage ou bière. Bentzinger lui demande encore : Vous ne donnez pas de tabac? Elle nous a répondu que non. Si nous donnions du tabac, nous recevrions beaucoup plus de cartes ; mais les autres en veulent aussi. Nous lui avons donc demandé : Mais comment pouvez-vous donc savoir lesquels qui ont voté pour M. Gros? Elle nous a répondu que les cartes qu'ils ont l'ordre de donner à boire doivent avoir le coin droit déchiré ; celles qui sont déchirées du côté gauche ne reçoivent rien. Nous lui avons dit que nous avons aussi une carte, et qu'elle doit nous montrer les leurs, si la nôtre est de même, que nous la laisserons pour qu'elle puisse recevoir 50 centimes de plus. Elle est de suite allée nous en chercher une, mais nous lui avons fait remarquer que la nôtre était gauche, appartenant à M. Baechler, électeur à Guebwiller, et qu'elle ne pourrait pas lui servir, lui disant qu'elle doit reprendre la sienne et que nous voulons garder la nôtre, ce qu'elle a fait.

Il y avait à une autre table deux électeurs de Lautenbach qui juraient et qui prononçaient de grossières paroles, disant qu'on leur avait ouvert leurs billets.

Bentzinger nous a déclaré que le maire de Lautenbach, avant de commencer les élections, avait fait publier qu'on devait voter pour M. Gros, et que c'était défendu de voter pour un autre.

Fait à Guebwiller, le 10 juin 1863.

(Suivent les signatures.)

N. 77.

Extrait du Journal de Bordeaux.

La Gironde, qui a lu et apprécié la profession de foi de M. de Lur-Saluces, attend celle de M. Emile Péreire, car elle ne considère pas comme telle la lettre par laquelle M. Péreire apprend au public qu'il sera dévoué au Gouvernement de l'Empereur.

Nous comprenons fort bien que M. de Lur-Saluces se croit obligé de dire ce qu'il fera ; si M. Péreire a été sobre de paroles et de promesses, c'est que ce qu'il a fait depuis quatre ans, non-seulement dans le département de la Gironde, mais en France, mais en Europe, a acquis une notoriété telle qu'il n'est nécessaire pour personne de le rappeler.

La création et l'administration de 12,000 kilomètres de chemins de fer (3,000 lieues) ; les plus importantes institutions de crédit en France et dans les principales capitales ; les plus grandes constructions de Paris, exécutées avec son concours ; le crédit foncier le comptant au nombre de ses fondateurs et de ses administrateurs ; les contrées du midi développées sous sa puissante impulsion ; le département de la Gironde et celui des Landes portant partout les traces de son passage, non-seulement par l'établissement de la gare de Paludate, la plus considérable de France, mais encore par les routes agricoles qui, avec le chemin de Bayonne, ont quadruplé la valeur des terres, et qui,

par parenthèse, ont largement facilité les forges d'Una,
que M. le marquis de Lur-Saluces, connaît fort bien.

Voilà les titres que peut invoquer M. Péreire; ils
sont connus de tous. Ce ne sont pas des phrases plus ou
moins banales, des déclarations d'amour à la déesse
Liberté. Ce sont des bienfaits dont la génération
actuelle peut se montrer fière, et dont l'avenir sera
reconnaissant.—Après avoir parlé de ces grandes
choses, faut-il rappeler le village de Marcheprime, son
église et son école créées entièrement par lui? Arcachon
transformé et dix mille hectares de landes défrichés?—
On le voit, les actes privés de M. Péreire sont inspirés
de la même pensée que ses actes publics.

Quant au chemin de fer de Langon à Bazas, on ne
changera rien au fait palpable, évident, officiel. Le
terme de concession éventuelle est une expression
consacrée, lorsque les formalités d'enquête n'ont pas
été accomplies. La concession sera définitive, à moins
que l'arrondissement de Bazas et le département de
la Gironde ne la repoussent au moment très-pro-
chain où les enquêtes vont s'effectuer.

La Gironde sera sans doute forcée de convenir que
cette hypothèse est peu probable.—Le chemin de Bazas
sera terminé avant deux ans. Le rapport de la compagnie du Midi établit d'une manière péremptoire qu'elle
a le plus grand intérêt à l'exécuter promptement.

Après ce court exposé, que l'on nous a mis dans le
cas de faire, on comprend pourquoi M. le comte de
Lur-Saluces a pu se croire obligé de faire une
profession de foi très-étendue, et pourquoi M. Péreire
a pu se borner à dire : « Vous savez ce que j'ai fait,
jugez-moi. »

N. 178.

EXTRAITS

DU RELEVÉ DES PIÈCES RELATÉES DANS LA QUATRIÈME PRO-
TESTATION DES ÉLECTEURS DES PYRÉNÉES-ORIENTALES.

1. Déclaration de deux commissaires du quartier,
des 18 et 29 mai 1863, légalisée, certifiant que les at-
testations d'indigence leur avaient été demandées par
de nombreux électeurs, afin de percevoir un secours
de 20 fr. chez M. Lireux, agent de M. Isaac Péreire.

A cette déclaration est jointe celle des deux adjoints
de Perpignan, qui font connaître qu'ayant appris cette
manœuvre électorale, ils ont appelé les commissaires
des quartiers pour leur interdire la délivrance des cer-
tificats d'indigence.

2. Lettre de M. le juge de paix de Saint-Paul, relatant tous les faits ci-après qui se sont passés dans son
canton :

1° Don par M. Péreire de 300 fr. à M. le curé de
Maury, pour les pauvres de sa commune ;

2° Don de 200 fr. à l'orphéon de Saint-Paul, transporté gratis, en mai, par le chemin du Midi, au concours régional de Nîmes ;

3° Don de 500 fr. fait à Gudiez, à MM. Canabiz et
Ferrand, officiers de santé, agents de M. P., distribuant peu de jours avant l'élection.

3. Trois lettres de l'officier ministériel de Millas, indiquant que le 22 mai, l'agent principal de M. P. avait
commandé à divers boulangers 250 pains blancs de
3 kilog. l'un, et que l'ordre avait été donné aux bou-
chers de s'approvisionner de viande. Le lendemain devait avoir lieu la distribution des bons, pour livrer ces
comestibles gratis.

Le 31 mai, cette distribution s'est renouvelée dans la même proportion : soit 750 kilog. de pain et 240 kilog. de viande.

4 et 5. Deux lettres d'Ille, l'une de M. Aymar, adjoint au maire, relatant les faits ci-après :

Une grande manifestation avait été préparée de longue main.

Après le banquet, M. P. se rendit avec son cortége sur la place publique, qu'il trouva trop petite, et il dit : « Que le Conseil municipal m'en fasse la demande, et « je m'engage à payer les frais d'agrandissement de « cette place et la construction d'une fontaine. » Puis on le conduisit sur les bords de la rivière, franchie sur une simple passerelle, et il annonça qu'il contribuerait pour une forte somme à l'érection d'un pont en maçonnerie. En parcourant les rues, il distribuait bon nombre de pièces d'or aux personnes qui lui offraient des bouquets ou qui l'escortaient.

Il a promis ou donné 1,000 fr. au président de la confrérie du Christ, pour être partagés entre tous ses membres, au nombre de 200 à peu près. Sur la place publique, un de ses affidés distribuait des pièces d'argent aux femmes et aux enfants; aussi les cris de : « Vive Péreire! » devinrent assourdissants. Il donna encore trois billets de banque de 100 fr. l'un à l'orphéon, et de plus 300 fr. à un aveugle et 100 fr. à un autre individu privé également de la vue.

Dans deux cafés de la commune, un des agents de M. P. disait à haute voix : « Vous pouvez prendre tout ce que vous voudrez, c'est M. P. qui paye. »

6. Les mêmes faits sont relatés dans la lettre de M. Rocca, propriétaire des plus honorables, avec des détails encore plus complets.

7. Deux lettres de M. Taix et M. Baule, hommes des plus marquants de Vinça, chef-lieu de canton, relatent les faits ci-après :

A son arrivée en cette commune, M. P. a donné

500 fr. à un chef de section de la Société de secours mutuels, indûment convoquée par le maire, qui, n'étant pas président, n'avait pas le droit de les réunir. A l'hôpital, nouvelle largesse, dont le chiffre n'a pas été connu. Sur la place publique, M. P., de sa propre main, a distribué à des femmes et à des vieillards des sommes de 20 fr., 25 fr. et 40 fr., de la manière la plus prodigue.

8. Lettre de M. le curé de Bourniat du 3 juin, relatant les faits ci-après :

1° Remise à M. Bernuz, de ladite commune, d'une somme de 1,500 fr., dont une partie a été distribuée aux pauvres de la localité le lundi 1er juin ;

2° Quelques électeurs ne voulant pas aller voter, parce qu'ils n'avaient rien reçu, on leur a dit : « Allez-y, et l'on vous donnera ensuite de l'argent. »

9. Déclaration de six notables de Baixas, dénommant les faits ci-après :

1° Remise par M. Lireux, le 26 mai, à M. le curé, de 1,000 fr., pour être employés soi-disant en bonnes œuvres ;

2° Le 27 mai, M. P. remet encore à M. le curé une somme de 400 fr. pour l'église et 200 fr. pour la Société de secours mutuels.

10. Lettre de M. le curé de Salus, rendant compte d'une visite que M. P. lui a faite le 27 mai. Trouvant son église trop petite, M. P. lui offre 3,000 fr. pour l'agrandir. M. le curé le remercie et refuse. M. P. lui répond qu'il peut accepter, qu'il a fait construire des églises, des salles d'asile, et qu'il a même fait décorer un prêtre. Malgré ses instances, le refus a été maintenu.

Mêmes faits de distribution d'argent attestés par des lettres des notables habitants ou des autorités municipales dans les communes de Saint-Laurent, de Fovreilles, de Bernyuls, de Boulou, d'Amélie-les-Bains, de Pia, de Bompas, de Corneilla-la-Rivière, etc., etc.

VI

ACTION

EXERCÉE SUR LES MAIRES
GARDES CHAMPÊTRES, INSTITUTEURS, DÉBITANTS, JEUNES
SOLDATS, ETC.

N. 79.

On écrit de Bréal (Ille-et-Vilaine), au *Journal des Villes et des Campagnes* :

Monsieur le directeur,

Le 26 mai dernier, je reçus de M. le préfet la lettre suivante :

« Rennes, 26 mai 1863.

« Monsieur le maire,

« Il résulte des renseignements qui me parviennent, que mon administration ne pourrait pas compter sur votre concours à l'occasion des élections.

« Je serais heureux, monsieur le maire, de recevoir de vous l'assurance que ces renseignements sont sans fondement.

« Recevez, monsieur le maire, l'assurance de ma considération très-distinguée.

« Le préfet d'Ille-et-Vilaine,

« Signé : P. Féart. »

Je répondis immédiatement à M. le préfet :

« Bréal, 28 mai 1863.

« Monsieur le préfet,

« Par votre dépêche de ce jour, vous me dites qu'il résulte des renseignements qui vous parviennent, que votre administration ne peut compter sur mon concours à l'occasion des élections, et que vous seriez heureux de recevoir de moi l'assurance que ces renseignements sont sans fondement.

« Monsieur le préfet, ne pouvant, dans une lettre, entrer dans des détails que je pourrais vous donner de vive voix, je renvoie ces bruits à leurs auteurs.

« Lorsque, il y a huit ans, l'administration, faisant appel à mon dévouement, vint m'offrir les pénibles fonctions de maire, j'acceptai difficilement, parce que, outre ma qualité de notaire, que vous comprenez facilement, il convenait à la nature de mon caractère de rester indépendant de toute fonction politique. Toutefois, investi de ces fonctions et sous l'influence de mon serment, serment que je ne regarde point comme une vaine formule, j'ai cru devoir prêter, en toutes circonstances, mon concours à l'administration, parce qu'en effet elle n'a rien exigé de moi jusqu'ici et ne saurait exiger rien qui blessât ma dignité et ma conscience.

« Mais vous le savez, monsieur le préfet, c'est dans les

circonstances actuelles que s'assouvissent les petites
rancunes.

« Quoi qu'il en soit, malgré cette petite phalange
d'ennemis, je n'en resterai pas moins jusqu'au bout
fidèle à mon devoir, à mon honneur et à ma conscience
d'homme et de citoyen. Je resterai calme au milieu
des événements qui m'attendent, et j'aurai toujours
pour consolation de n'avoir pas, par un zèle exagéré,
compromis ni trahi personne.

« Agréez, monsieur le Préfet, l'hommage de mon
profond respect. »

Ma suspension a été la réponse à cette lettre; or, je
déclare et j'atteste que, si je n'ai pas adressé à M. le
préfet, conformément à ses désirs, des rapports confidentiels sur les menées des partis légitimiste et répu-
blicains, comme aussi sur les démarches du clergé, je
n'ai pas, néanmoins, distribué un seul bulletin de vote
pour le triomphe de mon bien honorable et bien digne
confrère Duclos, ni dit à qui que ce soit de ne point
voter pour le candidat du Gouvernement. J'ai donc
complétement obéi aux prescriptions de Son Excellence
M. le ministre de l'Intérieur.

Loin de moi de faire remonter à l'Empereur ces actes arbitraires. Les flatteurs sont les pires ennemis des
gouvernements.

On cherche aujourd'hui à rendre suspects les gens
les plus honorables, les plus honnêtes, à susciter contre
les classes élevées des haines et des rancunes, à exciter
de la défiance contre le clergé... Cela s'appelle
« émanciper les maires et le pouvoir municipal de
l'influence cléricale. » Mais Dieu sera pour nous!...

Agréez, monsieur le directeur, l'assurance de mes
sentiments les plus distingués.

MALLET.

N. 80.

DÉPARTEMENT DE LA CHARENTE.
Sous-préfecture de Cognac.

Angoulême, le 31 mai 1863.

Nous, préfet de la Charente,

Considérant qu'il résulte de renseignements qui nous sont transmis que M. Billard, maire de Louzac, use de l'influence que lui donnent ses fonctions en faveur des candidats opposés à celui recommandé par le Gouvernement de l'Empereur ;

Vu la loi du 5 mai 1855;

Arrêtons :

Art. 1er. M. Billard, maire de Louzac, est suspendu de ses fonctions.

Art. 2. M. le sous-préfet de Cognac est chargé de l'éxecution du présent arrêté.

Le Préfet,
Signé : Comte MICHEL.

Transemei à M. le maire de Louzac

L'arraité préfectorale qui le suspent de c'est fonction au moment ou il présidet Lasemblé électorale à trois heures et demie du soir

L'adjoint,
RIPOCHE.

A Monsieur le préfet de la Charente.

Monsieur le Préfet,

Hier, au moment où je présidais l'assemblée électorale, notification m'a été faite de l'arrêté par lequel vous me suspendez de mes fonctions de maire. Je crois devoir à ma propre dignité de protester de toute l'énergie de mon âme contre la mesure dont je suis si injustement l'objet. Croyez-le bien, ce n'est pas tant par l'amour que peut inspirer l'écharpe municipale que par celui que je porte à mon pays, au Gouvernement de l'Empereur, que, depuis le 10 décembre 1848, j'ai toujours servi, moi aussi, avec honneur et fidélité, que je fais cette réclamation.

J'ignore, monsieur le Préfet, de quelle source émanent les renseignements que vous dites vous avoir été transmis. Mais, ce que je sais et que je puis affirmer, c'est qu'elle n'est ni pure ni désintéressée. Je réclame une enquête contradictoire, et je tiens essentiellement à ce que l'on me prouve que j'ai fait acte d'hostilité envers le candidat de l'administration.

Je viens donc vous informer que, sans attendre l'expiration des délais dont parle l'art. 2 de la loi du 5 mai 1855, je porte moi-même immédiatement, et au besoin par ces présentes, la question devant le ministre de l'Intérieur et devant toute autre juridiction susceptible d'en connaître. Le gouvernement et le pays sauront ainsi de quel côté sont les hommes d'honneur et de dévouement. Je ne m'attendais pas à une pareille récompense, après le zèle que j'avais déployé dans l'exercice de mes fonctions, aux risques même de me faire des ennemis de ceux de l'État et des intérêts municipaux.

J'ai l'honneur d'être, etc.

Le maire de Louzac,

BILLARD.

Louzac, le 1er juin 1863.

N. 81.

A Son Excellence M. le ministre de l'Intérieur.

Monsieur le Ministre,

Je, soussigné, maire de la commune de Louzac, arrondissement de Cognac (Charente), ai l'honneur d'interjeter appel devant Votre Excellence d'un arrêté de M. le préfet de la Charente, en date du 31 mai dernier, par lequel je viens d'être suspendu de mes fonctions de maire, parce qu'il résulterait de renseignements que j'aurais usé de mon influence en faveur des candidats opposés à celui de l'administration.

Cette décision est d'autant plus inique que rien, ni dans mes paroles, ni dans mes actes, n'a pu autoriser une pareille supposition. Je ne sais où M. le préfet a puisé ces renseignements ; mais ce que je sais, et ce que je tiens à prouver, c'est que la source n'est ni pure ni désintéressée.

Je réclame donc une enquête contradictoire et non occulte ; je veux voir mon ennemi en face.

J'avais lieu d'attendre mieux de l'administration supérieure.

Depuis vingt ans je suis maire, et, dès le 10 décembre 1848, l'on m'a vu un des premiers acclamer le nom de *Napoléon*.

J'avais espéré, jusqu'à présent, qu'il me serait tenu compte de mon dévouement et du temps que j'avais consacré à servir l'Empereur et mon pays.

J'ose donc espérer, monsieur le Ministre, qu'appréciant plus sainement mon attitude entre M. Hennessy, candidat officiel, et M. Bouraud, candidat dévoué au Gouvernement de l'Empereur et maire de Cognac depuis quinze ans, vous rapporterez la décision de M. le préfet de la Charente.

J'ai gardé la neutralité en présence de deux candidats également recommandables, et en cela je me suis inspiré de l'admirable circulaire de Votre Excellence et de ce que j'ai cru être mon devoir. Je défie n'importe qui d'établir que j'ai dit un mot contre le candidat de l'administration en faveur de l'autre.

Je ne demande qu'une chose : qu'on examine attentivement ma vie publique, et l'on verra que, si quelqu'un est l'ennemi du gouvernement, ce n'est pas moi, qui lui ai donné tant de marques de ma sympathie et tant de gages de ma fidélité.

J'ai l'honneur d'être, etc, etc.

Le maire de Louzac,
BILLARD.

N. 82.

M. le maire de Bazouges-la-Pérouse nous fait l'honneur de nous adresser la lettre suivante, que nous nous empressons de publier :

A M. le directeur du Journal des Villes
et des Campagnes.

Bazouges-la-Pérouse, 4 juin 1863.

Monsieur,

Révoqué des fonctions de maire de Bazouges-la-Pérouse, la veille même de la lutte électorale, je crois devoir à mes concitoyens, et je me dois à moi-même, de faire connaître les vrais motifs d'une mesure qui peut donner lieu à des interprétations très-diverses.

Je ne pense pas qu'on puisse croire que, par l'oubli

des devoirs de ma position officielle, j'aie provoqué et plus ou moins justifié les rigueurs de l'administration. Non, j'ai la conscience de n'avoir point encouru ce reproche, et, pour le prouver, je n'ai besoin que d'exposer sans commentaires les faits qui ont précédé et motivé ma révocation.

Dès le jour où se produisit, dans la circonscription de Fougères et Vitré, la candidature de M. Audren Kerdrel, en opposition avec celle de M. de Dalmas, candidat du Gouvernement, je compris toutes les difficultés de ma situation.

Ma loyauté de fonctionnaire m'interdisait également d'user de mon influence comme maire, soit pour appuyer M. de Kerdrel, bien que mes plus vives sympathies lui fussent acquises, soit pour combattre M. de Dalmas, qui, par son vote dans la question romaine, avait perdu ma confiance avec celle des catholiques.

Entre ces deux impossibilités, il ne me restait qu'une ligne de conduite acceptable pour ma conscience: c'était de remplir le rôle tout passif d'intermédiaire, près de mes administrés, pour les communications officielles que l'administration ne manquerait pas de faire à profusion dans toute l'étendue du département.

Cette tâche, laborieuse et peu sympathique, je l'ai consciencieusement remplie. Les dépêches, annonces, proclamations, dont il est impossible de dire le nombre, ont été publiées et affichées jusqu'à la dernière.

Ne voulant point me faire juge d'un moyen de pression dont je comprenais cependant toute la portée, j'ai fait parvenir au domicile des 1,216 électeurs de ma vaste commune les 1,216 lettres de M. le préfet avec les bulletins Dalmas qu'elles contenaient et recommandaient instamment.

Et, pour bien préciser auprès du chef de l'administration départementale l'attitude que j'entendais prendre dans cette grave circonstance, je répondais dans les

termes suivants aux instructions, recommandations,
excitations qui m'étaient adressées, comme à tous mes
collègues, dans une véritable avalanche de circulaires
et de lettres autographes.

« Monsieur le préfet,

« ...M'inspirant des prescriptions de M. le ministre
de l'Intérieur, je suis très-disposé, d'une part, à combattre énergiquement toutes les manœuvres déloyales,
l'intrigue, la surprise et la fraude, de quelque part
qu'elles viennent ; de l'autre, à garantir la liberté et la
sincérité du scrutin, la probité de l'élection.

« Vous pouvez donc être certain, monsieur le préfet,
que je saurai remplir loyalement les devoirs de ma position et honorer, autant qu'il est en moi, les fonctions
qui m'ont été confiées. C'est vous dire, monsieur le
préfet, que, dans la commune de Bazouges-la-Pérouse,
suivant le vœu du Gouvernement de l'Empereur et celui
de votre administration, l'opinion se produira en toute
liberté et de la façon la plus régulière. »

Quelques jours après cette lettre si rassurante pour
l'autorité, mis en demeure de mieux préciser encore
mes dispositions en vue de l'élection, devant M. le
sous-préfet de Fougères, dans une réunion où il était
venu produire et patronner le candidat de l'administration, je n'hésitai pas à déclarer que si, à raison de mes
fonctions, je ne pouvais pas, malgré mes préférences,
appuyer la candidature de M. de Kerdrel, il ne fallait
pas non plus s'attendre à me voir soutenir de mon
influence celle de M. de Dalmas, qui avait cessé d'offrir
des garanties suffisantes aux catholiques.

C'est cette franche et loyale déclaration, adressée
par moi d'ailleurs à M. le préfet lui-même, qui a motivé la mesure dont je suis loin de me plaindre, mais
qu'il m'est permis de soumettre à l'opinion.

Signé : POINÇON DE LA BLANCHARDIÈRE.

N. 83.

Nous recevons de M. Eugène Lapointe, maire suspendu de Maizery, la lettre suivante :

« Monsieur le directeur du *Courrier de la Moselle*,

« Vous avez, le premier, fait connaître ma suspension des fonctions de maire, et vous attendez sans doute quelques explications de ma part. J'aurais, en effet, voulu essayer de vous les donner, mais la réflexion m'a engagé à remettre ma justification jusqu'à l'époque du couronnement de l'édifice.

« L'arrêté de M. le préfet a été motivé par une lettre confidentielle que je lui adressai le 26 mai, et dans laquelle je m'expliquais trop franchement sur l'élection de notre arrondissement.

« En acceptant les fonctions de maire, que je n'avais point sollicitées, — car je n'ai jamais rien demandé pour moi à aucun pouvoir, — je ne crois pas avoir abdiqué ma qualité de citoyen libre, que rien, selon moi, ne peut effacer. C'est comme tel que j'ai exprimé ma conviction, et ma lettre n'était point signée du maire.

« Agréez, Monsieur, etc.

EUGÈNE LAPOINTE,

Membre de l'Académie impériale de Metz et de la Société historique et archéologique d'Ottweiller; ancien membre du Conseil d'arrondissement et du Comité supérieur de l'Instruction primaire; ex-secrétaire de la Commission consultative du Code rural, etc., Napoléoniste de l'avant-veille et quand même.

N. 84.

« M. le comte de Saint-Pardoux s'était rendu, samedi dernier, veille des élections, à son château pour présider, comme maire de sa commune, les opérations du scrutin. Au milieu de la nuit, trois heures du matin, on vient le réveiller, lui annonçant qu'un gendarme demandait à être introduit près de lui. Ce gendarme était chargé de signifier à M. de Saint-Pardoux, de la part de M. le préfet de la Corrèze, qu'il était suspendu de ses fonctions de maire, et qu'il devait céder sa place à son adjoint pour présider les opérations électorales. Après avoir transmis cette décision à M. de Saint-Pardoux, le gendarme ajouta qu'il avait reçu ordre de le surveiller jusqu'à ce que le scrutin fût fermé. A la suite de ces faits, M. le comte de Saint-Pardoux a adressé la lettre suivante à M. le sous-préfet de Brives :

« Monsieur le sous-préfet,

« Je vous remercie de la position honorable que
« vous m'avez faite, en me suspendant des fonctions
« de maire de la commune de Saint-Pardoux-l'Orti-
« gier, pour l'élection de M. le baron de Jouvenel.
« Comme témoignage de ma gratitude, veuillez faire
« accepter ma démission à M. le préfet.

« J'ai l'honneur, etc.

« Comte MAURICE de SAINT-PARDOUX. »

Château de Saint-Pardoux, le ? juin 1863.

N. 85.

Liste des 28 Maires et Adjoints, suspendus ou révoqués dans le département de la Lozère, à l'occasion des élections.

MM. de Framond, maire à *Autrenas*. Monteil, adjoint à *Autrenas*. Valette, maire à *Arzenc-de-Randon*. Crouzet, maire à *Auroux*. Condomy, adjoint à *Auroux*. Piral, adjoint à *Badaroux*. Maliges, adjoint au *Born*. de Lahondès fils, adjoint à *Chaudeyrac*. Agulhon, maire à *Hures*. Blanquet, adjoint à *Javols*. De Colombet, maire à *Langogne*. Rieutort, maire à *La Panouse*. Dufau, adjoint à *La Panouse*. Bergounhe, maire à *Mende*. Bardou-Brun, maire au *Monastier*. Boudet, adjoint au *Monastier*. Vayssade, maire à *Nasbinals*. Rocher, adjoint à *Nasbinals*. Bouniol, maire à *Palhers*. Azzalier, maire à *Pierrefiche*. Mayran, adjoint à *Saint-Bonnet-de-Montauroux*. Gaillardon, maire à *Saint-Chely-d'Apcher*. Jalbert, adjoint à *Saint-Chely-d'Apcher*. Estevenon, maire à *Saint-Sauveur-de-Peyre*. Rambier, adjoint à *Saint-Sauveur-de-Peyre*. Sanguinède, maire à *Vebron*. Combe, maire à *Villefort*.

N. 86.

Lettre du commissaire de police cantonal au garde champêtre de Saint-Hilaire.

« Monsieur Pouget,

« Comme vous le savez, il nous est venu un candi-
« dat d'opposition bien subitement. J'ai été appelé hier

« à la sous-préfecture, et j'ai l'ordre de vous recom-
« mander de combattre énergiquement la candidature
« de M. de Bondy. Redoublez de zèle, s'il vous est
« possible, mais prudemment. Voici le langage que
« vous devez tenir en distribuant vos cartes et bulle-
« tins (m'a bien recommandé M. le sous-préfet) : c'est
« de demander en peu de mots, aux votants, s'ils sont
« contents du gouvernement actuel ; si le temps qui
« passe n'est pas plus heureux que beaucoup d'autres
« mauvais que nous avons vus? Ils répondront assuré-
« ment : Oui. Eh bien, si vous désirez que cela conti-
« nue, votez donc pour M. Delavaud; il est un ferme
« appui du Gouvernement, pendant que M. de Bondy
« ne se présente que pour chercher à détruire. Ne
« craignez pas d'avancer ce mot. M. le sous-préfet me
« l'a avancé le premier. D'ailleurs, il suffit, pour celui
« qui a un peu de bon sens, de lire attentivement sa
« profession de foi pour juger ce qu'il est. Ne craignez
« pas vos pas ni un refus pour raisonner et gagner un
« électeur qui en vaut la peine. Arrangez-vous de ma-
« nière à pouvoir vous trouver à Belâbre jeudi pro-
« chain; M. le sous-préfet y vient, et il veut vous par-
« ler à tous ; je ne puis vous indiquer l'heure aujour-
« d'hui, je ne la connais pas encore. » Etc.

N. 87.

Monsieur le vicomte,

J'ai l'honneur de vous adresser le rapport suivant
qui m'a été fait par le garde champêtre de la commune de Bard, et dans lequel il me rapporte les propres
paroles de M. le commissaire de la ville de Montbrison :

« Quelques jours avant les élections, M. le com-
« missaire de police me fit appeler auprès de lui : il

« me recommnanda très-sérieusement la candidature
« de M. Bouchetal-Laroche, seul candidat agréé par
« le Gouvernement. Il me dit qu'il fallait le soutenir,
« influencer les électeurs, aller dans les maisons, don-
« ner des bulletins et faire tout ce que je pourrais
« contre M. de Meaux, et à tout prix vaincre M. de
« Meaux; qu'il me promettait une prime, une récom-
« pense. »

J'ai, etc.

Signé : BRUNEL jeune.

Bard, 27 juin 1863.

Vu, pour la légalisation de la signature apposée ci-
dessus, par nous, maire de la commune de Bard.

Signé : BRUNEL.

N. 87 (bis).

Circulaire de l'agent-voyer aux cantonniers du département de l'Aude (23 mai).

Il leur fait part d'une petite augmentation de traitement, accordée aux cantonniers du service vicinal, par
un arrêté du 12 mai, et il ajoute :

« Cette circulaire vous impose des obligations que
« vous ne manquerez pas de remplir. Vous donnerez
« toujours et dans toutes les circonstances des preuves
« non équivoques de votre dévouement à l'administra-
« tion. »

N. 88.

ACADÉMIE DE CAEN.

INSPECTION ACADÉMIQUE DU CALVADOS.—CABINET
DE L'INSPECTEUR.

Élections législatives.

Caen, le 15 mai 1863.

EMPIRE FRANÇAIS.

Monsieur l'instituteur,

J'ai l'honneur de vous communiquer la circulaire adressée par M. le préfet à MM. les maires, à l'occasion des prochaines élections au Corps législatif, et je recommande à votre attention les considérations qui y sont exprimées avec autant de patriotisme que de modération.

Le Gouvernement a le droit de compter sur le concours de tous les fonctionnaires pour soutenir les candidats qui lui inspirent le plus de confiance. Nous comptons sur le vôtre, car nous connaissons votre attachement à l'Empereur et à la dynastie impériale.

Je vous engage à éclairer la bonne foi des populations qui vous entourent, à combattre l'abstention, à signaler aux familles combien il importe à la sécurité et à l'honneur de la France que les élections de 1863 se fassent avec le même ordre, le même ensemble et la même unanimité que celles de 1848, de 1852 et de 1857......

N. 89.

Caen, 28 mai 1863.

« Monsieur,

« Si je suis bien informé, vous faites d'actives démarches en faveur de l'un des concurrents du candidat présenté par le Gouvernement. Veuillez de suite me donner des explications nettes à ce sujet.

« Recevez, monsieur, l'assurance de ma considération distinguée.

« L'inspecteur primaire,

« DE THOURY. »

N. 90.

Circulaire de l'inspecteur d'Académie aux instituteurs.

Épinal, le 30 mai 1863.

Monsieur l'instituteur,

J'apprends à l'instant que certaines personnes, plus ou moins honorables, qui patronnent la candidature de M. Buffet, n'ont pas craint, dans un but qu'il est facile de comprendre, de semer le bruit que j'étais l'ami, le parent même de M. Buffet, et que si vous receviez de moi des instructions ou verbales ou écrites, pour vous tracer la ligne de conduite que vous devez tenir dans les élections, je le ferais forcément, par position, mais de manière à ne pas lui être hostile, parce que personnellement je serais heureux de voir les instituteurs voter et faire voter pour lui.

Je connais M. Buffet, mais je n'ai l'honneur d'être ni son ami, ni son parent, et je repousse, avec toute l'indignation dont un honnête homme est capable, cette insinuation audacieuse, cette rouerie électorale d'un nouveau genre, comme une calomnie, comme une injure. C'est une calomnie, vous l'attesteriez tous, c'est une injure sanglante, parce que, pour servir les besoins d'un parti, on me suppose capable de jouer un rôle hypocrite, et de contracter une alliance secrète avec les mécontents de toute nuance, au moment où ils se réveillent pour combattre avec des armes si déloyales. Non, vous ne croirez pas à un indigne mensonge, vous déjouerez toutes ces manœuvres frauduleuses ; vous userez de votre influence avec loyauté, dans la mesure de votre conviction, et vous voterez en homme libres, en bons citoyens.

Votre vote, j'en suis convaincu, sera acquis à M. le comte de Bourcier, candidat agréé par le Gouvernement de l'Empereur, qui a donné un mouvement si généreux et si libéral à l'instruction publique, qui a tout fait pour la prospérité du pays et qui a porté si haut et si loin le nom et la gloire de la France.

Recevez, monsieur l'instituteur, l'assurance de ma considération très-distinguée,

L'inspecteur d'académie,

M. MALGRAS.

N. 94.

INSPECTION DE LA COTE-D'OR.

ACADÉMIE DE DIJON.

Dijon, le 13 mai 1863.

Avec un corps de fonctionnaires capables et dévoués,

l'administration est bien simple : elle se réduit à des
services volontaires rendus d'une part, de l'autre à des
récompenses plus volontiers accordées. Cet échange est
depuis longtemps établi entre les membres de l'instruction primaire et le Gouvernement de l'Empereur. M. le
Ministre, M. le Préfet, le Conseil général, le Conseil dé-
partemental, veillent sur vos légitimes intérêts; vos
traitements sont augmentés, vos écoles améliorées, vos
demeures renouvelées, votre position consolidée. Chaque devoir bien accompli vous crée un droit soigneu-
sement ménagé et à l'occasion protégé et défendu. Le
gouvernement impérial se propose pour unique but de
mériter la sympathie, la confiance et le dévouement de
tous les citoyens. Cette noble et patriotique ambition,
si grande qu'elle soit, depuis quinze ans, n'a pourtant
pas été trompée; mais s'il est un ordre de citoyens où
il soit assuré de trouver tous ces sentiments, c'est celui
des instituteurs, trop éclairés et trop honnêtes pour
n'être pas reconnaissants. Vous allez avoir, monsieur
l'instituteur, ainsi que tous vos collègues, l'occasion
d'en fournir une nouvelle preuve. L'Empereur a convoqué les assises électorales; suivant ses franches habitudes, il vous désigne les candidats qu'il propose. La
question en ce qui concerne votre conduite à l'égard de
ces candidatures est bien simple.

En effet, combattre ces candidatures, *c'est combattre*
pour ainsi dire l'Empereur *lui-même*, qui les propose;
en *adopter* et en *patronner* d'autres, c'est également
servir et *recruter* contre lui.

Ne pas les combattre, mais aussi ne pas les soutenir,
c'est l'*abandonner*, c'est rester l'arme au pied dans la
bataille. Les soutenir, c'est voter pour l'Empereur lui-
même et déclarer qu'il est et demeure notre élu, qu'il
représente toujours vos idées, vos sentiments et vos intérêts.

Je pose ainsi la question, monsieur l'instituteur, parce
que c'est ainsi que *je l'entends*. Votre bon sens, avec un

peu de réflexion, n'aura pas de peine à la comprendre et à la résoudre comme moi. J'ai cru qu'il ne vous serait pas peut-être indifférent de connaître ma pensée et je vous l'exprime sans détour. Je m'attends à trouver en vous un *effectif dévouement*, votre INDIFFÉRENCE me causerait de la *surprise* et du *regret*; votre *hostilité* serait à mes yeux une *erreur coupable et sans excuse*.

Tel est le sentiment universel en France, que les élections générales ne sauraient aboutir qu'à un éclatant triomphe. *Ceux qui se seraient séparés d'une cause si justement, si nécessairement, si complètement victorieuse, n'auraient fait que manifester leur mauvais sens et* LEUR INGRATITUDE *comme citoyens et comme instituteurs.* En ce qui vous regarde, vous et vos collègues de la Côte-d'Or, le plus léger doute ne m'est pas permis. Vos sentiments plus d'une fois et si utilement manifestés éclataient récemment encore dans cette grande réunion, où quatre cent cinquante instituteurs acclamaient avec une chaleureuse unanimité la société du Prince Impérial. J'aime à terminer ma lettre en vous parlant de cette journée où les instituteurs rassemblés pour la première fois ont senti que, pour être disséminés sur le sol, ils n'en avaient pas moins les mêmes pensées, les mêmes besoins et le même esprit, et qu'avant de former une société de secours mutuels ils avaient déjà la communauté secrète des idées morales et des sentiments politiques.

Vous n'oubliez pas, monsieur l'instituteur, *les engagements solidaires qui ont été pris alors; votre zèle saura les remplir et ne me laissera pas ignorer ce qu'il aura pu faire.*

Recevez, monsieur l'instituteur, l'assurance de ma considération.

13 mai, 1863.

L'Inspecteur de l'Académie,

Signé : C. DE BARNEVAL.

N. 92.

SOUS-
PREFECTURE
de Falaise.

CABINET
du sous-préfet.

Falaise, 23 mai 1863.

Monsieur le débitant,

Les fréquents rapports que vous avez nécessairement avec l'administration m'autorisent à penser que vous êtes tout disposé à appuyer, dans les élections qui vont avoir lieu dimanche et lundi prochain, le candidat recommandé par le Gouvernement de l'Empereur.

Je viens donc vous engager, comme votre conscience l'a certainement déjà fait, à vous servir de votre position pour faire voter le plus grand nombre possible d'électeurs et pour assurer ainsi, dans la limite de vos moyens, un éclatant succès à la candidature de M. Bertrand, maire de Caen, officier de la Légion d'honneur et membre du Conseil général.

Recevez, Monsieur, l'assurance de mes sentiments distingués.

Le sous-préfet de Falaise,
GOURBINE.

N. 93.

RECETTE
de L'Isle.

N° 30

Avertissement
donné
à M. Colomb.

L'Isle, 28 mai 1863.

Monsieur,

Je reçois à l'instant la lettre suivante de M. le directeur de Vaucluse :

« L'autorité préfectorale est informé, Monsieur, que
« M. Colomb, débitant de tabacs à Saumanes, s'associe
« activement à des menées ayant pour but de contra-
« rier, dans la commune de Vaucluse, l'élection du
« candidat du Gouvernement. Je vous charge d'avertir
« très-sévèrement ce préposé que, s'il continuait à
« donner lieu à des plaintes sous ce rapport, je ren-
« rais compte de sa conduite à l'administration.

« Recevez, etc.

« Le directeur de Vaucluse,

« N. KAFFAIN. »

A vous, M. Colomb, à faire profit de cet avis bienveillant, et d'autant plus bienveillant que j'y mets la plus grande sévérité possible, comme il m'est commandé.

Le receveur de l'Isle,

Signé : A. FOURNIER.

N. 94.

MENACES AUX AUBERGISTES.

Le maire provisoire a menacé madame Charbonnier, aubergiste, qui signe cette déclaration, faite spontanément, de faire fermer son auberge, si son fils et son gendre ne votaient pas pour M. Barrot, candidat du gouvernement.

M. de Pébeyre, préfet de la Lozère, en tournée électorale avec MM. Barrot père et fils, à Nasbinals, a fait, le 11 mai, les mêmes menaces à la dame Charbonnier.

Ici signé : A. CHARBONNIER.

De plus, M. Breschet, maire provisoire, a menacé toujours la même madame Charbonnier de lui faire perdre ou retirer le bureau de tabac dont elle est titulaire, dans le cas où elle ne travaillerait pas pour M. Barrot.

Signé : A. CHARBONNIER.

Nasbinals est un pays souverainement agricole. Tous les propriétaires ont l'habitude de garder dans leur basse-cour et au devant de la maison leurs fumiers, qu'ils n'emploient qu'au moment des semailles. Indépendamment de l'usage, les habitants sont obligés d'agir ainsi pendant la mauvaise saison, par suite de l'intempérie du climat et des neiges qui encombrent les chemins une partie de l'année.—M. Breschet, maire provisoire, a menacé personnellement et fait menacer par la gendarmerie tous les habitants de faire ôter les fumiers de ceux qui voteraient pour M. de Chambrun, donnant au contraire, à ceux qui voteraient pour M. Barrot la permission de les laisser. Tous les habitants de Nasbinals attesteraient ce fait au besoin. Nasbinals a donc été menacé d'avoir ses fumiers amis et ennemis du gouvernement. — Affirmé par les soussignés que ces menaces sont notoires ici.

Signé : Rocher, Andrieux et Ginisty.

N. 94 (bis).

Monsieur Joubert,

Je viens de recevoir de Auguste Armand, mon locataire, cafetier à Die, ces quelques mots que voici :

M. le sous-préfet m'a fait appeler ce matin par M. le commissaire de police. Je me suis rendu près de lui; il m'a chargé de vous dire de venir lui parler aujourd'hui ou demain au plus tard, ou bien il faisait fermer votre café immédiatement.

Injonction menaçante dans le seul but de neutraliser ma liberté d'électeur et le peu d'influence que je puis avoir auprès de quelques électeurs. Je vous avoue que le remède que veut employer M. le sous-préfet vis-à-vis de moi n'est pas du tout celui qui convient à mon état, et qu'au lieu de me soulager, il ne fait et ne fera que m'irriter. J'irai donc demain pour voir M. le sous-préfet, si, après avoir causé avec vous, nous le jugeons urgent.

Motte-Saint-Roman, le 26 mai 1863.

Signé : Motté.

A M. Joubert, avoué, à Die.

N. 95.

Je fais ici la déclaration suivante : si j'y étais appelé, je la renouvellerais sous serment devant la justice et où que ce soit, et devant qui que ce soit.

Le dimanche 31 mai, vers midi, j'étais à la porte de la mairie. Le brigadier de gendarmerie, sortant du café, aperçut plusieurs jeunes soldats soit en congé, soit dans la réserve ; dans l'une ou l'autre de ces positions se trouvaient entre autres les jeunes.........
.... en congé renouvelable, de la réserve de 1859, etc. Il leur fit signe d'approcher : « Ah çà, leur dit le brigadier, voilà plusieurs fois que « je vous le dis, je vous le répète encore une fois : « Allez voter, et votez tous pour M. Barrot. » — L'un de ces jeunes soldats lui répondit : « Mais enfin, nous « voterons comme bon nous semblera ; si j'ai encore « trois ans à faire, vous ne m'en ferez pas faire quatre. « —Non, répliqua le brigadier, mais je vous les ferai « faire dans les compagnies de discipline. » Je crus devoir m'approcher et me joindre à ces jeunes gens qu'on tentait ainsi d'intimider. « Halte-là, « dis-je au brigadier, vous allez trop vite ; vous n'avez « le droit ni de menacer, ni d'intimider. » Il répliqua : « J'ai la loi chez moi, je la connais.—Eh bien ! si vous « l'avez chez vous, ou vous l'avez mal lue, ou vous « l'avez mal comprise, car chacun sait que le vote est « secret, et qu'il n'est permis à personne de cher- « cher ni à le pénétrer, ni de l'influencer.—J'ai, in- « sista-t-il sur cette réponse, des ordonnances mini- « stérielles. — Ou de votre capitaine. — J'ai même le « droit de requérir ces soldats.—Si cela est vrai, ré- « pondis-je, requérez-les, mais ne vous attribuez pas

« celui de les faire voter pour qui il ne leur convient
« pas de voter. »

A la Canourgue, le 23 septembre 1863.

Signé : PRADEILLE,
cultivateur.

VII

ROLE ÉLECTORAL

DES MAIRES, GARDES CHAMPÊTRES, COMMISSAIRES DE POLICE
COMMISSAIRES DE MARINE, AGENTS-VOYERS.

———

N. 96.

Extrait d'une lettre.

Lapierre de Romanèche, 9 octobre 1863.

Monsieur,

. . . .

Vous voulez connaître les protestations soulevées
dans notre contrée, durant les dernières élections, par
les pressions administratives? Ah ! monsieur, que l'é-
nergique passé de mon pays natal vous illusionne sur
son présent ! Certes, la main de l'autorité s'est fait
sentir ici, trop sentir à l'avis de bien des gens... et
néanmoins ils se sont docilement courbés sous elle.
—Or, quand ils n'ont pas eu la facile bravoure de ré-

sister à des abus d'influence, comment montreraient-ils assez de courage pour les dénoncer au Corps législatif, au gouvernement, au pays ?

Savez-vous ce qui m'est arrivé vingt fois à moi-même ? On venait se plaindre, à tort ou à raison, d'obsessions et de menaces ; — mais pour condition de la confidence, on commençait invariablement par m'imposer le secret ! Et maintenant, vous pouvez le tenir pour incontestable : ni le menuisier terrorisé par l'éloquence de son maire, jusqu'à lui laisser jeter au feu mes bulletins de vote qu'il s'était chargé de distribuer ; ni l'aubergiste virant de bord, parce qu'un *supérieur* (c'est son expression) l'avertissait que sa maison pourrait être fermée à cause de moi ; ni l'adjoint, mon ex-ami, s'excusant de ne pas m'accompagner jusqu'à sa porte, parce que de la place publique il pourrait être vu en ma compagnie, *ce qui le compromettrait* ; ni le notaire officieusement invité à cesser son patronage au candidat de l'opposition ; ni l'instituteur suspendu peu après avoir copié à mon intention une liste électorale (était-ce la cause de sa disgrâce ?), ne sont près de signer une seule ligne qui ne leur paraisse flatteuse pour l'autorité et ses agents de toute sorte ! Expérience faite des timidités politiques de ce peuple si brave devant la mort, une seule chose m'étonne : c'est qu'il se soit trouvé 4,500 électeurs assez hardis pour déposer dans l'urne des suffrages à mon nom !

. . . .

En tout cela, le régime parlementaire eût vu peut-être l'occasion d'une enquête. Malheureusement, il semble que le suffrage universel tende à se placer aujourd'hui au-dessus de ces susceptibilités, et que le poids d'une grosse majorité lui paraisse trop souvent répondre à tout. Voilà pourquoi j'ai cru inutile de saisir la future Chambre de toutes ces questions.

. . . .

Veuillez agréez, monsieur, l'assurance de ma sympathie et de mes meilleurs sentiments.

Ch. Rolland,
ancien maire de Mâcon.

N. 97.

Nous, soussignés, habitants de la ville d'Ensisheim, déclarons avoir entendu faire la publication suivante, le 28 mai dernier, à sept heures et demie du soir, au son de la caisse, par le sergent de ville :

« M. le maire fait savoir aux électeurs que les bul-
« letins qu'ils ont reçus par la poste ne sont pas vala-
« les, mais que ceux que *lui* distribuera sont les bons. »

(*Suivent les signatures.*)

Ensisheim, le 28 juin 1863.

N. 98.

Monsieur Tachard,

Les soussignés se voient forcés de vous annoncer qu'on vous a pris les suffrages à l'aide de fausses nouvelles, en votant les députés au Cords législatif dans la commune de Ruestenhart. La plupart des électeurs étaient décidés de voter pour vous; mais on a exposé à la maison communale une lettre, que l'appariteur de Hirtzfelden a apportée, contenant que M. Albert Tachard refusera tous les suffrages, qu'il ne veut absolument pas être voté. Un nommé Muller (François) a entendu faire lecture de cette lettre par les nommés Kupferlé (Florent), Vonau (Barthélemy), et d'autres encore, en l'expliquant aux électeurs; plus encore, le président, avec les autres assesseurs, ont ouvert les suffrages des citoyens, et ont refusé ceux pour M. Tachard, en disant : «On mouchera le nez avec ces billets, car ils voulaient que toutes (les voix) *les seriont* pour M. Gros (Aimé). Enfin ce n'était pas la liberté du vote. (Pénalité de l'art. 35 et 40 de la loi du 2 février 1852.)

Le sieur Kuhn (Jean), de Ruestenhart, l'a déjà déclaré, et nous le prouverons aussi.

(Suivent les signatures.)

Ruestenhart, le 10 juin 1863.

N. 99.

Affiche posée à Boult.

Le maire de Boult prévient ses administrés :

1º Que tout fonctionnaire public, conseiller municipal ou autre, qui sera convaincu d'avoir, par propagande, cabale ou autre intrigue, cherché à influencer les électeurs en faveur du candidat que le Gouvernement repousse, sera destitué, sans préjudice de peines plus graves;

2º Que tout individu convaincu d'avoir soustrait un ou plusieurs bulletins remis aux électeurs, en même temps que les cartes, pour y substituer d'autres portant le nom du candidat de l'opposition, sera, sans retard, déféré aux tribunaux.

Boult, ce 30 mai 1863.

Le maire,

CHABLAY.

N. 100.

Nous, soussignés, renseignés à sources certaines, affirmons ce qui suit, encore que nous n'en ayons point été les témoins. Des considérations faciles à comprendre, et sur lesquelles nous ne voulons pas insister, n'ont pas permis aux engagés directs dans l'affaire de signer ces faits, sur lesquels d'ailleurs on peut les interroger par voie de justice, et que l'indépendance des soussignés leur permet comme elle leur fait un devoir de signaler.

Le samedi 30 mai, veille de l'élection, M. Gaches, maire provisoire de Saint-Chély-d'Apcher, chef-lieu de canton de la Lozère, se rendit à l'hospice, auprès de madame la supérieure : « C'est pour la première fois, « madame, que je mets les pieds dans cette maison « à l'occasion des élections. Mais cette maison ap- « partient au gouvernement que je représente, et il « faut que les hommes qui s'y trouvent votent pour le « gouvernement.—Nous n'avons ici, monsieur le maire, « que deux hommes intelligents ; quant aux autres, ils « feront ce qu'on voudra.—Eh bien! où sont ces hom- « mes ?— Dans la cour. » M. Gaches s'y rendit et trouva là, en effet, ces hommes, tous vieillards ou infirmes, au nombre de sept ou huit. Il leur dit : « Vous « devez tous voter pour le candidat du Gouvernement; « C'est pour vous en prévenir que je suis venu. »

M. Gaches demanda alors à tout le personnel mâle si on était muni de bulletins. Sur la réponse affirmative qui lui fut faite, il ordonna qu'on les lui remît, et l'un d'eux alla les quérir. M. Gaches les confisqua, et alors il leur dit en se retirant : « Demain, vous ne sortirez « pas, jusqu'à ce que je vienne vous prendre. » Il donna l'ordre à madame la supérieure de veiller à ce qu'il en soit ainsi.

Le lendemain, après la grand'messe, le fils de M. Gaches se présenta à son tour à l'hospice, au nom de son père, et demanda si les hommes avaient dîné. Il lui fut répondu qu'ils étaient à table. « Bien, dit-il, « mon père viendra dans un instant chercher ces « hommes pour les conduire au vote ; ils doivent l'at-« tendre et ne point sortir. » Profondément froissée, madame la supérieure ne put s'empêcher de répondre : « Mais enfin, monsieur, ces hommes ne sont point des « prisonniers ; ils iront bien au scrutin sans que mon-« sieur votre père prenne la peine de venir les cher-« cher. »

Ces hommes sortirent en effet, et, à l'entrée de la salle, M. Gaches les apercevant se présenta à eux pour leur remettre des bulletins.—Ils remercièrent et ré-pondirent qu'ils étaient pourvus.

De tels faits portent en eux leur enseignement et leur moralité.

Signé...........notaire.

.........docteur en médecine.

A Saint-Chély, le 18 septembre 1863.

N. 101.

Nous, soussignés, électeurs de la commune de Dornach (canton de Mulhouse), déclarons que M. Montavont, maire, nous a dit qu'il signalerait à l'autorité supérieure ceux des électeurs qui voteraient pour M. Tachard. Cette menace a été proférée l'avant-veille de l'élection des 31 mai et 1er juin 1863, dans un lieu public.

Fait à Dornach, le 17 juin 1863.

Approuvé l'écriture.

(Suivent les signatures.)

N. 102.

Les soussignés Philippe Frey et Joseph Reymann, les deux propriétaires, demeurant à Münchhausen, électeurs de la deuxième circonscription électorale du Haut-Rhin, déclarent et attestent où besoin sera que, les dernières élections pour le renouvellement pour le Corps législatif, un sieur Joseph Reymann, accompagné de M. le commissaire cantonal et de M. l'adjoint, sont venus dans nos maisons pour nous intimider sur le vote qu'en notre âme et conscience nous étions décidés à voter, en nous faisant observer que l'on connaîtrait tous ceux qui voteraient contre le candidat du Gouvernement, attendu qu'ils avaient une fois à faire avec la justice ou avec l'administration, qu'on leur fera payer bien cher leur action. Nous déclarons, en outre, que le 24 mai, dimanche, avant les opérations électorales, le maire a fait publier, au sortir de l'office, devant la porte de l'église, que si l'on votait unanimement pour le candidat proposé, on aurait une nouvelle maison d'école.

Münchhausen, ce 14 juin 1863.

Signé : Frey.
Reymann.

N. 103.

Nous soussignés, électeurs et propriétaires de la commune de Viarmes, canton de Luzarches, certifions et attestons les faits violents qui ont eu lieu dans cette commune à l'effet de supprimer la liberté des électeurs à l'avantage de M. Dambry, candidat du Gouvernement et au préjudice du candidat M. Lefèvre-Pontalis. Nous citons les faits suivants, tels qu'ils se sont passés :

1° M. Libert, le maire, fait annoncer à son de caisse et afficher qu'il fallait voter pour M. Dambry, en disant qu'il avait fait avoir des secours et que s'il était nommé, il en ferait encore avoir, il le promettait ;

2° Un nommé Rohic offrait des bulletins de M. Le-lèvre-Pontalis, et M. le maire en ayant eu connaissance lui a fait des menaces, en disant que s'il venait à avoir besoin du bureau de bienfaisance, il ne lui serait rien accordé, et de plus, que s'il continuait, il allait le faire arrêter et conduire en prison ;

3° Le maire et l'instituteur se sont permis de coller des bulletins Dambry sur une grande partie des cartes des électeurs, afin de les priver de leur droit. Ceci n'est donc pas un vote libre, et a causé une émotion dans la commune, puisque, plusieurs personnes se sont présentées chez le maire pour lui faire ce reproche ;

4° Le garde champêtre, nommé Richard, s'est présenté dans plusieurs localités à domicile, où il n'a trouvé que des femmes et des enfants et demandé s'il y avait des bulletins pour voter. Il a saisi les circulaires et bulletins de M. Lefèvre-Pontalis et remplacé par ceux de M. Dambry, en disant que c'était pour celui-là qu'il fallait voter. Ainsi donc, nous nous disons : Où est notre liberté ?

5° Le même garde champêtre a amené par les mains des idiots et des vieillards pour voter, et toujours avec des bulletins Dambry ;

6° L'instituteur nommé Davanne a aussi prononcé qu'il ne fallait pas voter pour M. Pontalis, que c'était un homme toqué. Voilà donc la manière dont nos employés se sont comportés envers nous aux élections, et cependant nos vœux sont le maintien de l'ordre et de notre liberté qui nous est due.

Signé : MEUNIER,
LECOMTE.

N. 104.

Monsieur le maire,

Je vous prie de me signaler les personnes de votre commune soupçonnées d'avoir voté contre le candidat du Gouvernement.

Recevez, monsieur le maire, l'assurance de ma haute considération.

L'agent voyer cantonal,
Signé : FELLRATH.

Le 1er juin 1863.

Monsieur le maire de Hirtzfelden.

N. 105.

Extrait du *Mémorial des Deux-Sèvres.*

Voici la lettre que nous adresse M. Bordillon :

Fage, canton de Thouarcé, 23 mai 1863.

Monsieur,

L'administration, qui proteste de son respect pour la liberté des suffrages, vous saura gré de porter à sa connaissance l'incident électoral qui vient de se produire ici.

Le garde champêtre distribue les cartes d'élection ; mais, avec chacune d'elles, il remet un bulletin imprimé portant le nom de M. Louvet. Je dirai tout à l'heure quel commentaire accompagne sa remise.

Remarquez d'abord l'heureux privilège de M. Louvet. Tandis qu'un candidat, son compétiteur, devrait à grand'peine, à grands frais peut-être, aviser aux moyens de faire savoir sa candidature au fond de nos campagnes, M. Louvet n'a aucun soin à prendre, et, quatre ou cinq fois millionnaire, il n'a pas un centime à débourser pour faire parvenir son bulletin *à domicile et parlant à*, comme une notification de l'huissier.

Puis, en remettant son bulletin à la fermière qui me l'apporte, le garde-champêtre a pris soin d'ajouter : « C'est ce papier-là que votre mari devra rapporter au maire le jour des élections. »

Or, voici l'effet produit par ces paroles sur la brave fermière, qui me les a répétées. Je cite textuellement :

« On n'est donc plus libre de mettre qui on veut ! « M. le maire aurait mieux fait de garder tout de suite « ce papier-là, puisqu'il faut que mon homme le lui « rapporte. »

Or, ce qui porterait à penser que la recommandation de M. le garde champêtre est stéréotypée sur les lèvres de nombre de ses collègues, c'est qu'elle est quasi mot pour mot celle qu'à de précédentes élections un d'entre eux avait la naïveté de répéter à un magistrat de la Cour d'Angers, alors membre du parquet dans ce ressort, en lui remettant aussi une carte d'électeur et un bulletin au nom du candidat officiel.

Adressée à un procureur impérial, cette naïveté n'est que grotesque ; s'adressant à un paysan illettré, ne doit-elle pas lui sembler un ordre ?

Qu'au prestige financier de sa très-opulente maison de banque, M. Louvet joigne en outre le prestige administratif de la protection de MM. les gardes champêtres, du moins devrait-il inviter ses protecteurs à modérer mieux l'expression de l'ardent intérêt qu'ils portent, paraît-il, à sa candidature.

Agréez, etc.

G. BORDILLON.

N. 106.

Les sieurs Virollet et Ducartel déclarent que le sieur Sorillon, vétérinaire à Abzac, les a menacés, *au nom et de la part du sous préfet*, d'être conduits en prison s'ils votaient pour le duc Decazes.

N. 107.

Déclaration que le commissaire de police de Castillon a tenu, à Saint-Pey d'Armens, le langage suivant :

« Voter pour le duc Decazes, c'est voter pour la ré-
« volution, etc. »

Et en parlant du sieur Delmas, conduit entre deux gendarmes, il a ajouté :

« Vous avez vu passer cet homme escorté de deux
« gendarmes. Eh bien ! c'est un partisan du duc De-
« cazes. Voilà la manière dont on traite ses amis, etc. »
Ont signé : Beutenot et Chamel.

N. 108.

Le commissaire de marine M. Burnel, à la porte du
scrutin, au milieu d'un groupe nombreux, dit à haute
voix, s'adressant à un marin :

« Je suis votre chef, — je veux et j'exige que vous
« votiez pour l'Empereur et pour le candidat de l'Em-
« pereur. Sinon, vous vous en repentirez ; j'aurai l'œil
« sur vous et *je vous ferai embarquer pour trois ans.*

« Où sont vos camarades ? »

Et plongeant son regard dans la foule, cherchant
d'autres marins, il répéta :

« Je suis votre chef, vous dis-je, il faut m'obéir ;
« vous n'avez à obéir qu'à moi. »

Ont déclaré les faits ci-dessus :

Marsal,	Rolland,
L. Lapin,	Botton,
J. Prince,	Vachie,
Gariteau,	Chevalier.

N. 109.

Refus du garde de marine, à Libourne, de payer au
marin Antoine Guichard sa pension, parce qu'il avait
voté pour le duc Decazes.

Antoine Guichard, ne sachant écrire, sa déclaration
a été reçue par Jalodin fils aîné ; R. Vireaudeau ;
H. Grelond, membre du conseil municipal de Libourne ; A. Cruchon, membre du conseil municipal
de Libourne ; H. Vayron, David et Métayer, avoués.

VIII

OBSTACLES

APPORTÉS AU DROIT DES CANDIDATS

————

N. 110.

Lorsque M. de Chambrun, malade à Villefort pendant le court séjour qu'il y vint faire, croyait pouvoir s'occuper de ses intérêts électoraux, il y fut en quelque sorte gardé à vue. Deux jours durant, l'hôtel où il était descendu vit le gendarme, en tenue, ne point quitter ses abords. C'était non-seulement son ancien député, celui qu'elle se proposait de réélire encore, qu'on traitait comme un malfaiteur, mais son délégué, son mandataire, son représentant au Conseil général que Villefort a vu dans cette situation.

Villefort, le 3 octobre 1863.

(Suivent seize signatures, dont trois
conseillers municipaux.)

N. 111.

Lettre de M. Floquet à M. le sous-préfet de Béziers.

Monsieur le sous-préfet,

Je viens me plaindre à vous de certaines actes que l'excès d'un zèle maladroit inspire sans doute à vos agents, et que réprouvent l'esprit et la lettre des instructions ministérielles.

Je ne veux pas vous parler d'un article inqualifiable qui a paru dans le Publicateur de vendredi dernier. Je me refuse à croire que l'administration ait recours, dans l'intérêt d'une candidature compromise, à de pareils appels aux plus mauvaises passions. Je laisse donc au bon sens public le soin de faire justice d'une élucubration, dans laquelle l'odieux disparaît sous le ridicule. Quant à moi, je rougirais de devoir au souvenir réveillé des haines, des discordes, des violences passées, un seul des suffrages que je demande à l'amour pacifique de la liberté, de la justice et de la vérité, et que le sentiment général semble me promettre.

Mais si je consens à ne voir derrière cet article que le journaliste, auquel je ne marchande pas la liberté de calomnier mes paroles, mes écrits, et jusqu'à mes intentions, je suis obligé de reconnaître la main de l'administration, lorsqu'elle se permet de saisir dans les cafés, et de détourner les journaux qui défendent ma candidature ; or, on a enlevé, hier, le journal le Temps, que j'avais très-légalement et très-régulièrement fait adresser à un certain nombre de particuliers, et d'établissements publics. Si c'est là une démarche exagérée de vos agents, réprimez-les ; si c'est en vertu de vos ordres qu'ils ont procédé, justifiez-les ; mais j'ai le droit de demander une explication, et de savoir si, dans cette circonscription, l'administration et ses amis ont seuls le droit de parler par les journaux.

Je vous dénonce, enfin, un fait plus grave encore. Depuis mon arrivée, on m'avait prévenu que l'hôtel que j'habite était constamment surveillé, que mes moindres démarches étaient épiées, que les visites que je reçois ou que je fais étaient notées. Je ne pouvais croire à une pareille inquisition ; mais j'ai été obligé de céder à l'évidence lorsque, me rendant hier, accompagné d'un ami, chez l'un des plus honorables citoyens de la ville, j'ai pu constater l'espionnage dont j'étais l'objet. Je proteste aujourd'hui contre une pareille injure à ma dignité de citoyen et à mon indépendance de candidat. Je ne sache pas qu'en acceptant les formalités qui gardent l'accès du scrutin, je me sois du même coup soumis à la surveillance de la police. J'ignore si on a l'intention de m'intimider ou de me provoquer, mais il faut que vous demeuriez bien convaincu, monsieur le sous-préfet, que je ne me laisserai aller ni à la crainte, ni à la colère. On ne me fera pas sortir du cercle de la légalité, si étroit qu'il puisse être ; mais, dans ce cercle, j'affirme que personne ne me fera reculer d'une semelle.

Agréez, etc.

CHARLES FLOQUET.

N. 112.

Affiches enlevées, déchirées ou couvertes.

Le garde champêtre de Larieux a déchiré l'affiche annonçant la candidature de M. de Meaux. Je l'ai vu, c'était dimanche, 24 du présent mois, à la sortie des vêpres.

Montbrison, le 30 mai 1863.

Signé : SUCHET.

15.

N. 113.

Les soussignés attestent avoir vu, ce matin, deux gendarmes de la brigade de Chazelles sur Lyon, aller de chez M. le maire de la commune de Vincelles enlever et lacérer les affiches relatives à la candidature de M. de Meaux et renfermant la proclamation aux électeurs de la circonscription de Montbrison.

Ce fait a eu lieu ce matin, vers sept heures.

(Suivent les signatures.)

N. 114.

Vincelles, 28 mai.

Je soussigné déclare n'avoir pas vu la lacération des affiches, mais tenir de M. le maire que ce sont les gendarmes qui les ont enlevées et déchirées.

Signé : Niel fils.

N. 115.

Le garde de Lesigneux m'a dit que le garde brigadier lui avait dit d'enlever les affiches de M. de Meaux.

Datée de Montbrison, le 30 mai 1863.

Signé : Boucher, conseiller.

N. 116.

Extrait d'une lettre de M. Émile de Saint-Genest.

Mon cher ami,

A. de J. m'avait donné hier une affiche que le maire a fait enlever immédiatement, ce qui a exaspéré un ou deux individus, ceux à qui je m'étais adressé pour vous.
La Plagne, lundi 25 mai.

Signé : E. de SAINT-GENEST.

N. 117.

Copie de l'ordre d'enlèvement des affiches recommandant la candidature de M. Lefévre-Pontalis.

Monsieur le maire,

Monsieur Lefèvre-Pontalis fait afficher dans les communes de la circonscription une adresse signée de 25 électeurs.

Monsieur le préfet me dit que M. Lefèvre-Pontalis n'a pas le droit de faire apposer cette affiche, vous aurez à la faire arracher dans l'étendue de votre commune.

Signé : Le capitaine de gendarmerie de Versailles.

L'ordre fut exécuté partout, dans la soirée du 30 et le 31, de grand matin (attestation signée d'électeurs de Meulan, Méry, Medon et Flins).

N. 118.

La Gironde publie la lettre suivante :

Villeneuve-sur-Bot, 26 mai.

Monsieur le rédacteur,

Du temps de notre illustre La Fontaine, il n'était petit prince qui ne voulût être un grand sire.

De nos jours, certains petits maires de campagne remplacent avantageusement les petits princes d'autrefois. Vous en jugerez par le fait suivant, que je livre à la publicité, parce que tout ce qui touche à la liberté des élections me paraît avoir une importance sérieuse :

Le 23 avril dernier, j'avais fait afficher, au chef-lieu de la commune de Saint-Front, canton de Fumel, la circulaire électorale de M. Baze, candidat de l'opposition, pour la circonscription d'Agen-Villeneuve. Il va sans dire que toutes les formalités avaient été remplies et que j'étais muni de pouvoirs réguliers.

Dans la soirée, l'appariteur de la commune se permit d'enlever et de lacérer les affiches, disant que M. Baze était un *banni*, un *gracié*, qui n'avait pas le droit de se porter candidat, et ajoutant qu'il agissait ainsi d'après les ordres du maire.

Dès que j'eus connaissance de ces faits, je fis rechercher l'appariteur, qui avait disparu.

J'écrivis à M. le maire pour me plaindre de la conduite de son appariteur ; je lui demandais si, en effet, il avait donné un pareil ordre, et j'exigeais que ces affiches fussent rétablies de suite par l'appariteur, sans quoi je porterais plainte à qui de droit.

Voici la réponse que j'ai reçue de M. le maire :

Lartreilles, 24 mai 1863.

« Monsieur,

« Si j'ai ordonné à notre appariteur d'enlever la profession de foi de M. Baze, affichée à Saint-Front et à Lartreilles, je crois avoir usé de mon droit de maire, en ne permettant pas que des affiches soient apposées dans notre commune sans mon autorisation officielle.

« Agréez, etc.

« Le maire,
« Signé : VERNIÈRE. »

Que pensez-vous de cette prétention nouvelle ? Il faudrait une autorisation officielle de M. le maire pour afficher une profession de foi dans sa commune, et d'avance on peut prévoir que cette autorisation ne sera jamais accordée.

Veuillez agréer, etc.

CARDENAL.

N. 119.

Villeneuve, le 30 mai 1863.

A monsieur Baze, avocat.

Mon cher confrère,

Depuis votre départ, il s'est passé un fait nouveau et assez imprévu. Vous savez que le président de notre tribunal avait appointé votre requête contre le maire de Saint-Front, en renvoyant pourtant l'audience à vendredi prochain, c'est-à-dire après les élections.

Vous savez aussi que, devant vous, ordre fut donné à l'huissier Lafage de partir ce matin et de poser l'assignation dans la journée.

C'était un commencement de réparation ; mais hier au soir, à neuf ou dix heures, M. le procureur impérial, ayant eu vent de notre projet, défendit à l'huissier Lafage d'exécuter vos ordres et de poser l'assignation avant lundi ou mardi prochain. Je m'adressai alors à un autre huissier, mais tous avaient reçu les mêmes ordres, en sorte qu'il m'a été impossible de faire porter l'assignation à Saint-Front avant les élections.

J'ai prévenu M. le procureur impérial que je me croyais obligé de vous rendre compte de ce qui s'était passé. Il m'a dit qu'il en prenait la responsabilité, et qu'il avait écrit à ce sujet à M. le procureur général. Je ne juge pas, je raconte. Vous serez probablement aussi étonné que je l'ai été moi-même.

Votre bien dévoué,

CARDENAL, avocat.

N. 120.

Agen, 31 mai 1863.

A M. le procureur général près la Cour impérial d'Agen.

Monsieur le procureur général,

Sur une requête que je lui avais fait présenter, M. le président du tribunal de première instance de Villeneuve m'avait permis d'assigner M. Vernière, maire de Saint-Front, canton de Fumel. Porteur de son ordonnance, j'ai requis le sieur Lafage, huissier à Villeneuve, de poser l'assignation qui devait en être l'exécution légale. L'huissier, obtempérant à ma réquisition, comme c'était son devoir, se préparait à partir pour

Saint-Front, lorsqu'il a reçu de M. le procureur impérial près le tribunal de Villeneuve la défense de faire l'acte de son ministère avant un délai qui lui a été fixé, et qui suspend le cours de la justice jusqu'après les élections. J'ai bientôt appris que tous les huissiers près le siége judiciaire avaient reçu la même défense.

Cette mesure prise par M. le procureur impérial serait d'une gravité que je n'ai pas besoin de vous faire remarquer, monsieur le procureur général ; mais sa gravité s'accroît encore lorsque ce magistrat affirme qu'il vous l'a fait connaître, et qu'il a pris vos ordres.

Je ne discute pas ces faits dans ce moment, monsieur le procureur général ; je me borne à les constater et à en prendre acte, me réservant de les déférer aux autorités compétentes. Il faudra bien que l'on sache si, en France, les magistrats chargés de faire exécuter la loi et les ordonnances de la justice peuvent, au contraire, en empêcher l'exécution en donnant aux officiers ministériels, dont le ministère est obligé, des ordres ou des défenses si opposés à leur devoir.

Je suis, avec respect, Monsieur le procureur général, votre très-humble et obéissant serviteur,

> BAZE, candidat à la députation dans la circonscription électorale d'Agen-Villeneuve.

En conséquence de ces faits, M. Baze a déposé, le 23 juin, une plainte au parquet de la Cour impériale d'Agen. Cette plainte est demeurée sans réponse.

N. 121.

A M. Adrien Dumont.

Monsieur,

En réponse à votre lettre du 26 de ce mois, j'ai l'honneur de vous informer que le fait de lacération d'affiches apposées dans l'intérêt d'un candidat, ne constituant aucune infraction pénale, c'est à vous qu'il appartient de provoquer, de la part de l'administration, un blâme contre les fonctionnaires que vous m'avez signalés comme s'étant rendus coupables de ces lacérations.

Veuillez agréer, etc.

Le Procureur impérial.

Nyons, le 30 mars 1863.

N. 122.

Extrait d'une lettre de M. Joseph PALLUAT DE BENET.

A Mizérieux, il y avait un homme de confiance à la porte du scrutin, distribuant vos bulletins comme la loi le permet. M. le maire sort furieux et, devant la foule des électeurs, s'écrie : « Je vous défends de prendre les bulletins de M. de Meaux. Voulez-vous renverser le gouvernement et nommer un homme qui amènera la révolution et nous fera couper le cou à tous ? » Et sur ce, il menace de faire conduire à la gendarmerie, par le garde, toute personne qui distribuera de vos bulletins. Mon homme, effrayé un peu, résista pourtant un moment, mais à la fin il vint me raconter, au scrutin de Nervieux, dont je faisais partie, tout ce qui se passait. Je vins trouver M. le maire et je lui demandai si tout ceci était vrai. « Je n'ai menacé personne, » dit-il d'abord ; mais ensuite il finit par ne pas nier le fait. Je suis venu pour constater le fait, ajoutai-je, et comme je sais ce que la loi permet à tout citoyen, mon distributeur continuera son devoir.

Signé : JOSEPH PALLUAT DE BENET-LASALLE.

2 juin 1863.

N. 123.

Nous, soussignés, électeurs de l'arrondissement de Pontoise, constatons :

1º Qu'il a été fait défense au sieur Constant Courtois de distribuer des bulletins de vote sur la place publique de Gonesse, où se trouve la mairie;

2º Qu'un sergent de ville est venu le forcer de quitter cette place, lui disant qu'il n'avait le droit de distribuer des bulletins que dans les rues;

3º Que le même sergent de ville l'a menacé de le mettre *au bloc* s'il continuait à rester devant la porte de la mairie;

4º Qu'il a été impossible de dresser procès-verbal par huissier, le 31 mai étant un dimanche.

5º Que telle a été la réponse de M. Guibert, huissier;

6º Que les cartes d'électeurs envoyées de la mairie ont été adressées aux soussignés avec des bulletins au nom du candidat du gouvernement, et avec la profession de foi de ce dernier, le tout attaché par une épingle et sous une seule enveloppe.

Gonesse, 31 mai 1863.

(*Suivent six signatures.*)

N. 124.

L'amiral de Verninhac se retire devant la pression administrative.

(Extrait du *Temps*.)

Lot.—M. le contre-amiral Verninhac de Saint-Maur, dont la candidature paraissait avoir quelques chances de succès, s'est retiré au dernier moment, et il vient d'adresser à M. le préfet du Lot la lettre suivante :

Monsieur le préfet,

Convaincu, par ce que je vois autour de moi, que ma candidature ne peut qu'engendrer des haines entre mes concitoyens, diviser les familles les mieux unies et provoquer même des dénonciations ; convaincu que toute lutte électorale sérieuse et digne est impossible dans ces conditions, je me retire de la lice où m'avaient engagé de nombreux amis, et où je n'étais entré que sur la foi des loyales paroles contenues dans les circulaires de M. le ministre de l'Intérieur.

Veuillez agréer, etc.

Contre-amiral Verninhac.

Souillac, 20 mai.

N. 124 (bis).

Le *Courrier de la Vienne et des Deux-Sèvres* publie la lettre suivante qui lui a été adressée par M. de Montesquiou :

1er juin 1863.

Monsieur,

Je viens vous demander la publicité de votre journal

pour faire connaître à mes concitoyens les faits suivants :

Le samedi 30 mai, veille des élections, la poste a apporté à la fois dans nos communes rurales deux numéros du *Journal de la Vienne*. L'un, le numéro du 29 mai, qui a été distribué aux abonnés, ne contient rien qui ait rapport aux élections ; l'autre, daté du 30, qui n'a été remis ce jour-là qu'aux maires et aux débitants, renferme une série d'attaques à mon adresse et l'annonce de poursuites dirigées contre diverses personnes qui ont appuyé ma candidature.

Le jour de cette publication était bien choisi, il faut l'avouer. Le lendemain dimanche, le *Journal de la Vienne* ne paraît pas ; je devais donc nécessairement rester pendant le principal jour du vote sous le coup de ses allégations.

J'ai rédigé une protestation qui a été signifiée ce matin au directeur du journal : ma protestation n'a pas été publiée dans le numéro d'aujourd'hui.

Je me réserve de donner à l'affaire la suite qu'elle comporte, mais je ne pouvais tarder plus longtemps à l'évoquer devant le tribunal de l'opinion publique.

On comprendra que je ne veuille ni ici ni ailleurs entrer en discussion avec mes adversaires, sur le fond de leurs attaques : pour discuter, il faudrait que la discussion fût libre. Je me contente de poser aux honnêtes gens de tous les partis cette simple question :

De quel nom peut-on appeler le moyen employé par le *Journal de la Vienne* contre ma candidature ? est-ce là, oui ou non, une manœuvre électorale ?

Recevez, je vous prie, monsieur, l'assurance de ma considération la plus distinguée,

F. DE MONTESQUIOU.

N. 124 (ter).

IMPRIMERIE ADMINISTRATIVE ET COMMERCIALE.

B. Delaporte, rue au Canu, 5, Caen.

A M. Foucher de Careil.

Monsieur,

Je viens d'être demandé à la Préfecture. M. le Préfet refuse l'autorisation de colporter et le Parquet le récépissé d'imprimerie. Cette circulaire est considérée comme écrit diffamatoire et m'exposant à des poursuites correctionnelles, s'il en sortait de la maison.

M. le Préfet m'a, de plus, engagé à être plus prudent et à bien veiller.

Le commissaire central a envoyé à la recherche de Vassal et il ne l'a pas trouvé. On sait que Vassal s'occupe de votre candidature et que, par suite, la circulaire arrêtée *pourrait bien émaner de vous.*

Je ne crois pas utile, au moment actuel, que Vassal se présente, puisque j'ai promis de ne rien livrer.

Veuillez, Monsieur, recevoir l'assurance de mon dévouement respectueux.

Goussiaume.

28 mai.

N. B. M. Bertrand, maire de Caen, était candidat officiel dans la circonscription, et M. Foucher de Careil candidat de l'opposition. La pièce refusée avait trait au balayage de la ville de Caen.

IX

COUPS DE THÉATRE

POURSUITES ANNONCÉES, ARRESTATIONS

N. 125.

PRÉFECTURE DE SEINE-ET-OISE.

Aux électeurs du département de Seine-et-Oise.

Messieurs,

Au moment où le scrutin va s'ouvrir, l'administration croit de son devoir de vous exprimer loyalement son opinion, sur les choix qui vous sont proposés par les oppositions de toutes les nuances, réunies dans un sentiment commun d'hostilité au gouvernement.

Nous ne saurions avoir la pensée de prendre à partie les circulaires des candidats hostiles ou opposants dans les diverses circonscriptions électorales de notre département.

Ces documents sont une manœuvre invariablement mise en pratique par les candidats de l'opposition, qui, cherchant à obtenir les suffrages des électeurs, n'hésitent pas à afficher plus haut que leurs compétiteurs leur indépendance et leur libéralisme.....

Dans le nombre des circulaires des candidats de l'opposition soumises à vos appréciations, messieurs, il en est une qui se distingue entre toutes par son caractère d'opposition d'apparence contenue, mais, au fond, très-manifeste contre le gouvernement de l'Empereur. L'honorable M. Barthélemy Saint-Hilaire recherche vos suffrages en invoquant son passé politique, en prenant l'engagement « *de continuer à être au Corps législatif ce qu'il a été* » dans les assemblées républicaines de la Constituante et de la Législative. C'est là, on doit le reconnaître, une déclaration qui ne permet ni le doute ni l'équivoque. Pour compléter cette déclaration, nous croyons devoir rappeler quels étaient les titres politiques que ce candidat faisait valoir en 1848 pour assurer son élection de ce temps-là. Nous nous bornons à mettre sous vos yeux quelques extraits de la circulaire publiée à l'époque où il exerçait les fonctions de chef de secrétariat du gouvernement provisoire.

« .   .   .   .

« Le 26 juillet 1830, je signai la protestation des « journalistes, signal de l'insurrection. ».   .   .   .   .

« Pendant de longues années, j'ai siégé avec Garnier-« Pagès dans le comité de la société : *Aide-toi, le ciel* « *t'aidera* et j'ai écrit au *National* avec Carrel ; en « juin 1832, j'ai été jeté en prison avec la plupart de « mes amis. »

« .   .   .   .

« J'ai salué avec ivresse l'avénement de la Républi-« que.»

.   .   .   .

« Dès le 23 février, j'étais avec tous mes amis :

« Garnier-Pagès, Marrast, Arago, Pagnerre, Bu-
« chez, etc., à l'Hôtel de Ville, et aujourd'hui je
« remplis auprès du gouvernement provisoire les
« fonctions de chef de son secrétariat. »

Les hommes qui recherchent aujourd'hui vos suffrages en concurrence avec les candidats de l'Empereur
sont toujours les mêmes :

Ils n'ont su ni fonder ni conserver.

Les manifestes des candidats de l'opposition révèlent
et découvrent à l'avance la désastreuse influence
qu'exerceraient encore, sur la marche des affaires, ces
représentants de systèmes désavoués par les solennelles
affirmations de la France entière.

Le gouvernement de S. M. l'Empereur vous donne,
depuis douze ans, la sécurité, l'ordre, le bien-être, la
gloire, tous les progrès, toutes les améliorations possi-
bles en pratique.

Qu'osent mettre en regard de l'ordre de choses
actuel tous ces candidats?

Aucune contradiction loyale, aucune objection fondée, aucune démonstration sérieuse que l'on puisse
croire inspirée par l'amour du bien public.

En revanche, ils prodiguent les promesses et redou-
blent de déclamations. A tout cela, ils devraient
joindre et rappeler les ruines qu'ils avaient amoncelées
derrière eux, et le pays qu'ils avaient conduit à deux
doigts de sa perte.

Le préfet de Seine-et-Oise,
Comte de Saint-Marsault.

*(Affichée le 30 mai, d'après la protestation de
M. Barthélemy-Saint-Hilaire.)*

N. 126.

ÉLECTIONS LÉGISLATIVES DE 1863.

A messieurs les membres composant la commission du recensement général des votes pour le département du Loiret.

Le soussigné vous prie, messieurs, de vouloir bien consigner au procès-verbal de recensement sa protestation contre la validité de l'élection de M. le duc de Tarente, dans la deuxième circonscription du Loiret.

Il se réserve d'apporter devant le Corps législatif la preuve que cette élection n'a été obtenue qu'au moyen de manœuvres abusives et déloyales.

Dans un grand nombre de communes de la circonscription, des maires, gardes champêtres et autres agents de l'autorité, ont, le dimanche 31 mai, au moment de l'ouverture du scrutin et pendant toute la journée, répandu et propagé le bruit mensonger que le soussigné, candidat au Corps législatif, avait été arrêté le vendredi précédent, à la suite d'une tentative d'envahissement de l'hôtel de ville d'Orléans à la tête de 400 ou 500 émeutiers; qu'il était en prison, que la ville avait été mise en état de siége, et que, dans une pareille situation, il était inutile et même dangereux de voter pour M. Pereira ; et, à l'appui, ils ont donné publiquement lecture d'une partie isolée d'un article du *Journal du Loiret*, publié la veille et répandu à profusion, par extraits, dans l'étendue entière de la 2ᵉ circonscription, ladite partie commençant par ces mots : *Hier, à une heure de l'après-midi,* etc.

Cette manœuvre, qui n'a que trop bien réussi sur l'esprit crédule des habitants de la campagne, a évidemment entaché la sincérité de l'élection de M. le duc de Tarente.

Le soussigné se propose, en conséquence, de demander au Corps législatif l'annulation de cette élection, ou, en tout cas, une enquête sur les circonstances qui l'ont précédée et accompagnée. C'est pourquoi il requiert l'insertion de la présente protestation au procès-verbal de recensement.

Et il saisit l'occasion de vous offrir, messieurs, l'assurance de ses sentiments les plus distingués.

ALFRED PÉREIRA,

ancien préfet du Loiret.

Orléans, 3 juin 1863, 11 h. du matin.

N. 127.

Extrait du Journal du Loiret du 31 mai 1863.

A côté de la circulaire de M. le duc de Tarente, candidat de l'Empereur, nous plaçons celle de M. Péreira.

Cette publication ne pourra que faire ressortir l'étrange contraste qui existe entre les paroles que prononce aujourd'hui le candidat de l'opposition et ses actes publics d'autrefois.

Nous ne voulons pas refaire ici l'historique, trop connu, des cruels temps d'épreuve qui rappellent tant de tristes et de honteux souvenirs; mais, puisque M. Péreira, au milieu des émotions passagères qui se produisent, brigue l'honneur de représenter notre pays et de parler au nom de ses concitoyens, nous avons le droit de lui dire: Pas de phrases banales. Votre circulaire du 9 mai ne nous rassure pas suffisamment sur vos tendances présentes de modération et de sage liberté. Mettons les masques à bas, et dites-nous franchement, loyalement, sans arrière-pensée, si vous désavouez ces actes publics et politiques de votre passé, qui se dressent et se dresseront éternellement entre vous et les hommes d'ordre, entre vous et la France impérialiste, qui aime et respecte celui qui, depuis douze ans, dirige ses glorieuses destinées, et qui a, pour l'Empereur, autant de confiance que de dévouement.

Parlons donc net. Il faut que les électeurs sachent bien ce qu'ils feront en votant pour vous.

Fernand LAMY.

— Deux colonnes de la *France centrale* sont aujourd'hui consacrées à un long panégyrique de M. Péreira, doublé d'une attaque contre la proclamation de M. le préfet du Loiret aux électeurs de la deuxième circonscription.

La *France centrale* invite M. le préfet à vouloir bien s'enquérir des antécédents politiques de M. Péreira, dans le *Journal du Loiret*, du temps qui a précédé l'Empire.

Nous éviterons cet ennuyeux travail à M. le préfet, en nous en acquittant pour lui. Nous ouvrons notre collection, à la date du 4 décembre 1851, et voici ce que nous y trouvons. C'est le récit d'une tentative d'envahissement de l'hôtel de ville d'Orléans :

Fernand LAMY.

« Hier, à une heure de l'après-midi, un groupe d'environ quatre cents personnes dont plusieurs portaient au chapeau, en signe de ralliement, une carte blanche avec cette inscription : Constitution-République ! s'est porté sur la place de l'Etape, en débouchant de la rue de la Bretonnerie. Mêlés à ce groupe, on remarquait MM. Martin et Michot, représentants; et MM. Péreira et Tavernier.

« Cette masse, après avoir bousculé la première sentinelle de la porte extérieure de la mairie, s'est précipitée dans la cour et a gravi les degrés du perron, jusqu'à l'entrée d'une des salles du perron, où se tient un piquet de garde nationale. Là s'est engagée une lutte entre les assaillants et·les gardes nationaux, dont quelques-uns auraient été désarmés. Des cris : *Aux armes !* auraient été poussés, et c'est alors que le commissaire central, se jetant au milieu de la mêlée, aurait, pendant près de huit à dix minutes, engagé une lutte corps à corps avec un des envahisseurs, qui s'était déjà emparé du fusil d'un homme de garde. Pendant ce temps, un commissaire de police allait prévenir la ligne à la caserne de l'Étape, et un peloton, s'avançant au pas gymnastique, cernait la mairie et faisait prisonniers tous ceux qui se trouvaient dans l'hôtel de ville.

« D'un autre côté, MM. Martin et Michot protestaient de leurs intentions pacifiques, et, pour expliquer leurs démarches, ils entraient en conférence avec l'administration municipale.

« Cependant, le général Grand arrivait de sa personne pour comprimer le désordre et pour ordonner les arrestations. Il faisait arrêter M. Péreira sur le perron même de la mairie, et donnait l'ordre de rechercher MM. Martin et Michot, qui s'étaient retirés dans une petite pièce attenante à la salle des séances du conseil municipal.

« A la suite de cette déplorable échauffourée, qui a causé dans la ville une impression pénible, M. le général Grand a publié la proclamation suivante :

« *Le général de brigade, commandant la 3ᵐᵉ subdivision, aux habitants du Loiret, d'Eure-et-Loir et de Loir-et-Cher.*

« L'invasion de l'hôtel de ville d'Orléans, tentée par le parti démagogique, vient d'être vivement repoussée par la garde nationale et la troupe de ligne réunies, et les principaux chefs de l'émeute, au nombre d'une cinquantaine, ont été arrêtés.

« MM. Martin et Michot, représentants; Péreira, ancien préfet, et Tavernier, journaliste, etc.

« La même répression attend partout les mêmes tentatives.

« *Le général commandant l'état de siége.*

« Grand. »

N. 128.

Extrait du journal la France centrale,
du samedi 6 juin 1863.

Nous ferons, avant tout, une observation. Dans cette feuille volante, on avait eu soin de supprimer la profession de foi de M. Péreira, qui aurait pu, dans une certaine mesure, diminuer l'effet de cette publication. C'est là une lacune perfide que nous dénonçons à tous les esprits honnêtes et loyaux. On mettait le poison sous les yeux des électeurs, et l'on supprimait à dessein évidemment le contre-poison! Maintenant, dit notre correspondant, que s'est-il passé? Les lecteurs à haute voix de cette pièce ont-ils commencé leur lecture à ces mots : « Hier, à une heure de l'après-midi...? » Le tumulte de la foule assemblée a-t-il empêché de saisir la date du 4 décembre 1851? C'est ce que nous ignorons. Toujours est-il que partout on a pensé qu'il s'agissait, non d'un fait datant de douze ans, mais d'un fait *actuel*, datant de la veille. Ces mots *hier* étaient bien faits pour produire cette triste équivoque. Aussi, d'une extrémité de la circonscription à l'autre, le bruit a immédiatement couru que M. Péreira avait tenté d'envahir la mairie d'Orléans, et qu'il avait été mis en état d'arrestation. Il est arrivé à Orléans, dans la journée du dimanche et dans la matinée du lundi, plus de vingt lettres consternées réclamant des explications et des détails sur cette prétendue invasion et la prétendue arrestation de M. Péreira. Ajoutons que ses adversaires s'en allaient disant partout aux électeurs de campagne, crédules et illettrés, que le candidat repoussé par l'administration n'était qu'un insurgé maintenant sous les verrous. C'est sous cette impression générale que le vote a eu lieu presque partout. On comprend quel désarroi cette nouvelle a jeté dans les partisans de M. Péreira. Les hommes éclairés résistaient et tentaient en vain d'expliquer la vérité de la situation : le coup était porté, la prétendue nouvelle commentée, et l'on ne pouvait ôter de l'idée d'une foule d'électeurs que M. Péreira appartenait désormais à la justice de son pays.

Où certains maires ont-ils puisé le droit de faire distribuer ce libelle par les gardes champêtres? Où ont-ils puisé le droit d'en faire donner lecture aux électeurs? Grave question, que nous ne saurions résoudre en ce moment et qui sera, nous l'espérons, adressée au Corps législatif.

N. 129.

SOUS-PRÉFECTURE DE BÉZIERS.

Béziers, le 29 mai 1863.

Monsieur le maire,

Le numéro du journal le *Temps*, du mercredi 27 mai, insère une lettre qui m'est adressée par M. Floquet, et contenant des imputations mensongères et injurieuses que je défère à la justice. Il n'insère pas la réponse que j'ai faite à M. Floquet.

C'est là une manœuvre électorale aussi déloyale que coupable, qui ne trompera personne, et qu'il suffit de signaler pour qu'elle excite un sentiment de réprobation générale.

Recevez, monsieur le maire, l'assurance de ma considération distinguée.

Le sous-préfet,
Baron SERVATIUS.

———

Béziers, le 29 mai 1863.

Monsieur le sous-préfet,

Ma réponse aux imputations de déloyauté successivement dirigées contre moi par *le Publicateur* et par des affiches publiques sera catégorique. Elle est dans *le Temps* d'aujourd'hui, qui porte votre réponse que vous me reprochez d'avoir confisquée.

Le mardi 26 courant, vers midi, votre lettre datée du 25 m'était remise ; immédiatement et au moment de partir pour une tournée, j'ai prescrit qu'on en expédiât copie à Paris ; et, en effet, cette copie, arrivée à destination le 27 au soir, était insérée, sur ma demande, dans le premier numéro du journal, c'est-à-dire dans celui qui, portant la date du 29 mai, paraît, en réalité, le 28.

Entre la publication de ma lettre et l'insertion de votre réponse, il n'y a pas eu une minute d'intervalle de plus qu'entre l'envoi de l'une et la réception de l'autre.

Je vous ai dit, monsieur le sous-préfet, que je ne me laisserais pas aller à la colère ; j'en donne une preuve éclatante et douloureuse en répondant aussi froidement à de pareilles inculpations, dont mon caractère, que vous devez connaître, aurait pu m'épargner l'amertume. Mais je ne crois pas exagérer mon droit en vous invitant à rectifier les publications que vous vous êtes trop pressé de lancer.

Recevez, monsieur le sous-préfet, l'assurance de ma considération.

C. FLOQUET.

N. 130.

Je déclare qu'aujourd'hui, le 30 du mois de mai, à six heures du soir, on a publié eans la commune de Quarante la publication suivante, qu'on a affichée aussitôt après :

PUBLICATION.

Le n° 27 du journal le Temps, du mercredi 27 mai, insère une lettre qui m'est adressée par M. Floquet, et contenant des imputations mensongères et injurieuses que je défère à la justice. Il n'insère pas la réponse que j'ai faite à M. Floquet. C'est là une manœuvre électorale aussi déloyale que coupable, qui ne trompera personne, et qu'il suffit de signaler pour qu'elle excite un sentiment de réprobation générale.

Recevez, monsieur le maire, l'assurance de ma considération distinguée.

Le sous-préfet,

(Suit la signature.)

Note écrite à la main affichée au-dessous

Si ce journal est parvenu dans votre commune, veuillez faire afficher et publier la lettre que je vous envoie.

Moi Jean-Joseph Redon, avocat à la Cour impériale de Paris, pour le moment domicilié à Quarante, canton de Capertang, je proteste contre l'illégalité de cette proclamation.

JEAN REDON.

Je déclare que M. le maire de la commune, nommé M. Pupille, n'a pas voulu signer cette protestation, m'ayant donné pour prétexte qu'il ne voulait pas signer contre le gouvernement.

Fait devant témoins.

Signatures :

JEAN REDON ;
VIDAL ANDRÉ ;
GALINE jeune, présent, ayant refusé, mais il est prêt à dire la vérité.

J. R.

N. 131.

ÉLECTIONS DES 31 MAI ET 1ᵉʳ JUIN 1863.

CANDIDATURE
DE M. LE MARQUIS D'ANDELARRE.

4ₑ lettre à mes commettants.

Messieurs,

Attaqué publiquement dans mon honneur et ma considération par le préfet de la Haute-Saône, accusé par lui, dans une pièce officielle, de vous avoir trompés lorsque je vous ai dit mes efforts pour combattre le rétablissement de l'impôt du sel, mon premier mouvement, comme homme, a été de chercher des juges ; le second, comme député, de me justifier devant mes électeurs.

Je ne puis mieux me justifier devant vous qu'en mettant sous vos yeux le texte d'une citation signifiée aujourd'hui même au journaliste qui a osé reproduire cette pièce, en attendant que l'accomplissement des formalités légales me permette de traduire le préfet devant la justice.

L'an 1863, le 20 mai, à la requête de M. le marquis d'Andelarre, député sortant, membre du conseil général de la Haute-Saône, demeurant à Andelarre, lequel fait élection de domicile chez M. Willemot;

Je soussigné......

Ai donné citation à MM. : 1° Louis Suchaux, propriétaire-gérant du *Journal de la Haute-Saône*; 2° Alfred Suchaux, cogérant dudit journal et imprimeur, demeurant à Vesoul, à son domicile et parlant à.....

A comparaître à l'audience du samedi 30 mai courant.

Pour, attendu que dans un écrit affiché sur les murs de la ville de Vesoul et dans les 213 autres communes de l'arrondissement, intitulé : « Proclamation du préfet de la Haute-Saône, » M. L. Isoard, signataire de cet écrit, a inséré le passage suivant : « Un autre bruit « aussi mal fondé que le premier et presque aussi « ridicule, attribue à l'action personnelle de M. d'An- « delarre le retrait par l'Empereur, en 1862, du projet « d'augmentation d'impôt sur le sel. Nous ne dirons « qu'un mot à ce sujet. Qu'on cite, qu'on montre aux « électeurs, le vote, le discours, la lettre, la démarche « quelconque par laquelle ce député aurait pu contri- « buer, en quoi que ce fût, à l'adoption par l'Empereur

« de la mesure qu'avaient préparée dans l'esprit de Sa
« Majesté les rapports de tous ses fidèles fonctionnai-
« res, et notamment ceux des préfets de l'Empire.
« L'opinion de M. d'Andelarre sur la question de
« l'impôt du sel ne s'est, à notre connaissance, formulée
« en 1862 d'aucune façon visible, appréciable et
« susceptible de vérification ; »

Attendu que le passage dont il est question a pour
but, et qu'il aurait pour conséquence de faire regarder
comme fausse et mensongère l'assertion énoncée dans
deux écrits distribués par M. d'Andelarre en août 1862
et en avril 1863, sous les titres de 1re et 2e lettre à
mes commettants, et par lesquelles M. d'Andelarre,
rendant compte de ses actes pendant la dernière législature, faisait connaître la part qu'il a prise en 1862
au retrait de l'augmentation de l'impôt du sel, soit en
démontrant par un travail important que la consommation du sel s'est accrue de 70 0/0 depuis la réduction de la taxe du sel, soit en formulant des amendements qui ont contribué à faire retirer le projet d'augmentation de cette taxe ;

Attendu que la fausseté du démenti donné par
M. Isoard se trouve démontrée par deux insertions au
Moniteur de 1862, la première en date du 13 juin 1862,
page 852, contenant, avec le texte du rapport de la
commission du budget de 1863, celui d'un amendement
signé par M. d'Andelarre et vingt et un de ses collègues,
amendement qui, écouté avec le plus vif intérêt par
la commission du budget, ainsi qu'en témoigne l'hono-
ble rapporteur, M. Segris, a contribué à influer sur la
commission, qui a présenté elle-même au conseil d'État
un amendement à la suite duquel le projet a été retiré ;
la seconde, également au *Moniteur*, annexe R, page 67,
et qui contient, avec le texte du rapport de la commission du budget définitif de 1859, rédigé par M. d'Andelarre, un travail considérable sur la question du sel,
et qui démontre l'avantage que les populations ont

retiré de la réduction de la taxe, et l'accroissement énorme de la consommation ;

Attendu que ces faits, dont M. d'Andelarre a rendu compte dans les deux lettres dont il vient d'être parlé, ne peuvent être ignorés de M. Isoard, qui a prouvé qu'il est très au courant des dates et du texte des moindres paroles prononcées par les députés du département ;

Attendu que M. Isoard prend la responsabilité complète de son affirmation, lorsqu'il assure que toutes les recherches ne peuvent faire découvrir la moindre trace, à quelque degré que ce soit, de l'intervention de M. d'Andelarre dans la question du sel ;

Attendu que le démenti donné par lui, injurieux en tout temps, prend une extrême gravité dans les circonstances actuelles et dans les fonctions confiées au signataire de la proclamation, qui s'appuie de l'autorité qu'elles donnent à sa parole ;

Attendu que c'est aussi faussement que M. Isoard fait supposer que c'est spontanément et sur l'incitation des préfets que le projet de la surtaxe du sel a été retiré, puisque le rapport de M. Segris fait voir que la commission, un peu incertaine, a cédé à l'influence des amendements qui lui ont été fournis, et que le conseil d'État n'a cédé à son tour qu'à la présentation de l'amendement de la commission ;

Attendu que, soit en imprimant cette proclamation, soit en la reproduisant dans le *Journal de la Haute-Saône* à la date du 20 mai, soit en la faisant précéder à la première colonne de ce journal d'un article qui appelle spécialement l'attention sur le passage offensant de ladite proclamation, MM. Louis et Alfred Suchaux se sont approprié tous les termes et l'esprit de ce document ;

Attendu qu'ils se sont rendus sciemment coupables de la diffamation la plus grave et ont porté atteinte à l'honneur et à la considération du citant ;

Attendu que, en ce qui concerne M. Isoard, il se trouve, eu égard à ses fonctions, protégé par l'art. 75 de la constitution de l'an VIII, aux termes duquel les fonctionnaires publics ne peuvent être mis en jugement qu'après l'autorisation du conseil d'État ; qu'il n'y a lieu dès lors pour le moment qu'à faire toutes réserves contre ce fonctionnaire jusqu'au moment où l'autorisation, qui va être sollicitée sans retard, sera accordée ;

Il plaise au tribunal

Dire que MM. Louis et Alfred Suchaux, soit en imprimant *ladite proclamation* du préfet de la Haute-Saône, soit en la reproduisant dans le numéro du *Journal de la Haute-Saône* du 20 mai courant, soit en se l'appropriant par un préambule qui aggrave encore leur responsabilité, ont méchamment et sciemment commis le délit de diffamation publique, prévu et puni par les lois de 1819 et de 1822 ;

Et pour réparation, les condamner chacun et solidairement à payer au citant la somme de un franc à titre de dommages-intérêts ; ordonner l'insertion aux frais des cités du jugement à intervenir dans quatre journaux qui seront désignés par le tribunal, et notamment dans le *Journal de la Haute-Saône* ; ordonner en outre que ledit jugement sera affiché aux frais des cités dans tous les lieux où ladite proclamation l'a été elle-même ; faire réserve au concluant de tous ses droits, moyens et actions contre M. L. Isoard, en donnant acte des protestations qu'il fait de se pourvoir dans le plus bref délai possible devant le conseil d'État pour obtenir l'autorisation de poursuivre ; lui faire également toutes réserves contre MM. Louis et Alfred Suchaux à l'occasion d'autres articles contenus dans le même numéro ; condamner MM. Suchaux aux dépens ;

Sauf au ministère public à faire, dans l'intérêt de

la vindicte publique, toutes les réquisitions qu'il jugera convenir.

Andelarre, le 20 mai 1863.

Marquis d'ANDELARRE.

N. 132.

ÉLECTIONS DES 31 MAI ET 1ᵉʳ JUIN 1863.

CANDIDATURE
DE M. LE MARQUIS D'ANDELARRE

Dernier mot aux électeurs.

Messieurs et chers concitoyens,

Chacun a été témoin dans sa commune des manœuvres violentes employées contre moi.

Elles vous ont révoltés, et vous avez apprécié ma modération et ma loyauté.

Mais on ne veut pas en avoir le démenti, on ira jusqu'au bout.

J'apprends vaguement qu'on prépare quelque machination audacieuse qui n'éclatera qu'à la veille du scrutin, quand le temps ne me permettra plus de vous désabuser.

Dès aujourd'hui, je viens vous tenir en garde.

Vous me connaissez.

Vous connaissez les hommes qui me patronnent et qui vous ont attesté que je n'ai pas démérité et que je suis digne de vos suffrages. Leur parole domine de haut tous les cris de détresse de mes adversaires aux abois.

Courage donc ! quoi que l'on fasse et l'on dise, rappelez-vous que ma vie entière est là pour protester contre d'odieuses attaques. Repoussez dignement des manœuvres qui ne doivent couvrir de confusion que ceux qui les emploient ; soyez fermes, indépendants et maîtres de vous.

C'est le dernier mot d'un homme que l'on force à défendre aujourd'hui son honneur, et qui demain consacrera sa vie à la défense de vos intérêts.

Andelarre, le 26 mai 1863,

Marquis d'ANDELARRE.

N. 133.

PRÉFECTURE DE LA HAUTE-SAONE

CABINET DU PRÉFET

Vesoul, 25 mai 1863.

Monsieur le maire,

La quatrième lettre de M. d'Andelarre à *ses commettants*, affichée dans toutes les communes de l'arrondissement de Vesoul, est l'objet de poursuites en police correctionnelle.

Il importe de saisir *toutes* les affiches comme pièces de conviction. En raison du flagrant délit et en vertu de l'article 10 du Code d'instruction criminelle, je vous invite donc à en faire sur-le-champ opérer l'enlèvement, et à dresser procès-verbal de cette opération. Vous *signalerez* en même temps dans le procès-verbal, que vous adresserez *au parquet* du procureur impérial, les personnes qui seraient reconnues pour avoir pris part à la distribution et à l'affichage de la lettre incriminée.

Vous ferez connaître, en outre, un ou deux témoins pouvant constater le *délit* dans chaque commune.

Recevez, monsieur le maire, l'assurance de ma considération distinguée,

Le préfet de la Haute-Saône,

L. ISOARD.

A messieurs les maires, commissaires de police et brigadiers de gendarmerie.

N. 134.

Extrait du *Journal de la Haute-Saône* (numéro du 27 mai 1863).

Par les ordres du gouvernement de l'Empereur, M. le marquis d'Andelarre est poursuivi en police correctionnelle pour délit d'outrages publics au préfet de la Haute-Saône dans l'exercice de ses fonctions, à l'occasion de l'affichage et de la distribution d'un placard portant ce titre : *Quatrième lettre à mes commettants.*

(Communiqué.)

N. 135.

DEUXIÈME PROCLAMATION DU PRÉFET DE LA HAUTE-SAONE.

ÉLECTEURS DE L'ARRONDISSEMENT DE VESOUL.

Un placard outrageant pour le caractère officiel et l'autorité du représentant de l'Empereur dans le département est affiché sur tous les murs par M. d'Andelarre, le candidat des oppositions réactionnaires.

Que faut-il voir dans cette publication qui constate

la liberté absolue laissée à toutes les candidatures ?
que faut-il voir dans cette prétendue plainte en diffamation qui ne repose sur aucun fondement sérieux, et
dont la lecture fait sourire les hommes de loi ?

Une petite comédie électorale, plus audacieuse
qu'habile. Tous les hommes éclairés feront aisément
justice de cette mise en scène, mais les ignorants
pourraient se laisser tromper par l'étalage des formes
de procédure, auxquelles ils ne comprennent rien ; et,
afin de rendre la situation nette et claire à tous les
yeux, le gouvernement de l'Empereur m'autorise à
poursuivre en police correctionnelle M. le marquis
d'Andelarre, pour outrages publics au préfet de la
Haute-Saône.

N. 136.

Extrait *du Journal de la Vienne* du 31 mai.

NEUVILLE. — Monsieur Benoist, médecin à Neuville, est cité par mandat de comparution devant M. le
juge d'instruction de Poitiers, pour outrage envers un
maire, à l'occasion des élections.

Nous saisissons cette occasion pour rappeler à
MM. les maires qu'ils ne doivent tolérer aucune
atteinte à leur autorité, et que leur premier devoir
est d'informer la justice de toutes les démarches qui
auraient pour but de les intimider ou d'entraver leur
légitime action.

Plusieurs candidats leur ont écrit directement pour
réclamer d'eux des dépôts de bulletins sur les tables de
l'élection, se fondant sur un droit qui n'existe pas, et
les menaçant, en cas de refus, de protestations. Le
refus opposé par MM. les maires, en cette circonstance, est un droit qui leur appartient, et les protestations dont on les *menace* ne peuvent avoir aucun
effet. Que les maires ne se laissent ni intimider ni
outrager.

N. 137.

Extrait d'une lettre de M. Roche, soldat au 77ᵉ de ligne.

Guéret, 29 mai 1863.

Monsieur Bétoulle,

Je suis détenu à Guéret pendant quelques jours; je ne sais pas ce que l'on veut faire de moi.

Je vous prie de me répondre de suite et de me dire quel est le délit que je puis avoir commis en distribuant quelques bulletins portant votre nom.

J'ai l'honneur de vous saluer,

Signé : ROCHE.

—Je suis sans argent. Ils ne m'ont pas donné le temps de m'en procurer.

N. 138.

Extrait d'une lettre.

Aubusson, 28 mai 1863.

Monsieur et cher Confrère,

Il vient de se produire un fait inouï que je vous indique en quelques mots avant le départ du courrier.

Le nommé Baptiste Roche, soldat au 77ᵉ de ligne, en congé comme soutien de famille et libérable le 31 décembre 1863, c'est-à-dire dans six à sept mois, vient d'être rappelé sous les drapeaux, parce qu'il vous a accompagné pendant votre séjour à Aubusson.

Ce Roche est le jeune homme dont je vous ai parlé.

J'espère que vous ferez tous vos efforts pour que ce jeune homme ne soit pas victime de la mauvaise action qu'on commet à son encontre, et que vous agirez au ministère de la guerre pour que cette mesure soit rapportée.

Une dépêche télégraphique, arrivée ce matin à six heures à Aubusson, enjoignait à Roche de partir à trois heures.

Roche a dû obéir.

Je vous laisse le soin de qualifier un pareil acte.

. . . .

Votre tout dévoué confrère, BEBY.

Cachetez vos lettres avec pains à cacheter et cire.

N. 139.

MM. les maires sont priés, à la réception du présent placard, de le faire afficher immédiatement à son de trompe ou de tambour dans les endroits accoutumés.)

EMPIRE FRANÇAIS.

PRÉFECTURE DU DÉPARTEMENT DE L'ISÈRE.

PARQUET
de la
Cour impériale
de Grenoble.

CABINET
du procureur
général.

Grenoble, le 30 mai 1863.

Monsieur le préfet,

Je reçois à l'instant de Son Exc. M. le garde des sceaux, ministre de la justice, la dépêche ci-après :

Le ministre de la justice au procureur général de Grenoble :

« Son Exc. le ministre de l'intérieur me com-
« munique l'extrait d'une lettre signée de M. Casimir
« Périer, publiée par le journal *l'Impartial dauphi-*
« *nois.* Cette lettre, dans un passage relatif à l'exoné-
« ration des jeunes soldats, contient une imputation
« aussi fausse que diffamatoire ; elle outrage directe-
« ment le gouvernement de l'Empereur.

« Ordonnez que des poursuites soient immédia-
« tement dirigées contre le journal qui s'est rendu
« l'interprète de M. Casimir Périer. »

J'ai, en conséquence, l'honneur de vous informer,
monsieur le préfet, que je viens de donner les ordres
nécessaires pour que le sieur Maisonville, gérant du
journal *l'Impartial dauphinois,* soit traduit à la plus
prochaine audience devant le tribunal de police correctionnelle de Grenoble, pour délit d'excitation à la
haine et au mépris du gouvernement de l'Empereur.

Veuillez, monsieur le préfet, agréer l'assurance
de ma haute considération,

Le procureur-général,

Achille Moisson.

Pour copie conforme,

Le préfet de l'Isère,

N. Ponsard.

N. 140.

Grenoble, 3 juin 1863.

Mon cher cousin,

De tous les points de l'arrondissement électoral, je reçois l'expression de la plus vive indignation contre l'inconcevable affiche qui, lue et commentée publiquement par l'autorité, au son du tambour, le matin de l'élection, vous a signalé comme un faussaire et un diffamateur. Vous entendrez tous ces récits, vous recueillerez tous ces témoignages ; mais je vous ferai connaître sur-le-champ un fait qui m'est personnel, et qui vous donnera la mesure de l'aveugle emportement avec lequel les dépositaires du pouvoir ont sacrifié l'intérêt public à leur besoin de faire du zèle.

Une pauvre fille de Poisat, Olympe Buisson, sans aucune ressource autre que son travail, avait été atteinte, à la fin de l'hiver, d'un accès de folie religieuse, qui s'était promptement transformée en une manie de suicide ; son frère, pauvre fermier à Nogarey, l'avait recueillie, et faisait des démarches pour obtenir qu'elle fût admise à l'asile de Saint-Robert ; ses occupations ne lui permettaient pas de la surveiller sans relâche, et j'appris, le 30 mai, qu'elle s'était échappée, et que son frère, prévenu à temps, avait couru à sa poursuite et l'avait atteinte au moment où, entrée dans l'Isère, et marchant en avant, elle avait déjà de l'eau plus haut que la ceinture. Elle annonçait l'intention de recommencer et de se noyer ; son admission à Saint-Robert, ou provisoirement dans un hospice où elle pût être surveillée sans cesse, devenait de la plus grande urgence ; mais il manquait à son dossier un certificat d'indigence à délivrer par le maire de Poisat. J'écrivis sur-le-champ à mon garde d'aller réclamer cette pièce, et de me l'apporter sans le moindre délai.

Le 31, dans la journée, je me rendis, comme vous le savez, à Poisat, mon domicile principal, pour y déposer mon vote, et j'appris de mon garde qu'il n'avait pas reçu ma lettre. Je fis moi-même les démarches nécessaires, et mon garde vint m'apporter hier ma missive du 30, qui ne lui était parvenue que dans la journée du 1er juin.

J'ai voulu m'éclairer sur les causes de ce retard, qui aurait pu avoir des suites si funestes; et, ce matin, je suis allé demander des explications à M. le directeur de la poste, en lui faisant connaître les graves motifs de ma réclamation. J'ai appris de lui que le retard dont je me plaignais était le résultat d'une mesure qui a compris toute la banlieue de Grenoble.

« Les facteurs, m'a-t-il dit, ont été, par l'ordre de
« M. le préfet, obligés de partir à cinq heures du ma-
« tin au lieu de onze heures, pour porter des affiches
« officielles dans toutes les communes de leur circon-
« scription ; ils n'ont porté uniquement que ces affiches,
« attendu que, à cette heure matinale, aucun courrier
« n'était encore arrivé. Les lettres adressées à la ban-
« lieue n'ont donc pu être distribuées que le 1er juin,
« au lieu du 31 mai. »

Or, la banlieue de Grenoble comprend vingt-neuf communes rurales, savoir : (suit l'énumération qui forme un total de vingt-neuf communes et 25,586 habitants, desservis par douze facteurs.)

Vous le voyez, mon cher Casimir, une population de 25,586 âmes, répartie sur le territoire de vingt-neuf communes, a été, pendant vingt-quatre heures, privée de ses communications postales, d'où pouvaient dépendre la fortune, la vie ou l'honneur de plusieurs habitants (je viens d'en donner la preuve); et cela, sans aucun avis préalable, sans explications, et uniquement pour vous diffamer publiquement, au moment où vous ne pouviez plus vous défendre.

J'ignore si, dans les autres communes de l'arrondissement électoral de Grenoble, la même manœuvre a été employée, et si le service des facteurs a été suspendu pendant la journée du 31 mai : vous le saurez probablement bientôt. A Grenoble, en l'absence des facteurs, on me dit que M. le directeur a autorisé ses bureaux à remettre leur correspondance aux personnes qui se sont présentées pour réclamer contre la privation de journaux et de lettres; mais la plupart des destinataires ont souffert en silence, comme de coutume.

Tout à vous de cœur,

A. Chaper.

N. 441.

Les soussignés, électeurs de la commune de Valbonnais (Isère),

Certifient que, le 31 mai 1863, jour de l'ouverture du scrutin, et environ une demi-heure après l'installation du bureau, l'affiche de M. le ministre de l'intérieur, annonçant que M. Maisonville, gérant de *l'Impartial dauphinois*, était poursuivi pour une lettre insérée dans son journal et signée Casimir Périer, a été apposée à son de caisse aux abords du collége électoral, et qu'à la suite de cette affiche, ont eu lieu des commentaires qui devaient nécessairement jeter le trouble dans le vote, puisqu'à ce moment aucune contradiction n'était plus possible, ni de la part de M. Maisonville, ni de M. Casimir Périer.

Il a été dit notamment que MM. Périer et Maisonville étaient en prison.

En foi de quoi nous avons signé.

(Suivent les signatures.)

Les soussignés, électeurs du Monestier-de-Clermont, certifions que l'affiche annonçant la poursuite dirigée contre le journal *l'Impartial dauphinois*, au sujet de la publication d'une lettre de M. Casimir Périer, ladite affiche apposée au moment de l'ouverture du scrutin, a été l'objet de commentaires malveillants et de bruits fâcheux qui ont éloigné du scrutin un certain nombre d'électeurs décidés à voter pour M. Périer, et même ont déterminé un certain nombre d'autres à donner leur suffrage au candidat de l'administration.

Monestier-de-Clermont, le 11 septembre 1863.

(Suivent les signatures.)

N. 142.

Récit de M. le duc Decazes.

Le 31 mai 1863, à six heures du matin, j'appris en arrivant à Libourne, par mademoiselle Delmas, que son père M. Lucien Delmas, membre du conseil municipal de Sainte-Foy-la-Grande, avait été arrêté le matin dans cette ville, sur l'ordre du commissaire de police, enfermé quelques heures avec un forçat libéré et amené ensuite entre deux gendarmes au chef-lieu d'arrondissement. Mademoiselle Delmas l'avait suivi précipitamment, l'avait retrouvé sur la route en proie à une agitation extrême produite tout à la fois par l'indignation dont il était possédé et par les souffrances de la maladie chronique dont il est atteint.

Elle était arrivée à sa suite à Libourne depuis environ une heure. Son premier soin avait été de se rendre chez M. Félix Chaperon, avocat, ancien bâtonnier, et de réclamer son secours. M. Félix Chaperon s'était aussitôt présenté à la porte de la prison en demandant à voir M. Delmas en qualité de défenseur, mais le geôlier lui avait déclaré que le prisonnier était au secret et que nul ne pouvait pénétrer auprès de lui.

M. Delmas, qui a pris depuis dix ans dans toutes les élections du canton de Sainte-Foy la part la plus active, s'était montré depuis un mois un des plus chauds partisans de ma candidature, et le journal officiel de la préfecture de Bordeaux avait donné à ses sympathies pour moi une bruyante notoriété.

Diverses menaces avaient déjà été adressées à M. Delmas, mais elles n'avaient pas sufli à l'intimider. Quoique prévenu, je ne supposais cependant pas qu'elles se traduisissent par une arrestation aussi brutale à l'heure même de l'ouverture du scrutin.

Décidé à tout faire pour éviter la prolongation d'une captivité qui pourrait être fatale à la santé de M. Delmas et dont je devais accuser exclusivement son zèle pour ma cause, je résolus de tenter immédiatement une demande en sa faveur.

Accompagné de M. Ed. de Lavaux-Martin, qui voulut bien se joindre à moi, je me rendis d'abord chez M. Félix Chaperon, qui, après nous avoir relaté de nouveau son infructueuse démarche à la prison, eut la bonté de venir avec nous chez M. le procureur impérial.

Reçus immédiatement par ce magistrat, je pris la liberté de lui exposer qu'en présence de la situation toute spéciale qui m'était faite par la lutte électorale, je me croyais le droit de lui demander si l'arrestation de M. Delmas avait pour but, direct ou indirect, un incident quelconque de cette lutte, ou bien si elle était motivée par des faits particuliers et étrangers aux élections.

M. le procureur impérial n'hésita pas à me répondre que M. Delmas avait été arrêté uniquement pour le fait d'incidents électoraux. — Depuis longtemps l'ardeur et l'activité de M. Delmas lui avaient été signalées

par le commissaire de police de Sainte-Foy, et il avait
répondu à ces avertissements, qu'il y aurait lieu d'arrêter M. Delmas et de l'envoyer à Libourne, si M. le
commissaire de police trouvait que l'intervention de ce
membre du conseil municipal dépassait les bornes de
la légalité. C'est sur cet ordre que M. Delmas avait été
arrêté le matin, prévenu qu'il était d'avoir dans un lieu
public, à propos de la dépêche de M. le sénateur administrateur du département de la Gironde, relative au
passage du chemin de fer de Bergerac sur la rive gauche de la Dordogne, tiré des inductions malveillantes
et injurieuses des affirmations contradictoires qu'il
relevait dans la dépêche du préfet de la Dordogne, et
de s'être laissé aller à s'écrier à ce propos : « On ne se
f..... pas ainsi du peuple. » M. le procureur impérial
ajoutait que M. Delmas avait outrepassé, en ce faisant,
les bornes d'une juste discussion, et manqué à la
loyauté, puisqu'il avait négligé d'ajouter qu'une seconde dépêche de M. le sénateur venait de confirmer
son premier dire.

Je pris la liberté de faire observer à M. le procureur
impérial que les torts de M. Delmas, quant au fond, ne
me paraissaient pas bien graves, et qu'il faudrait attendre, pour les apprécier, que les autorités se fussent
elles-mêmes mises d'accord, sur les faits qui donnaient
lieu entre elles à de si étranges démentis; que, quant à
la forme, je passais volontiers condamnation sur l'in-
convenance du terme, sans être disposé à reconnaître
que M. Delmas s'en fût servi.

Mais j'ajoutai que cette arrestation, au moment
même où l'urne électorale allait s'ouvrir, était un fait
grave, profondément regrettable, qu'il ne me paraissait à aucun degré justifié par la prévention énoncée ;
qu'en tout cas, il produirait sur les esprits surexcités
une impression pénible et fâcheuse dont je tenais à
répudier la responsabilité. Je dis encore que, cause
première du coup qui venait frapper M. Delmas, et

préoccupé de l'effet qui pourrait en résulter pour sa santé déjà altérée, je tenais à faire les derniers efforts pour le faire rendre à la liberté le plus tôt possible.

M. le procureur impérial me répondit que M. Delmas serait interrogé le lendemain, et qu'il était probable qu'à la suite d'un premier interrogatoire, il serait rendu provisoirement à la liberté.

Je répliquai aussitôt qu'une nuit passée en prison et dans ces conditions pourrait être fatale à la santé de M. Delmas, et que pour éviter qu'il en fût ainsi j'étais disposé, si besoin était, à fournir telle caution qui me serait demandée, et à garantir qu'il se représenterait à la première réquisition de la justice.

Comme je remarquais que cette proposition ne décidait pas M. le procureur impérial, j'ajoutai que ce n'était pas au point de vue de mes intérêts électoraux que je réclamais l'élargissement de M. Delmas, et qu'en preuve, j'étais tout prêt à m'engager sur l'honneur à ce que M. Delmas, s'il était rendu à la liberté, ne retournerait pas à Sainte-Foy, et ne quitterait Libourne qu'après la clôture du scrutin, le lendemain du 1er juin.

M. le procureur impérial me répondit aussitôt qu'à cette condition, *mais à cette condition seulement*, il consentirait à la mise en liberté de M. Delmas, si M. le juge d'instruction ne s'y opposait pas.

Il accepta alors ma déclaration et ma parole, dont MM. Félix Chaperon et Ed. de Lavaux-Martin, prirent acte avec lui, mais à deux reprises, il me répéta qu'il ne consentait à l'élargissement de M. Delmas que contre mon engagement d'*honneur*, que le conseiller municipal ne paraîtrait pas à Sainte-Foy tant que la lutte électorale ne serait pas terminée. — Je pris acte à mon tour de son insistance, en constatant qu'elle ne laissait aucun doute sur les causes toutes politiques, et sur l'objet spécial de l'arrestation.

Nous nous mîmes sur-le-champ à la recherche de

M. le juge d'instruction, et, le rencontrant sur la promenade à la porte même de M. le procureur impérial, nous le ramenâmes chez celui-ci.

M. le juge d'instruction, n'ayant point encore été saisi de cette affaire, déclara ne mettre aucun empêchement à la solution proposée, et M. le procureur impérial me remit sur place l'ordre d'élargissement, en m'invitant à n'en user que si M. Delmas s'obligeait envers moi à respecter l'engagement que je venais de prendre pour lui.

Je me rendis aussitôt à la prison, accompagné de MM. Félix Chaperon et Ed. de Lavaux-Martin, et M. Delmas fut rendu à la liberté. Sur quoi j'affirme tout ce qui précède et le signe.

Libourne, ce 3 juin 1863.

Signé : le duc DECAZES.

(Suivent deux lettres de MM. Félix Chaperon et Ed. de Lavaux-Martin affirmant l'exactitude du récit précédent.)

N. 143.

Je soussigné, Delmas Lucien, membre du conseil municipal de Sainte-Foy-la-Grande, atteste les faits suivants :

Deux candidatures sérieuses étaient en présence dans l'arrondissement de Libourne : celle de M. Arman, candidat du gouvernement, et celle de M. le duc Decazes, candidat non patronné.

Dans le canton de Sainte-Foy, personne n'ignorait mon intervention pour faire prévaloir la candidature de M. Decazes, et quelques personnes savaient déjà, à cette occasion, que mon arrestation s'effectuerait le dimanche 31 mai.

J'avais, en effet, fait quelques démarches dans le canton, distribué des bulletins, et partout, je trouvais de si vives sympathies pour M. le duc Decazes, que je pouvais déjà, sans présomption, compter sur le succès le plus complet, lorsque le 27 mai, dans la soirée, arrivèrent à Sainte-Foy deux employés de la sous-préfecture de Libourne, porteurs d'une dépêche dite ministérielle annonçant : « Qu'il avait été décidé, en « conseil des ministres, que la ligne ferrée du chemin « de fer de Libourne à Bergerac, passerait sur la rive « gauche (Sainte-Foy) avec un pont à la Magdeleine « (Bergerac). » Cette dépêche ne se produisait toutefois qu'*officieusement*, et non *officiellement*.

A cette occasion, un sieur Bournisseau, débitant de boissons, et, comme tel, placé sous l'influence de l'administration locale, m'interpella en ces termes : «Connaissez-vous la dépêche?» Sur ma réponse négative, il ajouta: «Lisez-la, la voici affichée.» L'ayant lue, je lui fis observer qu'elle n'était qu'officieuse et ne décidait rien, observation que ledit Bournisseau se hâta de rapporter au valet de ville Laville, dit Gabanot, ce dernier au commissaire de police, lequel en ayant sans retard instruit M. le procureur impérial, ce magistrat écrivit à M. le juge de paix pour qu'il eût à me faire connaître que si je répandais de fausses nouvelles, je deviendrais l'objet de ses poursuites. Je répondis à M. le juge de paix : « Je n'ai rien à redouter, mes « habitudes en matière d'élections n'ont jamais rien « que de très-légal. »

Les 28 et 29 mai s'écoulèrent sans accidents.

Le samedi 30, le commissaire de police me fit appeler dans son cabinet, où je me rendis.

« Je suis chargé par M. le procureur impérial, me « dit-il, de vous *enjoindre* de cesser toute participation « aux élections, à défaut de quoi j'aurais à dresser « contre vous procès-verbal et même à procéder à votre « arrestation immédiate. »

« Monsieur le commissaire, lui répondis-je, en ré-
« commandant par des moyens légaux la candidature
« de M. Decazes, j'use de mes droits d'électeur, et mon
« intention est de continuer l'œuvre que j'ai commen-
« cée sans m'arrêter à des menaces qui me semblent
« extra-légales. » Nous nous quittâmes après lui avoir
fait observer que, dans tous les cas, nous avions des juges
en France.

Le soir du même jour arriva de Bergerac *le Péri-
gord*, journal local, contenant une dépêche de M. le
préfet de la Dordogne, déclarant « *controuvée* celle déjà
reçue de Bordeaux. »

Le dimanche 31 mai, premier jour des élections, à
six heures environ du matin, M. le maire de Sainte-
Foy lisait publiquement et *officiellement*, dans les rues,
une dépêche émanant de la sous-préfecture de Libourne,
donnant un démenti des plus formels à celle du préfet
de la Dordogne, ajoutant cette phrase qui lui appartient : « Vous reconnaîtrez, mes amis, ceux qui vous
« trompent et ceux qui vous servent. » Je me retirais
lorsque, rencontrant un groupe d'amis, je leur lus le
journal de Bergerac, et, ajoutant ces mots, je leur dis :

« Hippocrate dit oui, Galien dit non; qui a raison,
« de Galien ou d'Hippocrate? » Deux heures après, je
causais près de l'hôtel de ville, dans les magasins des
sieurs Desforges, père et fils, négociants, lorsque le
commissaire de police, assisté du maréchal des logis de
la gendarmerie et d'un gendarme, vint me déclarer
qu'il me mettait en arrestation, en m'intimant l'ordre
de le suivre. Arrivés ensemble dans son cabinet, je lui
demandai : Pour quel motif et en vertu de quels ordres
il m'arrêtait?

« Vous avez lu publiquement la dépêche venant de
« Bergerac; dans une heure vous partirez pour
« Libourne. » Et non-seulement, ajouta le maréchal
des logis, vous l'avez lue, mais vous l'avez commentée.
—Brigadier, lui répondis-je, brigadier, vous avez

raison.—Deux heures après, en effet, j'étais conduit à Libourne entre deux gendarmes, armés de leur carabines. Je fus présenté à M. le procureur impérial qui, n'ayant pas le temps, me dit-il, de s'occuper de mon affaire sur-le-champ, se borna à me faire écrouer provisoirement.

Vers les huit heures du soir, M. le duc Decazes, accompagné de M. Chaperon, avocat, et M. de Lavaux-Martin, négociant, vint à la prison me faire connaître que dès ce moment j'étais libre, à la *condition que je consentirais à ne reparaître à Sainte-Foy qu'après les élections.*

Tel est, messieurs les députés, l'historique d'un épisode des élections à Sainte-Foy-la-Grande.

Personnellement outragé et vivement blessé, je m'abstiendrai de toute appréciation sur la validité de l'arrestation, de même que je ne qualifierai pas le degré de légalité des mesures exercées contre ma personne en ma qualité de citoyen et d'électeur. Je me tairai également sur l'impression produite sous mes yeux sur une masse compacte et évidemment intimidée. Je me bornerai à vous demander à la fois justice et réparation, me reposant avec confiance sur la décision que vous croirez devoir prendre à cet égard pour le passé, et en ce qui me concerne pour l'avenir, afin qu'un pareil abus ne puisse se reproduire. Je n'ai pas besoin d'ajouter, messieurs les députés, que tout ce que je retrace dans ce rapport, la main sur la conscience, peut être affirmé par les témoignages de plus de cent personnes.

J'ajoute que diverses réclamations, qui vous sont produites d'autre part, confirment ce que je vous dis de l'impression profonde de terreur produite sur les populations par la violence dont j'ai été l'objet.

J'ai l'honneur d'être, etc.

Signé : DELMAS (Lucien.)

Sainte-Foy, 15 juin 1863.

X

SCRUTIN

N. 144.

Les soussignés, électeurs de la commune de Milhau (Aveyron), protestent contre l'action violente et illégale de certains agents de l'autorité qui, pendant les journées des 31 mai et 1er juin derniers ont publiquement porté atteinte à la liberté et à la sincérité du vote par des manœuvres ayant pour but d'intimider et de tromper les électeurs, et notamment par les faits suivants :

1° Durant les deux jours des opérations électorales, le vestibule du palais de justice, dans une salle duquel se trouvait le scrutin, a été constamment occupé par des gendarmes, le commissaire de police et les gardes de la commune, lesquels, décorés de leurs plaques, et placés aux portes du palais, arrêtaient les électeurs, leur offraient des bulletins du candidat officiel et les obsédaient pour les forcer à les accepter, allant jusqu'à déclarer à quelques-uns qu'un bulletin de ce candidat était indispensable pour pouvoir voter. Le témoin se nomme Antoine Delmas, boucher, qui, présentant au bureau un de ces bulletins ouverts, affirma qu'un des gardes l'avait forcé de le prendre en lui disant qu'il ne pourrait, sans cela, être admis à voter;

2° Les gardes communaux étaient secondés dans leurs manœuvres par MM. Calvet et Dardé....lesquels, sous les yeux de M. le commissaire de police, n'ont cessé d'arrêter les électeurs, insultant les uns, intimidant les autres, et les accompagnant dans l'escalier et même jusque dans la salle du vote, pour s'assurer que les bulletins remis par eux ou par les gardes étaient exactement déposés. L'un d'eux, le sieur Dardé, s'est permis de menacer de punir ceux qui ne voteraient pas pour le candidat officiel. Ce propos, tenu à haute voix dans le vestibule du Palais, a été entendu par les sieurs Calmels, docteur en médecine, et Cros, propriétaire négociant.

Les excitations, les menaces et les insultes de ces hommes, qui auraient dû être chassés honteusement, et dont l'effronterie ne connaissait pas de bornes, n'ont jamais attiré un mot de blâme de la part de M. le commissaire de police, tandis que la moindre observation faite dans l'intérêt de la candidature de M. de Bonald était à l'instant réprimée par une menace de procès-verbal, tandis que M. Fabry, chevalier de la Légion d'honneur, membre du conseil général et du conseil municipal de Milhau se vit refuser par M. le commissaire de police, sous le prétexte qu'il avait déjà voté, l'entrée de ce palais de justice;

3° Les soussignés protestent aussi à raison des dons très-considérables faits, quelques jours avant les élections, aux Sociétés de secours mutuels de la ville de Milhau, par le gouvernement, dons qui ont eu pour résultat d'influencer le vote d'un grand nombre de

membres de ces Sociétés, et qui constituent, par conséquent, sinon un fait de corruption, tout au moins
une manœuvre illégale.

En conséquence, les soussignés, considérant que ces
manœuvres ont intimidé un très-grand nombre d'électeurs et ont eu une influence incontestable sur le résultat du scrutin, ont l'honneur de les signaler au Corps
législatif comme ayant porté une atteinte grave à la
liberté et à la sincérité du vote dans la commune de
Milhau.

Fait à Milhau, le 20 juin 1863.

(Suivent cent quarante signatures, parmi lesquelles
un membre du conseil général, un membre du conseil municipal, des médecins, des négociants, etc.)

N. 145.

Extrait d'une lettre adressée
A MM. LES DÉPUTÉS DU CORPS LÉGISLATIF.

Messieurs les Députés,

Les soussignés, électeurs inscrits de la ville de Cavaillon, première circonscription du département de
Vaucluse, ont l'honneur de vous adresser la présente
protestation contre l'élection de M. Pamard, comme
député au Corps législatif; laquelle protestation est
basée sur les faits suivants :

1º Pendant les deux jours du vote, le commissaire
de police, entouré d'une vingtaine d'agents de l'autorité : gardes champêtres, gardes-canaux, cantonniers,
fourriers de ville, secrétaires de la mairie, officiers de
pompiers et gendarmes, est resté en permanence dans
les pas-perdus de l'hôtel de ville, seul endroit par où

les électeurs pouvaient passer pour se rendre à la salle du scrutin. Là, à mesure que les électeurs de la campagne arrivaient, ils étaient entourés par les agents de l'autorité qui leur faisaient exhiber non-seulement leurs cartes d'électeurs, mais aussi leurs bulletins de vote ; et si ceux-ci portaient le nom du candidat de l'opposition, ils étaient enlevés de leurs mains et remplacés par d'autres au nom du candidat officiel.

Le premier jour du vote, cette manœuvre se fit à peu près sans entraves, parce que les électeurs de l'opposition, ayant décidé de ne voter que le lendemain, n'avaient exercé qu'une surveillance presque nulle sur les agents de l'autorité.

2° Le second jour du vote, le scrutin fut ouvert à *six heures du matin,* au lieu de l'être à huit, comme le veut la loi.

Quelques électeurs de l'opposition ayant décidé de rester dans les pas-perdus, pour empêcher par leur présence que les bulletins de leur candidat ne fussent enlevés des mains des électeurs timides, comme cela avait eu lieu la veille, furent témoins d'une violente sortie du juge de paix contre ceux qu'il appelait les ennemis du gouvernement ; comme s'il suffisait de penser autrement que cet honorable magistrat pour être, par cela seul, ennemi du gouvernement.......

. . . .

Après cette sortie de M. le juge de paix, M. le maire, en sa qualité de président du bureau, donna l'ordre de faire évacuer les pas-perdus, non par ses agents, comme son devoir lui commandait de le faire, mais par les quelques électeurs qui s'y trouvaient. Deux de ceux-ci furent violemment jetés à la porte par le commissaire de police, qui les accabla d'invectives. Dès lors, il ne fut plus possible d'exercer aucune surveillance. . . . .

Presque immédiatement après, le commissaire de police sortit de l'hôtel de ville, précédé d'un tambour et escorté de gardes champêtres et de gendarmes, pour lire sur la place et dans les rues une proclamation du maire, qu'il accompagna d'une harangue improvisée.

Dans cette proclamation et cette harangue, publiées un jour de marché, au milieu de plusieurs milliers d'étrangers, il fut dit que ceux qui patronnaient la candidature de M. Thourel étaient des canailles, des gens sans aveu, sans sentiments et sans morale, repris de justice, internés, gens ayant failli à l'honneur, etc.. Et la harangue se terminait par ces mots : « Électeurs, « si vous voulez qu'on respecte vos familles et vos pro- « priétés, votez pour le candidat du gouvernement ! Si « vous votez contre lui vous vendrez vos cocons douze « sous, comme en 1848. »

3º Les scrutateurs, pour faire le dépouillement des votes, au lieu d'être pris parmi les électeurs présents dans la salle au moment de la fermeture du scrutin, avaient été désignés d'avance sur une liste, et se composaient en grande partie de fonctionnaires ou employés de l'administration : percepteur, huissier, greffier de la justice de paix, officiers des pompiers et secrétaires de la mairie. Le nombre de ces fonctionnaires n'étant pas suffisant pour compléter le personnel des tables, on envoya querir à domicile plusieurs autres électeurs dévoués, et ceux de l'opposition furent écartés avec le plus grand soin.

Pendant le dépouillement, la masse des électeurs fut tenue à une distance qui permettait difficilement le contrôle, et si quelqu'un d'eux s'avisait de faire une observation aux scrutateurs, il était aussitôt menacé d'être *coffré* par le commissaire de police, s'il ne faisait pas silence.

Tels sont, messieurs les députés, les faits dont les soussignés offrent de faire la preuve par de nombreux témoignages, et contre lesquels ils protestent de toute la force de leur respect pour la légalité et la liberté du suffrage universel, audacieusement violées.

18

En conséquence, ils ont l'honneur de vous demander l'annulation de l'élection de M. Pamard.

Fait à Cavaillon, le 2 juin 1863.

Cette protestation a été signée par une centaine de personnes honorables.

N. 146.

Les soussignés, tous électeurs de la commune de Morannes (Maine-et-Loire),

Certifient et affirment sur leur honneur qu'il est à leur connaissance et de notoriété publique :

Que le scrutin des électeurs s'est ouvert le trente-un mai dernier, à sept heures du matin, que depuis ce moment jusqu'à dix heures du matin, commencement de la grand'messe, temps durant lequel les électeurs se présentaient en très-grand nombre, M. Fillon, placé au bas de l'escalier de la mairie, ayant à ses côtés le garde champêtre de la commune et le garde des biens des hospices d'Angers, pour les biens situés dans la commune de Morannes, profitant de son influence et de celle de son entourage, vérifiait les bulletins des habitants de la campagne et échangeait ceux au nom de M. Freslon contre les bulletins de M. de Chauvigné ;

Que cette conduite de la part de M. Fillon et des gardes a dû enlever un grand nombre de voix à M. Freslon pour les faire passer à son compétiteur ;

Que le bruit s'est même répandu dans la localité que le percepteur s'était vanté au maire d'avoir *soulevé* un grand nombre de bulletins de M. Freslon, en les lui montrant par poignées, fait qui peut être constaté par l'un des membres du bureau.

En foi de quoi les soussignés ont délivré le présent certificat.

Morannes, le 1er juin 1863.

RENÉ-TOUZÉ.
Constant LORILLEUX.

Je certifie de plus que j'étais assez près de M. le percepteur Fillon pour entendre ses paroles quand il se vanta près du maire d'avoir enlevé des bulletins de M. Freslon, car j'entendis ces mots : « J'en ai bien empoigné! » Et pour justifier son dire, il tira de sa poche une grande poignée de bulletins dont il déploya quelques-uns.

M. Sebron, ferblantier à Morannes, a raconté au café devant moi et M. Suard, et Charone!, et Joseph et Hubert, que Lanné, fermier à la Milasserie, se serait plaint que M. Fillon lui eût enlevé son bulletin au nom de M. Freslon, pour le remplacer par un bulletin de M. de Chauvigné, que, *dans son émotion*, il avait néanmoins déposé à Morannes le 1er juin 1863.

Constant LORILLEUX.

N. 447.

Je, soussigné, électeur de la commune de Morannes, certifie et affirme sur mon honneur le fait suivant :

.... En passant sur la place, j'ai entendu M. Fillon, percepteur de cette commune, se vanter à M. le maire d'avoir enlevé aux électeurs une certaine quantité de bulletins portant le nom de M. Freslon, et, comme justification de ses paroles, il en tira une poignée de sa poche; il les montra aussitôt au maire.

Je sais que le scrutin s'est ouvert dès sept heures du matin et que, depuis cet instant jusqu'à dix heures, il

n'a pas cessé d'être occupé à changer les bulletins de
M. Freslon contre ceux de M. Bucher de Chauvigné,
en leur disant que s'ils mettaient les bulletins de
M. Freslon ils auraient immédiatement la guerre.

En foi de quoi j'ai délivré le présent certificat.

Morannes, le 31 mai 1863.

Constant LORILLEUX.

N. 148.

Je reconnais avoir posé des bulletins de M. Pontalis
sur la table du vote, et M. le maire les a retournés de
suite, c'est-à-dire leur a mis le signe en dessous. Je
remonte à la mairie un moment après, il n'y en avait
plus. Je demande où ils étaient, on me dit qu'on n'en
sait rien; que c'étaient sans doute des personnes qui
les avaient pris. J'en ai remis d'autres, ils ont disparu
de suite, et M. l'instituteur me dit que je faisais des
rassemblements pour faire voter pour M. Pontalis,
qu'il pourrait me faire prendre. Et cela n'a pas été.
M. le maire dit que si j'avais besoin à la préfecture,
qu'il me le rendrait.

Je reconnais avoir vu voter un homme deux fois, et
il y avait 145 votants et 146 bulletins dans l'urne.

Je reconnais que le dimanche 31 mai, étant chargé
de distribuer des bulletins de M. Lefèvre-Pontalis,
devant la mairie, M. le maire est venu me chercher
noise, vu que je donnais des bulletins à des électeurs,
il me donna cinq minutes pour circuler, et M. le garde
champêtre, étant venu apporter des cartes d'électeurs,
portait des bulletins de M. Dambry, et disait que
c'étaient les bons, que si on en rapportait d'autres, il
fallait les brûler, parce qu'ils ne valaient rien.

Morainvilliers (canton de Poissy).

Signé : BÉGUIN-GORGON,

N. 149.

Déclaration que le garde champêtre des Peintures (Gironde) a changé des bulletins, et accompagnait les électeurs jusqu'au bureau.

Ont signé : Jean CARTEAU.

BOUSSIER, fils aîné.

Mêmes faits à Saint-Germain-la-Rivière.

Ont signé : NICOLAS.
MARCEL.
DOUBLET.

N. 150.

Les soussignés, tous électeurs domiciliés à Nasbinals, déclarons et affirmons que le jour de l'élection, M. Breschet, maire provisoire, se tenait à la porte de la mairie; et que là, il enlevait ou tentait d'enlever les bulletins des électeurs, lorsque ces bulletins portaient le nom Chambrun. — Il les remplaçait par des bulletins Barrot. — Plus de vingt électeurs en témoigneront.

Le 21 septembre 1863.

Signé : CHAZALS et ROCHER.

J'affirme le fait pour l'avoir vu de mes yeux.

Signé : GINISTY.

N. 151.

Esertine, le 15 juin 1863.

Nous, soussignés, conseillers de la commune d'Esertine-en-Chatelneuf, déclarons avoir vu échanger des bulletins dans la salle électorale par le garde champètre, et des électeurs nous ont déclaré avoir été menacés de procès-verbaux s'ils ne déposaient pas leur bulletin pour M. Bouchetal.

Approuvé par nous.

Signé : PAYET, VIAL et VIAL.

Vu les signatures pour légalisation en mairie, le 29 juin 1863.

Signé : BRUNEL.

N. 152.

A Monsieur le préfet de la Haute-Loire.

Monsieur le préfet,

Les soussignés, MM. Adrien François Baffie, propriétaire au Trémoin, Guillaume Lafont, propriétaire à Abouline, Louis Gauthier, propriétaire, aussi au même lieu d'Abouline, Jean-Baptiste Plantin, cultivateur, aussi au même lieu d'Abouline, Jean-Pierre Bouchet, maréchal-ferrant, et Mathieu Bouchet, propriétaire, ces deux derniers au chef-lieu de la commune de Saint-Christophe d'Allier, Amblard (Antoine), au Mégnard, et Mazel (Jacques) à Gouzabeau,

Ont l'honneur de porter à votre connaissance les faits regrettables qui se sont produits les 31 mai et 1er juin courant, au sujet des élections d'un député au Corps législatif pour la deuxième circonscription du département de la Haute-Loire.

Deux candidats étaient en présence, MM. de Romœuf et de Flaghac.

M. de Romœuf a obtenu la majorité des suffrages dans cette commune, mais dans des circonstances exceptionnelles dont les soussignés se font un devoir de vous faire connaître la vérité.

1° Le maire a formé le bureau avant d'ouvrir la séance, et y a appelé le sieur Amblard son beau-frère, l'instituteur primaire et en outre deux conseillers à lui dévoués; on a d'abord ouvert le bureau à sept heures et demie. Là, le maire s'est tenu à la porte de la salle ou dans la salle pendant le temps que l'élection a eu lieu, et y a distribué des bulletins portant le nom de M. de Romœuf, et accompagnait les électeurs jusque devant la boîte du scrutin, et forçait ainsi les électeurs, soit par des menaces ou des promesses à voter pour son candidat, et malgré les observations qui lui ont été faites conformément à la loi, il a laissé continuellement sur le bureau des bulletins portant le nom de M. de Romœuf, et lorsque des observations se sont produites sur ce fait, il a menacé les réclamants de leur faire évacuer la salle ou de leur dresser procès-verbal; pour plus d'oppression, il s'est allé, muni de son écharpe pour intimider le public, et a insulté, ainsi que l'instituteur, tous les électeurs qui leur paraissaient utiles à la candidature de M. de Romœuf.

Arrivé au moment de clore le scrutin, les soussignés ont observé que la boîte devait être fermée à double clef et scellée, laquelle devait être placée dans un lieu sûr et gardé; mais rien de tout cela n'a été fait; seulement, sous l'instance des soussignés, une serrure et un cadenas y ont été placés, mais aucune bande n'a été placée sur les serrures, et on a laissé la boîte dans une salle de l'école servant de passage et à la merci du public, sans vouloir l'enfermer dans un lieu sûr ni la laisser garder, ayant intimé aux personnes disposées à sa garde d'évacuer la salle, que personne n'avait le droit d'y rester. Les soussignés ignorent entre les mains de qui sont restées les deux clefs ; le lendemain matin 1er juin, on ouvrit la boîte. Plusieurs des soussignés se présentèrent pour vérifier les opérations; ils ne trouvèrent que deux membres, un assesseur et le secrétaire.

. . . .

Tels sont, monsieur le préfet, les résultats obtenus par la pression de l'administration, dont les soussignés viennent vous faire part dans l'intérêt de la morale et de la vérité.

Ils ont l'honneur d'être,
    Monsieur le préfet,
  Vos très-humbles et très-respectueux serviteurs.

(Treize signatures.)

Saint-Vénérand, le 4 juin 1863

N. 153.

Les électeurs soussignés de la commune de Reilhac, agissant tant pour eux que pour leurs concitoyens illettrés, exposent que les élections, en ce qui les concerne, ont été viciées, ou tout au moins ont été faites sous le coup d'une pression fâcheuse et regrettable de la part de l'administration.

1° En ce que le 31 mai, le maire, comme président du bureau constitué pour les opérations électorales, aurait déchiré un bulletin qu'il savait exprimer un vote contraire au candidat de l'administration, au moment où l'électeur, Jean Martin, le lui a présenté pour qu'il eût à l'introduire dans l'urne, et aurait, au moment où le sieur Boularand (Jean) déposait un vote favorable à M. de Flaghac, proféré contre lui cette menace: Qu'il eût à prendre garde à lui, qu'il le ferait repentir de cet acte d'indépendance;

. . . .

2° En ce que l'instituteur communal, qui s'était déjà signalé par des actes de violence répréhensibles et des injures adressées au candidat non officiel, ainsi qu'aux personnes dévouées à sa cause, aurait retiré des mains de deux électeurs illettrés, les nommés Vital et Ceret deux bulletins favorables à M. de Flaghac et y aurait substitué deux bulletins de Romœuf;

3° En ce que le sieur Vital Brun, l'un des assesseurs, lui ayant fait observer que ces actes violaient la loi et entravaient la liberté du vote, cette observation aurait attiré de la part du président audit sieur Brun des paroles blessantes;

4° En ce que, à la suite de la discussion provoquée par cette conduite coupable, plusieurs électeurs porteurs de votes contraires à la candidature administrative s'étant successivement présentés, le maire se levant brusquement de son siége aurait, en frappant violemment du poing sur la table, traité de mauvais citoyens, de révolutionnaires et de traîtres envers le pays, ces électeurs qui venaient paisiblement user de leur droit électoral, ajoutant de plus que leur conduite perdait la commune, qu'ils seraient abandonnés de l'administration et qu'ils n'obtiendraient jamais plus rien depuis par l'intermédiaire du député sortant et dont l'exhibition se fit avec un éclat que chacun se rappelle;

5° En ce que le même assesseur Brun, fatigué d'une sortie aussi violente qu'inconvenante, ayant voulu faire remarquer au président que sa conduite portait atteinte à l'indépendance des électeurs, aurait été traité d'ivrogne et sommé d'avoir à sortir de la salle électorale, sommation à laquelle il aurait obéi dans la crainte de voir exécuter la menace qui lui était faite de l'emploi de la force publique;

6° En ce que dans le cours des opérations, le maire, et l'instituteur, pour engager les électeurs à voter pour le candidat officiel, affirmaient que quelque fût le nombre de suffrages obtenus par M. de Flaghac, M. de Romœuf serait élu député; et comme pour donner plus de poids à leur affirmation, ils offraient de parier cent contre un, que les choses se passeraient comme ils le disaient;

7° En ce que l'opération des scellés à apposer sur la boîte du scrutin a été faite par le maréchal des logis de gendarmerie, le maire s'étant retiré dans son domicile avant d'avoir satisfait à cette prescription de la loi.

En conséquence, en présence des faits qu'ils viennent d'articuler et auxquels une enquête donnerait encore un caractère de gravité plus considérable, les susdits électeurs protestent de la manière la plus formelle contre lesdites opérations et en demandent la nullité.

(Trente-sept signatures.)

N. 154.

A Monsieur le préfet de la Haute-Loire.

Monsieur le préfet,

Les soussignés Valentin Clément, propriétaire à Romagnac, Baptiste Clément, scieur au long aussi à Romagnac, Pierre Bertrand, cultivateur à Malavieille, Jean Boucher, cultivateur à la Malmelie, ont l'honneur de porter à votre connaissance les faits regrettables qui se sont produits le 31 mai et 1er juin courant, au sujet des élections au Corps législatif.

Le maire convoqua les électeurs pour se réunir à son domicile, tandis qu'il y avait une maison commune, où jusque-là on avait toujours fait les élections.

Ayant réuni les électeurs chez lui, dans un petit salon d'environ trois mètres carrés, il forma son bureau comme il voulut et exclut tous ceux qu'il doutait n'ê re pas ses partisans; pour arriver à ce petit salon, il fallait traverser sa cuisine, et là, les électeurs étaient engagés à manger et boire, et en rentrant dans le salon, le maire donnait des bulletins à chaque électeur, pris parmi ceux disposés dans le bureau au nom de M. de Romœuf et les faisait immédiatement déposer dans la boîte.

Sur les observations faites par les soussignés, qui protestèrent contre ce dépôt et cette distribution illégale, le maire fut forcé de faire enlever lesdits bulletins de dessus le bureau et les fit placer dans sa cuisine, et là, lorsqu'un électeur se présentait, il quittait son siége, et allait lui remettre un bulletin, et le conduisait jusqu'au scrutin où il était forcé de déposer leur bulletin, et lorsqu'un électeur refusait d'accepter son bulletin, il prenait la liberté d'ouvrir le bulletin qui lui était remis avant de le déposer dans la boîte. Enfin, toute la journée fut employée par le maire à faire la fraude en influençant les électeurs par des promesses et des manœuvres frauduleuses.

Le 31 mai, au moment de la clôture du scrutin, les soussignés firent observer au maire que la boîte devait être scellée et cachetée et fermée avec deux clefs. Celui-ci répondit qu'il y avait une serrure qui pouvait suffire, et plaça une bande sans y mettre ni le sceau de la mairie, ni signature, et on plaça la boîte dans une armoire du petit salon qui ne fut point scellée. Cette opération faite, il engagea le public à se retirer de chez lui; dès lors, il appela ses partisans pour leur offrir à boire et à manger, ce qui fut exécuté. Parmi eux se trouvaient les deux frères Jean et François Delorme qui, arrivant pour voter, ayant un bulletin chacun pour M. le baron de Flaghac furent arrêtés à la porte et engagés à boire et à manger avant de déposer leur vote; et ce ne fut en effet qu'après cela, qu'ils rentrèrent dans la salle séparément portant le billet qui leur avait été remis par le maire, que ce dernier déposa dans l'urne.

Le premier jour, la caisse fut décachetée avant l'ouverture de la séance, et sans la participation du bureau; elle fut gardée par le maire et l'instituteur, les autres membres du bureau furent absents toute la journée, à tel point que le maire fut obligé d'envoyer chercher à quatres heures du soir le sieur Jourdan, propriétaire, qui n'avait pas paru la veille à la formation du bureau, et ne fut appelé le lendemain que pour remplacer Lengony, qui ne se présenta pas.

. . . .

. . . .

Une partie des faits ci-dessus se sont produits en présence d'un gendarme d'Alleyras, et du facteur rural Champ, qui ont été pris à témoin.

Lors de la clôture du procès-verbal, les soussignés ont insisté, pour que les faits ci-dessus fussent constatés dans ledit procès-verbal; mais le maire s'y est formellement réfusé, et n'a pas voulu donner son refus par écrit. Cela s'est passé en présence des témoins ci-dessus désignés.

Tels sont les faits que les soussignés veulent bien porter à la connaissance de la morale publique et de la vérité.

Ils ont l'honneur d'être, monsieur le préfet,

Vos très-humbles et respectueux serviteurs,

BAFFIE.

On a fait voter le fils Bacon de France, qui n'a pas encore 21 ans.

(Quatorze signatures apposées.)

Saint-Christophe d'Allier, le 4 juin 1863.

N. 155.

Extrait d'une lettre de M. Bideaud, de Vercel.

ÉLECTIONS A VERCEL

1º Le 26 mai, quatre jeunes gens, de familles honorables, adressèrent au crieur public des plaisanteries qui avaient trait aux élections, mais qui étaient fort innocentes. Le crieur public était pris de vin. Honeste Antonio, l'un des quatre, fut appelé trois fois au cabinet du commissaire de police, qui lui dit qu'il le laisserait tranquille à condition qu'il ne ferait pas de propagande pour M. de Mérode.

Le 28 mai, la police faisait courir le bruit que les gendarmes allaient arriver pour saisir l'un des coupables. Le 29, la police annonçait, pour le lendemain, l'arrivée à Vercel du parquet de Baume. Tous les jours, jusqu'au 31 mai, un de ces quatre jeunes gens était appelé au cabinet du commissaire de police. On savait qu'ils étaient dévoués à la candidature de M. de Mérode et la police voulait les intimider et intimider la population.

Or, pour répondre à ces moyens d'intimidation, le vicaire, sur l'avis du curé de Vercel, alla lui-même afficher deux circulaires de M. de Mérode. La police avait semé la crainte, et on ne trouvait personne qui osât afficher. La première circulaire fut placée sur la porte de la maison commune où l'on affiche ordinairement les affaires politiques et communales. La deuxième fut placée à côté de l'église, sur la porte de la remise de la maison Lochard, habitée par le juge de paix qui est locataire. Sur cette porte, on affiche les ventes, les amodiations, *les avis des particuliers*, et le vicaire affichait là, parce que c'est un *lieu ordinaire d'affiches*; il restait donc dans la lettre et dans l'esprit de la loi, et le juge de paix, en arrachant cette affiche, a commis un délit.

L'affiche venait d'être placée quand le juge de paix l'a arrachée. C'était le 28 mai à dix heures du matin, en présence du nommé Brivois, boucher, et de Sidonie Simon, veuve Gillardot. Le fait est si public qu'il ne peut pas être nié. Le juge de paix ne songerait jamais à le nier. Aussitôt qu'il eut arraché l'affiche, il entra à la cure, et il eut avec le curé une conversation qui dura une heure.

L'affaire des quatre jeunes gens, d'une part, et l'affiche arrachée, d'une autre part, décidèrent le curé et le vicaire à se partager la paroisse, et à commencer sur-le-champ une visite générale;

Le dimanche 31 mai, à six heures du soir, au moment où l'on allait sceller l'urne, le maire remit une des clefs à M. Coffin, vicaire de Vercel, membre du bureau. Le juge de paix présent en ce moment, mais non membre du bureau, dit au maire qu'il ne devait pas remettre cette clef au vicaire. Celui-ci, après avoir répondu avec calme et fermeté, dit au maire : voilà la clef, remettez-la à M. Fleury, et le maire, sur une nouvelle instance du vicaire, remit la clef à M. Fleury. Et le juge de paix, continuant avec colère, dit au vicaire, qu'il aur ait dû être aux vêpres et non à la maison commune. Le vicaire répondit qu'il remplissait un devoir de citoyen et qu'il était citoyen français aussi bien que lui juge de paix. Non, répliqua celui-ci, vous n'êtes pas citoyen français; votre chef est à Rome et le mien à Paris.

Cette scène se passait en présence de plus de 30 témoins; il y avait là, entre autres, MM. Lefort, receveur des domaines; Desprez, garde général; Charles Monnier, propriétaire; Clément Fleury, boucher; Félix Tegoux, entrepreneur de diligences.

Évidemment, le juge de paix, faisant enlever avec colère, à l'un des membres du bureau, une clef qu'il a déjà entre les mains, outrage gravement ce membre du bureau;

3º Le samedi matin 30 mai, on lisait au lieu ordinaire des affiches la pièce suivante :

« Le Gouvernement, par l'entremise de M. le sous« préfet et de M. Latour du Moulin accorde, aux pau« vres de cette commune un secours de quatre cents « francs.

« Nous espérons que les pauvres, par reconnais« sance, voteront pour M. Latour du Moulin, qui leur « a obtenu cette somme.

« Vercel, le 30 mai 1863,

« Signé : Clerc, maire. »

(Le cachet de la commune.)

Cette affiche est restée enfermée sous le grillage devant la maison commune pendant huit jours. On ne pouvait pas l'enlever, mais on a eu le temps de l'apprendre de mémoire, et elle est transcrite mot pour mot. Ce fait ne peut être nié, il est public;

4° Le juge de paix est allé trouver l'adjoint de Vercel et lui a dit qu'il l'aurait fait révoquer, s'il avait su qu'il serait favorable à M. deMérode. Le greffier du juge était présent. Ce fait est *très-certain* et *très-public* à Vercel;

5° Le commissaire de police de Vercel a menacé de révocation le garde champêtre de Longuhain, qui a dit cela à plusieurs personnes;

6° Gagen, cantonnier chef à Vercel, a circulé pendant les trois jours qui ont précédé les élections à Passonfontaine et surtout à Longemaison, promettant d'être bienveillant, quand il y aurait des délits de voirie, si on votait bien;

7° A Étalons, le maire avait numéroté les bulletins du candidat officiel et pris note du numéro de chaque électeur. M. le curé d'Étalons pourrait donner des renseignements;

8° M. Valfrey, percepteur à Valdahon a parcouru, même plusieurs fois, les principales localités du canton de Vercel. Il a menacé de faire révoquer le maire de Hautepierre ou celui du Châtelet, et présence de cinq témoins. Le curé de Hautepierre a dit qu'il pourrait désigner ces témoins;

9° M. Farsac, inspecteur des écoles, est venu à Vercel le 27 mai, et il a loué un cheval pour quatre jours; il a exercé une grande pression sur les instituteurs. Celui de La Villedieu ne s'est décidé à l'action en faveur du candidat officiel qu'après la visite de l'inspecteur.

N. 136.

Les soussignés, électeurs de la commune de Saint-Sernin-sur-Rance (Aveyron), protestent contre les élections qui ont eu lieu le 31 mai et le 1er juin, à raison des faits ci-dessous énoncés, qui ont porté atteinte à la liberté et à la sincérité des votes :

. . . .

2° Le 31 mai, à l'ouverture du scrutin, le juge de paix, expliquant les articles de la loi sur les opérations électorales, a prétendu qu'on pouvait voter à bulletins ouverts, ce qu'ont fait plusieurs électeurs. Ce fait est de notoriété publique;

3° Les bulletins étaient remis aux électeurs, dans la salle même du scrutin, et on leur enlevait ceux qu'ils avaient apportés de dehors. Ce fait est connu de tout le monde et a été l'objet d'une protestation inscrite au procès-verbal;

4° Le 31 mai, après que le juge de paix eut fait défiler devant lui une trentaine d'électeurs présents, prit le drapeau national, en criant : *Qui m'aime me suive!* et s'est promené par trois fois dans la ville, suivi d'une quinzaine de personnes qu'il recrutait dans les auberges. Il les conduisait à l'urne électorale, où elles déposaient, sans liberté, le bulletin qu'on leur offrait, et qu'on prenait, le plus souvent, sur la table même du scrutin. Ces personnes vociféraient dans les rues et criaient : à bas la religion! à bas les prêtres! vive les Juifs! Ces faits sont connus de tout le monde.

. . . .

9° Le même jour 31 mai, un membre du bureau électoral s'est permis des invectives contre l'adjoint, l'a menacé de le faire arrêter et l'a appelé un *polisson*;

10° Le sieur Lasborde, notaire et membre du bureau, voyant entrer dans la salle du bureau le sieur Combette père, est allé au-devant de lui, et, mettant la main sur les bulletins de M. Calvet-Rogniat, lui dit : « Prenez un de ces bulletins, » ce qui fut fait à l'instant devant tout le monde;

11° Il fut déposé, malgré des protestations appuyées sur la loi électorale, des bulletins portant Calvet-Rogniat, sur le bureau. Comme on refusa de les retirer, sous prétexte qu'on ne pourrait renoncer à un droit que nous donne une loi quelconque, un électeur présent déposa des bulletins de M. de Bonald, et pas un ne parut sur la table portant le nom de M. Léon Lecourtois. Ce fait et cette absence furent constatés par un grand nombre d'électeurs présents ;

12° Le sieur Portalier, chef cantonnier, a réuni les cantonniers sous ses ordres, s'est rendu avec eux à la salle du scrutin, leur a remis, en les prenant sur la table, des bulletins de M. Calvet-Rogniat, qui furent ostensiblement déposés dans l'urne ;

13° Un électeur que la charité publique entretient se présente dans la salle avec un bulletin fermé ; on le suspecte, on lui arrache son bulletin, après lui avoir demandé de qui il le tient ; on lui en remet un autre de M. Calvet-Rogniat, et on a l'air de lui faire comprendre que s'il ne dépose ce dernier bulletin il ne peut s'attendre à d'autres secours du bureau de charité. Ceci s'est passé devant un grand nombre de témoins.

(Suivent les signatures.)

N. 157.

Les élections de la commune de Guignen ont donné lieu à une protestation fort vive, dans laquelle on prétend que les opérations du scrutin sont entachées de nullité. Voici les principaux faits allégués par les signataires de cette protestation :

1° Le scrutin a été ouvert dès cinq heures du matin, contrairement à l'article 25 du décret du 2 février 1852 ;

2° Depuis cinq heures du matin jusqu'à onze heures, les votes ont été reçus sans que le bureau fût constitué ;

3° En violation formelle de l'article 23 du décret du 2 février 1852, le vote des électeurs n'était point constaté par le parafe d'un des membres du bureau ;

4° Une publication officielle, faite sur la place de l'église, pour engager les électeurs à se rendre au scrutin, s'est terminée par ces mots : *Ceux qui ne viendront pas seront connus* ;

5° Avant que le bureau fût constitué, on a reçu beaucoup de bulletins ouverts, en violation du secret prescrit par la loi ;

6° Enfin, il a été constaté qu'on a admis deux individus dont les noms ne figuraient point sur les listes électorales.

Cette protestation qui porte, comme on le voit, sur des faits fort graves, est signée de MM. le baron de Wolbock ; Ch. de La Grandière ; Le Bastard de Villeneuve ; Guyot, notaire ; Aubré, médecin ; Vanjoi, prêtre ; et Bertin, adjoint.

N. 158.

Nous, soussignés, électeurs de la commune de Hattstatt, canton de Rouffach, attestons par le présent que, durant l'élection des 31 mai et 1er juin derniers, des bulletins du candidat officiel, M. Aimé Gros, étaient déposés sur la table du scrutin, et que, de la sorte, les votes de ceux des électeurs qui prenaient sous les yeux du bureau lesdits bulletins, étaient nécessairement connus du président et de ses assesseurs.

Hattstatt, le 14 juin 1863.

(Suivent seize signatures, dont l'une de M. Burchard, assesseur du bureau.)

N. 159.

Bühl, le 31 mai 1863.

Monsieur Tachard,

J'ai l'honneur de vous faire part de l'injustice qui se fait dans notre district. Dans notre commune, il existe deux boîtes pour recevoir les bulletins de vote, et la majeure partie des bulletins de vote étant écrits, le bureau ne peut pas juger si c'est pour l'un ou pour l'autre, et M. le maire les ouvre pour voir votre nom ou celui de M. Gros, et quand il voit que c'est un (vote) pour M. Tachard, il le met dans une boîte qui est destinée à recevoir vos billets, et quand il voit que c'est pour M. Gros, il le met dans la boîte destinée à M. Gros. Nous aimerions que vous veniez dans notre commune aussitôt que vous aurez reçu la présente, car on peut dire qu'il n'y a jamais eu une tricherie de la sorte. Les maires sont tous pour M. Gros, et les populations sont pour M. Tachard.

Et, au surplus, il y a eu des hommes qui ont envoyé leur fils pour voter pour eux, et on les a acceptés, et frères pour frères, et cela n'aurait pas dû avoir lieu.

Nous sommes, avec le plus profond respect, vos très-obéissants serviteurs.

Signé : BAMMER.
Jean-Martin MULLER, fils.
Joseph MULLER DE MARTIN.

N. 160.

Je, soussigné, Michel Muller, cultivateur et électeur, demeurant à Ruestenhart, déclare par le présent que, lors des élections des 31 mai et 1er juin derniers, je me suis présenté devant les scrutateurs le 31. J'ai remis mon bulletin de vote à M. Kupferlé, membre du bureau, qui l'a passé entre les mains de M. le maire, qui, avant de le déposer dans l'urne, l'a déplié et regardé pour quel candidat je votais, sans autre observation.

Ruestenhart, le 15 juin 1863.

Signé : MULLER fils.

N. 161.

Je soussigné, Béger Pierre-Alexandre, propriétaire, domicilié à Méry, membre du Conseil municipal de ladite commune, déclare que, m'étant rendu à la mairie où se présidait l'élection d'un député au Corps législatif pour y prendre connaissance de l'insertion au procès-verbal d'une réclamation faite par moi, — M. Bélin, maire, fait lecture sur un petit papier servant de brouillon au procès-verbal; après lecture faite, j'ai demandé à M. le maire pourquoi il ne mentionnait pas les faits tels qu'ils étaient; cette demande, réitérée trois fois, M. le maire m'a répondu : Il n'y aurait pas assez de place sur le papier, et puis quand même je n'ai pas l'envie de me donner le fouet; étaient présents les membres du bureau.

Méry, le 31 mai.

N. 162.

Lettre écrite à M. de Meaux.

Monsieur et cher ami,

Nos habitants de Boisset sont si convaincus de la liberté dont nous jouissons, qu'ils n'ont pas voulu signer une déclaration pour attester que le scrutin avait été clos le dimanche soir et le dépouillement des votes fait le même jour. Du reste, la chose sera facile à constater, le procès-verbal en fait foi. Le tronc de l'église, qui servait d'urne électorale, a été rendu à M. le curé, dimanche, à six heures et demie du soir.

Signé : C. DE BOISSIEU.

Boisset, 3 juin.

N. 163.

Carte d'un électeur de la commune de Moulon, portant que le scrutin ouvrirait à huit heures, tandis qu'il a été ouvert à *six heures*.

N. 164.

Carte d'un électeur de Castillon dans laquelle l'ouverture du scrutin est annoncée pour cinq heures du matin.

N. 165.

Le maire de Moulon a ouvert le scrutin à six heures, quoique les cartes portassent l'heure de huit heures, de sorte que les électeurs qui avaient le droit d'assister à la formation du bureau en ont été privés.

M. Jougon, membre du conseil municipal, scrutateur, ayant fait des observations sur ce que l'ouverture de l'urne était cachée de façon à ne pouvoir contrôler la remise des votes dans l'urne, *est expulsé par le maire.*

Ont signé :

Jougon, conseiller municipal ;
Augrand,   —
Colas,   —
Méric,   —
J. Gadra,   —
Lucien Jean. —

N. 166.

PRÉFECTURE
de l'Eure.

CABINET
du préfet.

Évreux, le 27 mai 1863.

Monsieur le maire,

Si des circonstances particulières le rendaient nécessaire, vous pourriez ouvrir le scrutin avant huit heures, dès cinq ou six heures du matin, mais sans rien changer à l'heure de la fermeture.

Il est bien entendu aussi que le dépouillement ne peut commencer que le lundi soir, à quatre heures.

Tout à vous.

Le préfet de l'Eure, JANVIER.

N. 157.

Copie de la circulaire de M. le préfet du Gers,
du 25 mai 1863.

Auch, le 25 mai 1863.

Monsieur le maire,

Monsieur le ministre de l'intérieur vient de m'informer que, conformément à ce qui a eu lieu dans les précédentes élections, le scrutin des 31 mai et 1er juin pourra être ouvert avant huit heures. Le commencement de ces opérations pourra être fixé à cinq ou six heures, à l'issue de la première messe dite dans la localité, afin de donner à vos administrés toute facilité, pour exercer leurs droits électoraux.

Il reste entendu que rien n'est changé quant aux heures de fermeture du scrutin.

Recevez, monsieur le maire, l'assurance de ma considération distinguée,

Le préfet du Gers,

Signé : Vicomte de GANVILLE.

XI

PROCÈS

N. 168.

PROCÈS DU GARDE CHAMPÊTRE DE LA COMMUNE DE
SAINT-HILAIRE (INDRE). ACCUSATION D'ATTENTAT
A LA LIBERTÉ INDIVIDUELLE ET D'ACTE ARBITRAIRE
ATTENTATOIRE AUX DROITS CIVIQUES.

Extrait du journal LE DROIT, *journal*
des tribunaux.

Vendredi, 11 septembre 1863.

COUR D'ASSISES DE L'INDRE (CHATEAUROUX).
Présidence de M. SAUTY.—Audience du 5 septembre.

Interrogatoire de l'accusé.

M. le président. — Pouget, levez-vous! Le **31** mai
dernier, jour des élections dans la commune de Saint-

Hilaire comme dans toute la France, vous avez été chargé de veiller à l'ordre extérieur de la salle du vote; qui vous avait chargé de ce soin? — R. M. le maire.

D. Et pourquoi êtes-vous entré dans la salle après le commencement des opérations? — R. Lorsque M. Sylvain Roy venait de voter, il me dit en passant près de la grande porte de la mairie : Entrez-donc, vous faites besoin plus grand en dedans qu'ici. — Que se passe-t-il donc? lui demandai-je. — Des choses atroces, j'ai vu M. de Chergé cultiver un élec-teur; ça n'est pas légal; le bureau en est outré. Là-dessus, je rentre dans la mairie, et je m'adresse au maire qui me répond : Tu as ta consigne, n'est-ce pas? tu sais ce que tu as à faire? Je lui raconte alors ce qu'on vient de me dire, et il m'explique à son tour ce qui s'est passé dans la salle; il me dit cela à peu près dans le même sens que M. Sylvain Roy, j'ai cru devoir faire un procès-verbal et dire à M. de Chergé de me suivre; je lui ai fait deux sommations aux-quelles il a refusé d'obéir. Après cela, le président du bureau, M. Hénault, l'adjoint, me dit : Laissez donc cela tranquille; faites votre procès-verbal et que ça finisse. Quand il a eu parlé, il s'est bien passé quinze ou vingt minutes peut-être, pendant lesquelles per-sonne n'en a plus parlé. Il n'était plus question de rien, lorsque M. de Chergé se lève, serre ses papiers, en di-sant : Moi, je pars pour Belâbre!..... J'ai pensé que je devais y aller aussi, n'étant pas sûr de ce que M. de Chergé allait faire et par peur qu'il ne dépose contre moi à l'administration.

D. Quand Roy vous a parlé de ces *atrocités* qui se commettaient dans la salle des élections, vous a-t-il expliqué de quelles *atrocités* il s'agissait? — R. Non, pas tout à fait; il m'a dit : M. de Chergé cause dans le corridor avec un électeur; je ne crois pas ça légal.

D. Mais qu'avez-vous supposé, en entendant ce mot

atrocités?..... Vous devez savoir pourtant qu'il est permis aux électeurs de causer? — R. J'ai supposé que des atrocités, ça voulait dire des manœuvres pour les élections... ou quelque chose comme ça.

D. Et vous n'avez pas eu l'idée de demander ce que c'était que ce quelque chose? — R. Non.

D. Voici donc ce qui est entendu; Roy vous dit : il se commet des atrocités; je viens de voir M. de Chergé qui *cultive* un électeur. *Qu'entendez-vous par cultiver un électeur ? Est-ce que vous aviez pour consigne d'entrer dans la salle et d'intervenir dans le cas où on cultiverait des électeurs?* — R. *Non, monsieur, seulement si on pratiquait des manœuvres frauduleuses.*

D. *Et pourquoi donc n'avez-vous pas attendu que le président du bureau vous appelât? C'est le président seul qui a la police de la salle.* — R. *Dame! peut-être que je n'ai pas bien fait; mais j'ai cru faire mon devoir.*

D. Ne savez-vous donc pas que la police de la salle appartient exclusivement au président du bureau, et que vous, garde champêtre, vous n'aviez rien à faire là? — R. *Je ne le savais pas.*

D. Qui présidait le bureau? — R. J'ai cru que c'était M. le maire.

D. Vous avez bien dû voir le contraire par la place qu'il occupait; il n'était pas au milieu du bureau? — R. Monsieur, il était pourtant en face du public; j'ai cru qu'il présidait.

D. Enfin, à qui avez-vous parlé en entrant? — R. A personne; M. le maire m'a dit : Quelle est ta consigne ?

D. Et qu'avez-vous répondu? — R. J'ai répondu que ma consigne était de verbaliser contre ceux qui feraient des manœuvres frauduleuses, contre ceux qui retireraient aux électeurs des bulletins de M. Delavaud pour leur donner des bulletins de M. de Bondy.

D. Eh bien! vous êtes-vous enquis, en entrant, si ces manœuvres frauduleuses avaient été pratiquées, si des bulletins de vote avaient été ainsi changés? — R. M. le maire m'a dit : Lépine est entré dans la salle; il a demandé un bulletin de M. de Bondy et aussitôt M. de Chergé s'est levé; il a emmené Lépine dans le couloir, puis il est rentré; Lépine est rentré après et il a voté... Voilà ce que M. le maire m'a dit.

D. Et s'il ne vous a dit que cela, vous saviez bien qu'il n'y avait rien à faire pour vous et qu'il n'y avait pas de quoi arrêter M. de Chergé? (*Silence de l'accusé*). Voyons, qu'avez-vous dit à M. de Chergé? — R. Je lui ai dit : Monsieur, je suis fâché d'être forcé de vous inviter à me suivre à Bélâbre.

D. Est-ce que vous ne saviez pas que M. de Chergé faisait partie du bureau? — R. Je ne pourrais pas bien répondre là-dessus.

D. Il était assis au bureau? — R. Oui.

D. Comment, vous, garde champêtre, avez-vous pu croire avoir le droit d'entrer dans la salle du vote et d'arrêter un des assesseurs? — R. Il faut croire que je me suis trompé; mais je vous dis que j'ai cru faire mon devoir.

D. Eh bien! il est malheureux pour l'administration d'avoir besoin d'agents qui la servent avec une pareille inintelligence; vous avez commis là une sottise amère... et fort désagréable pour celui qui en a été la victime. Et vous l'avez suivi? — R. Je suis parti une demi-heure ou trois quarts d'heure après M. de Chergé.

D. Est-ce que vous êtes resté dans la salle? — R. Non, monsieur, pas dans la salle, mais un peu dans la cour.

D. Mais comment, avant de faire ces sommations, ne vous êtes-vous pas adressé à M. Hénault, le président, et ne lui avez-vous pas demandé si tel était votre droit... Un garde champêtre n'est pas bien forcé de connaître toutes les lois? — R. (*Riant.*) Oh! non, monsieur.

D. Alors, on s'enquiert, on demande un avis...
Enfin, votre prétention est, que vous n'êtes pour rien
dans le départ de M. de Chergé, et que, lorsqu'il est parti
vous ne songiez même plus, depuis quinze ou vingt
minutes, aux sommations que vous lui aviez faites.

. . . .

M. le président donne lecture de l'interrogatoire subi par l'accusé le 10 juin. Pouget y déclare
qu'il est sorti de la salle du vote aussitôt après M. de
Chergé; M. le maire lui dit de revenir tout de
suite. Mais Belâbre est loin, aurait-il répondu, pouvez-
vous me prêter votre cheval? — Non pas! aurait repris
le maire, je ne veux pas me mêler de cette affaire-là.
Pouget y dit, en outre, à M. le juge d'instruction,
que, ne voulant pas partir sans M. de Chergé, il était
allé l'attendre à sa porte; là, M. de Chergé lui ayant
proposé de lui remettre une lettre pour le commissaire
de Belâbre, il lui a répondu qu'il avait le regret de ne
pouvoir s'en contenter et il l'avait attendu jusqu'au
moment où la servante lui avait dit : Monsieur est
parti par une autre porte, etc.

— Vous voyez, ajoute M. le président, qu'alors
vous ne contestiez pas tous ces points? — R. Dame!...
je ne m'en rappelle pas bien à présent.

D. Revenez donc à la vérité. Non, vous n'êtes pas
allé à Belâbre parce que vous aviez peur d'être dénoncé;
il résulte, au contraire, de cet interrogatoire et du procès-verbal d'arrestation que vous avez dressé, que vous
aviez arrêté M. de Chergé et que vous vouliez le conduire à Belâbre; votre procès-verbal d'arrestation est
là qui dément vos explications d'aujourd'hui? — R. Mon
Dieu!... un procès-verbal !... j'en rédige toujours lorsque je veux faire quelque chose... quelquefois même
pour des choses insignifiantes.

D. Mais celui-là n'a pas été fait à la légère : Vous
l'avez communiqué au maire ! Enfin, en résumé, vous
protestez que vous n'avez pas eu de mauvaise intention?

R. Oh! non.

D. Et vous avez cru faire votre devoir? — R. Oui, monsieur.

D. Et que si vous vous êtes trompé, vous en êtes bien fâché? — R. Pour cela oui, monsieur.

Déposition de M. Hénault, quarante-huit ans, adjoint au maire de la commune de Saint-Hilaire.

M. le président. — Dites-nous, monsieur, ce qui s'est passé dans le bureau des élections, le 31 mai?

Le témoin. — Il était un peu plus de six heures du matin quand Lépine entra dans la salle.

Le témoin rappelle la scène déjà décrite plus haut, et il dit qu'à la troisième sommation du garde et à la menace de requérir deux hommes qui emploieraient la force pour conduire M. de Chergé à Belâbre, celui-ci aurait répondu : Vous me ferez traîner par eux si vous voulez, mais je ne vous suivrai pas !

Alors continue le témoin qui présidait le bureau, je dis : Mais voilà une affaire ennuyeuse; que le garde dresse procès-verbal et que ça en reste là. Ensuite, je n'ai aucune connaissance que personne ait parlé; il s'est passé un bon moment, après quoi M. de Chergé se lève et dit : Eh bien, moi, je monte à cheval et je vais à Belâbre. Mais je ne sais celui qui est sorti le premier de la salle, de lui ou du garde.

M. le président. — Mais vous présidiez; pourquoi n'avez-vous pas envoyé dehors le garde qui n'avait là rien à faire? Vous aviez la police de la salle; vous deviez dire à M. Tétard-Vaillant de se taire et au garde de sortir. Ils n'étaient rien là ni l'un ni l'autre; c'était à vous à empêcher ce qui est arrivé. Vous avez eu une bonne intention, sans doute, en cherchant à concilier tout cela, en disant : Que le garde dresse procès-verbal et que cela finisse. Mais procès-verbal de quoi ? puisqu'il n'y avait pas eu de délit.

Le témoin. — Des faits qui avaient eu lieu.

M. le président.—Encore fallait-il, pour dresser procès-verbal, que ces faits fussent répréhensibles. En avez-vous remarqué de répréhensibles ?

Le témoin. — Je ne sais pas ; Roy avait dit au garde champêtre qu'il se passait des atrocités.

M. le président. — Mais ces « atrocités, » les avez-vous vues ?

Le témoin. — J'ai vu que M. de Chergé est sorti avec Lépine.

M. le président. — Eh bien ! est-ce que M. de Chergé n'avait pas le droit de sortir ? Est-ce qu'un électeur n'a pas le droit de parler à un autre ?

Me Bottard. — M. l'adjoint croit-il qu'on ait eu le droit de voter pour M. de Bondy et de distribuer des bulletins à son nom ?

M. le président. — Ah ! permettez..... c'est là une question... dirai-je politique?... Mais enfin, elle est inutile dans la cause.

M. Bottard. — Hélas ! monsieur le président, je ne fais pas de politique, mais c'est l'ignorance politique que je tiens à faire constater.

M. le président. — Voyons, témoin, croyez-vous qu'on ait le droit de voter pour M. de Bondy et de distribuer ses bulletins ?

Le témoin. — Mais, certainement.

M. le président. — Est-ce que vous ne connaissiez pas vos droits de président d'un bureau électoral ?

Le témoin. — J'avais donc le droit de faire rester M. de Chergé au bureau, malgré le garde ?

M. le président. — Sans doute, vous aviez ce droit, et même celui de mettre à la porte le maire qui n'était rien dans cette enceinte, et le garde champêtre qui n'y avait rien à faire sans votre réquisition. Je le répète, je ne vous blâme pas ; vous avez eu une bonne intention ;

mais enfin si vous aviez fait respecter votre droit avec fermeté, cet homme ne se trouverait pas aujourd'hui devant la Cour d'assises ! Maintenant n'est-il pas arrivé qu'après un silence que l'embarras de tous a pu faire paraître plus long, et que le garde Pouget évalue à vingt minutes M. de Chergé, sous la pression au moins d'une contrainte morale s'est levé et a dit : Je vais partir pour Belâbre ?

Le témoin. — Si M. de Chergé était resté, l'affaire était terminée.

M. le président. — C'est là votre appréciation ; ainsi vous ne croyez donc pas que le garde, comme il en avait fait la menace, aurait requis deux hommes pour l'enlever de vive force ?

Le témoin. — Non, et si cela était arrivé, je crois que je l'en aurais empêché !

M. le président. — Vous croyez ?... vous n'en êtes pas bien sûr ! Allez vous asseoir.

Déposition de M. Jean-Baptiste GATTET, vingt-neuf ans, instituteur primaire, commune de Saint-Hilaire.

M. le président. — Dites-nous ce qui s'est passé le jour de l'élection ?

Le témoin raconte en détail la scène qui a eu lieu et à peu près dans le même sens que les précédents témoins. Le garde, dit-il, a fait deux fois sommation et deux fois M. de Chergé a refusé ; alors le garde a dit qu'il allait requérir deux hommes qui le conduiraient de force. C'est alors que M. Hénault, l'adjoint, qui présidait, a dit : Que le garde fasse son procès-verbal et restons tranquilles ! Et M. Tétard-Vaillant, le maire, lui a répondu : Le garde a sans doute ses instructions ; laisse le faire ! Quelques minutes après, M. de Chergé a dit : Eh bien, je vais à Belâbre.

M. le président. — Il y a quelque différence entre votre déposition et celle de M. Hénault : selon lui, après les paroles de conciliation qu'il avait prononcées, tout le monde aurait gardé le silence, et c'est après ce silence que M. de Chergé se serait levé et aurait dit : Je pars !

Le témoin. — Je ne pourrais pas affirmer si, après que M. Tétard-Vaillant a parlé ainsi à M. Hénault, le garde a encore dit qu'il allait requérir deux hommes ; mais il lui a dit au moins : Allons, décidez-vous ! ou quelque chose comme ça.

M. le président. — Mais y a-t-il eu un silence avant que M. de Chergé ne manifestât la résolution de partir ?

Le témoin. — Oui, un silence de deux ou trois minutes.

M. Bottard. — Enfin le silence a-t-il été d'une durée telle que tout le monde ait pu croire que tout était fini ?

Le témoin. — Je le crois.

Déposition de M. Tétard-Vaillant, maire de la commune de Saint-Hilaire.

M. Tétard-Vaillant, soixante-quatre ans, maire de la commune de Saint-Hilaire, membre du conseil général, chevalier de la Légion d'honneur.

M. le président. — Dites-nous, monsieur, ce qui s'est passé le 31 mai, jour des élections ?

Le témoin. — Dès le 27 ou le 28 du mois précédent, comme les élections devaient commencer *à cinq heures du matin*, comme je ne me sentais pas très-bien, j'avais dit à M. Hénault, l'adjoint, de présider. Sur les six heures et demie, ce jour-là, je vais voir ce qui se passait et je vois devant la porte un petit planton, et je lui demande ce qu'il fait là. Il me répond qu'il distribue des bulletins de vote. Je lui demande lesquels.

Il me répond : Ceux de M. de Bondy. — Qui te l'a
commandé? — C'est M. de Chergé. — Comme le garde
se trouvait là, je lui recommande de veiller à ce que
tout se passe régulièrement, et le garde me répond :
Soyez tranquille, j'ai mes instructions, et j'entre dans la
salle du vote où je dis à M. de Chergé : *Vous auriez
mieux fait de laisser les élections libres*; cela eût mieux
valu. Il me répondit qu'il était dans son droit, et alors
je me suis tu après cela. Lépine vient tenant à la
main, éparpillés comme on tient des cartes, quatre ou
cinq bulletins de vote; il s'assied en criant : Je cherche M. de Bondy. Comme personne ne lui répondait,
M. de Chergé se lève, vient le prendre et l'emmène au
dehors. Il était arrivé qu'un M. Roy avait dit au garde
qu'il se passait des choses qui n'étaient pas convena-
bles. Celui-ci est venu s'en plaindre à moi en me demandant : « Qué que j'ai à faire ? » Je lui ai répondu :
Tu dois avoir tes instructions et tu dois savoir ce que
tu as à faire ! C'est alors qu'il somma à deux ou trois
reprises M. de Chergé de le suivre à Belâbre devant le
commissaire de police, et il ajouta même que, au
besoin, il allait requérir deux hommes pour l'y con-
traindre.

M. le président. — Est-ce qu'il n'est pas revenu
prendre sa place au bureau ?

Le témoin. — Oui, environ deux ou trois heures
après.

M. le président à Pouget. — Accusé, vous entendez?
M. le maire dit qu'il ne vous a donné aucune instruc-
tion et qu'il ne vous a engagé en rien à arrêter M. de
Chergé.

L'accusé. — J'ai cru *en principe* que je faisais mon
devoir, et puis j'ai cru aussi qu'il me faisait un commandement...

M. le président. — Mais non, puisqu'il résulte de
sa déclaration qu'il vous aurait demandé si vous aviez
des instructions?

Le témoin. — C'est bien lui qui m'a demandé : Qu'est-ce que j'ai à faire? Et je lui ai répondu : Tu as tes instructions, tu dois savoir ce que tu as à faire.

M. le président. — Vous saviez bien cependant, monsieur le maire, que M. de Chergé n'avait fait qu'indiquer à Lépine quel était celui de ces bulletins qui portait le nom de M. de Bondy?

Le témoin. — Oui, monsieur.

M. le président. — Et vous vous êtes mêlé de cela?

Le témoin. — Parce qu'il me questionnait.

M. le président. — Vous deviez bien supposer que les instructions du garde champêtre ne pouvaient pas aller au-delà de ce qui est raisonnable?

Le témoin. — Sans doute, mais enfin je ne les connaissais pas.

M. le président. — Mais vous savez bien au moins qu'on ne peut pas arrêter les gens qui n'ont rien fait d'illégal. C'était cela qu'il fallait dire au garde, si toutefois vous croyiez avoir quelque chose à lui dire.

Le témoin. — Je n'ai fait que lui répondre.

M. le président. — En lui racontant ce qu'avait fait M. de Chergé?

Le témoin. — Mais non!... c'est le garde qui est venu se plaindre à propos de ce que lui avait dit un M. Roy... Je ne me rappelle pas lui avoir rien raconté.

M. le président. — Vous ne vous le rappelez pas; mais tous les témoins se le rappellent. Puisque vous vous mêliez de cela, vous aviez à dire au garde : Tu n'as rien à faire ici; va-t'en!

Le témoin. — Je n'osais pas prendre ça sur moi.

M. le président. — Mais vous avez pris sur vous quelque chose de bien plus grave ; vous avez dit à l'adjoint qui cherchait à faire tenir le garde tranquille, vous lui avez dit : Tais-toi; il a peut-être ses instructions.

Lé témoin. — Non ; je n'ai plus rien dit après que l'adjoint a eu parlé.

M. le président. — Ce n'est pas ce que disent M. Gatet et les autres témoins. Vous qui saviez que rien d'illégal n'avait été fait, encore une fois, puisque vous vous en mêliez, vous aviez bien le temps de dire au garde qu'il n'y avait rien à faire pour lui dans la salle du vote, dont le président du bureau a seul la police.

Le témoin. — J'attendais cela de quelqu'un du bureau ; moi, je n'étais qu'un simple électeur.

M. le président. — Eh bien ! puisque vous n'étiez qu'un simple électeur, il ne fallait pas vous en mêler du tout. Il est fâcheux de voir cet homme compromis pour une bévue que n'ont su empêcher ni le maire, ni l'adjoint qui présidait le bureau. Allez vous asseoir. . . . .
. . . .

Extrait du Requisitoire de M. le procureur impérial.

Pourquoi Pouget a-t-il agi avec cette coupable légèreté ? A-t-il cru lire un ordre dans les yeux du maire ? Vous apprécierez sa responsabilité au point de vue légal ; vous vous demanderez s'il n'a pas subi la pression du maire ; ces instructions dont Pouget nous a parlé, le maire devait les connaître : Arrêtez ceux qui troubleraient l'ordre, et ceux qui emploieraient des manœuvres frauduleuses. Rien de pareil n'avait eu lieu, et si M. Tétard-Vaillant a rejeté ici sa part de responsabilité, vous avez pu voir néanmoins que c'est à son atonie, à son refus de donner des ordres précis que ce garde (agent intelligent, vous l'avez vu dans ses réponses), doit sa comparution devant la Cour d'assises.

N. 459.

PROCÈS DE MEAUX.

(Élection de M. de Jaucourt.)

Extrait de la plaidoirie de M⁶ Allou, dans le procès intenté à Faron, cantonnier-chef, pour manœuvres électorales devant le tribunal correctionnel de Meaux.

M. Gareau se trouvait avoir pour adversaire un homme qui, s'il eût été simplement préfet ou sous-préfet, n'aurait pu lui être opposé; mais qui était plus qu'un sous-préfet, qu'un préfet, qui était l'homme qui les dominait tous et qui mettait en mouvement tous les rouages de la machine administrative pour combattre, dans son intérêt personnel, la candidature de M. Gareau; c'était le chef du cabinet du ministre de l'intérieur, et l'on peut juger, quand le ministre lui ordonnait de soutenir la candidature de M. de Jaucourt, s'il devait y mettre de la mollesse et de la tiédeur! Il faut bien le dire, il y avait dans cette situation une incompatibilité légale, au moins une incompatibilité morale. La pression administrative fut énergique; toute cette grande puissance de notre centralisation exagérée fut mise en œuvre. Le mot d'ordre descendit de degré en degré. Les tournées électorales se firent familièrement avec le candidat de l'administration, à la faveur des tournées de révision. Au lieu de deux cantons que l'on visitait autrefois par jour, en pareille circonstance, on en fit un seulement, pour faire meilleure et plus complète besogne.

Je demande la permission, en passant, de poser cette simple question :

M. Gareau a été appuyé par des amitiés très-ardentes; il en est fier, et il se les rappelle avec reconnaissance. Il y a eu cinq conseillers généraux qui se groupaient autour de lui pour appuyer sa candidature ; il y a eu beaucoup de particuliers honorables qui en ont fait autant et dont il a accepté le patronage ; on les a appelés, en raillant, ses protecteurs. Ses protecteurs, soit; il est heureux de leur amitié et de leur appui. Si M. Gareau s'était mis en campagne, accompagné de ses protecteurs, s'il fût allé de village en village, de bourgade en bourgade, faisant des convocations, des discours, des manifestes, l'eût-on permis? Chacun fait la réponse. Comment donc ces droits superbes d'un côté et cette interdiction de l'autre? Est-ce là la liberté, l'égalité pour tous ?

Dans ces tournées électorales, on vit tout le monde, on fit des promesses; j'en ai la liste fort longue; mais je ne veux pas introduire dans le procès ce qui n'est pas un élément juridique de la situation de M. Gareau. Toujours est-il que ce qu'on a donné et promis surtout est considérable. Là, on payait de simples promesses ; ici, pour les plus pressés, on ordonnançait à la hâte des mandats; on allait au-devant de besoins qui ne songeaient pas mê.ne à se manifester : médailles aux pompiers; autorisations de débits de boissons ; à Etrépilly, 1,200 fr.; à Armantières, 200 fr. ; à Cocherel, 200 fr. ; à Coulombs, 200 fr. A Crouy seulement, pour l'hospice, 1,000 fr.; pour l'école des filles, 150 fr.; pour l'école des garçons, 100 fr.; pour les musiciens, 100 fr.; pour les médaillés de Sainte-Hélène, 50 fr.; à l'église, 200 fr. A Jouarre, on a donné d'un seul coup vingt fois autant, et si les besoins étaient si nombreux, l'administration a été bien coupable de ne pas accorder plus tôt tous ces secours. Mais non! l'administration n'agissait que dans un but déterminé; quand elle donnait, elle se retirait modestement à l'écart, et montrait la main de M. de Jaucourt comme celle du bienfaiteur véritable; c'était elle qui semait le bienfait, mais c'était lui qui recueillait la reconnaissance. —Puis viennent les histoires plaisantes : à Crouy, à la dernière heure, on se défie des promesses faites; le bruit court qu'elles ne seront pas tenues. Il faut couper court à ces alarmes. L'heure presse. Le tambour bat, et, circulant partout, il assure, de par M. le maire, que les mandats vont arriver et qu'on vient d'en recevoir l'avis officiel.

A la Ferté-sous-Jouarre, on bat le tambour encore; c'est au dernier moment, le 31 mai, à midi : c'est pour annoncer que, quelques jours auparavant, par l'intervention de M. de Jaucourt, on est parvenu à obtenir du chemin de fer de l'Est l'établissement de billets à prix réduits de Paris à La Ferté-sous-Jouarre! Est-ce que ce ne sont pas là des manœuvres électorales ayant pour effet de dénaturer les conditions de la lutte? Est-il possible de signaler de semblables faits groupés et réunis comme ceux que je place sous les yeux du tribunal, sans faire rougir les hommes véritablement droits et sérieux, croyant qu'il faut apporter dans le choix des mandataires du pays toute la loyauté qu'on doit apporter à l'accomplissement d'un devoir? Quoi ! c'est là le suffrage universel qu'on nous présente comme le fondement et comme la garantie à la fois de nos institutions? Si on lui donne une base si fragile, si ce suffrage est joué, travesti au gré de toutes les convoitises ; si, après l'avoir glorifié si haut dans la théorie, on en fait si bon marché dans la pratique, oh! le suffrage universel est un mensonge !

Voilà, messieurs, comment la lutte s'est engagée au nom du concurrent de M. Gareau.

Pendant ce temps-là, M. Gareau, encore député, était suivi à travers le pays, quand il se déplaçait, par les gendarmes qui surveillaient le représentant de la circonscription comme une sorte de malfaiteur, de manière à tenir l'administration au courant de ses moindres gestes. Et puis, quand il demande les listes électorales, on les lui refuse, et il faut qu'il adresse des sommations par huissier aux maires récalcitrants qui, presque jusqu'au dernier moment, ne veulent pas lui faire les communications nécessaires.

A travers tout cela, le mot d'ordre circule, on l'accuse comme un clérical, comme un *calotin* (*On rit*) de s'être opposé au retrait des troupes de Rome. On le présente comme un accapareur au peuple des campagnes ; on attaque ses amis ; on menace M. Benoist, qui s'était montré dévoué à sa candidature.

N. 170.

JUGEMENT.

« Le tribunal, après avoir délibéré, conformément à la loi, jugeant en premier ressort :

« Attendu, en fait, qu'il résulte des débats la preuve que, quelques jours avant les élections au Corps législatif, en mai 1863, Faron, chef cantonnier, étant alors dans une des rues de la commune de Lizy, a tenu, à plusieurs reprises, ce propos : « M. Garceau a « voté contre la loi pour la rentrée des grains ; si vous « le nommez, vous mangerez du pain de paille, ou il « vous fera manger du pain de paille ; »

« Attendu, en droit, que l'art. 40 du décret du 21 février 1852 exige que l'auteur de fausses nouvelles ou bruits calomnieux ait, à l'aide de ceux-ci, surpris ou détourné des suffrages ;

« Attendu qu'il ne suffit pas d'établir que les fausses nouvelles, publiées méchamment, aient pu avoir pour but de surprendre ou de détourner les suffrages ;

« Que, s'il en était ainsi, on punirait une tentative de délit ;

« Attendu que les tentatives de délit, en matière de surprise ou de détournement de suffrages, constituent, il est vrai, un délit sous l'empire de l'art. 107 de la loi du 10 mars 1849, mais qu'il n'en saurait être de même avec le texte et l'esprit de l'art. 40 du nouveau décret, qui supprime la tentative;

« Vu, d'ailleurs, l'art. 3 du Code pénal;

« Dit qu'il n'y a lieu à appliquer l'art. 40 du décret de 1852, invoqué par la partie civile;

« Mais, attendu que les propos ci-dessus relatés, dans l'intention où ils ont été prononcés par Faron, et à l'époque où ils ont été tenus, constituent une véritable diffamation, de nature à porter atteinte à l'honneur et à la considération de la partie civile, qui, alors, se portait comme candidat au Corps législatif;

« Vu les art. 1er, 13 et 18 de la loi du 17 mai 1819;

« Condamne Faron en 25 fr. d'amende;

« Dit et ordonne, qu'à titre de réparation civile, extrait du présent jugement sera affiché dans toutes les communes du canton de Lizy, aux chefs-lieux de canton de l'arrondissement, et dans ceux de l'arrondissement de Melun, faisant partie de la 2e circonscription électorale de Meaux;

« Le condamne, en outre, aux dépens. »

N. 171.

Prévention de lacération d'affiches.—M. Boivin, maire de Guermantes (Seine-et-Marne).

JUGEMENT.

Le tribunal, après en avoir délibéré conformément à la loi, jugeant en premier ressort:

Attendu que, s'il est établi par les débats que, le 28 ou le 29 mai dernier, le sieur Boivin a lacéré, dans sa commune et dans celle de Bussy-Saint-Georges, deux affiches relatives à la candidature de M. Gareau, ce fait, quelque blâmable et regrettable qu'il soit, ne rentre pas sous l'application de l'art. 40 du décret du 21 février 1852, puisqu'il n'est pas établi qu'il ait détourné des suffrages ;

Acquitte le sieur Boivin et condamne la partie civile aux dépens.

« *Regrettable et blâmable*, greffier, retenez bien ces deux mots. »

N. 172.

Prévention de lacération d'affiches contre le garde de la commune de Penchard.

M. COURTIER, maire de la commune de Penchard (témoin). — Le garde champêtre est venu, la veille des élections, frapper à ma porte, à cinq heures du matin. Il m'a dit : Monsieur le maire, on a apposé des affiches cette nuit. Alors, ne pensant pas qu'on pût apposer des affiches la nuit, je lui ai dit, sans connaître les affiches : Arrachez-les.

Je dois vous dire, monsieur le président, que j'étais sous l'impression du rapport d'un de mes confrères qui avait été insulté la veille par un électeur. Cet honorable confrère est maire de Villenoy, auquel on a demandé combien il avait reçu pour vendre sa commune. (*On rit.*) Alors j'étais un peu sous cette impression-là ; et pensant d'ailleurs que tout ce qui se faisait la nuit était mauvais, était clandestin, j'ai donné l'ordre de les déchirer toutes.

JUGEMENT.

Le tribunal, après en avoir délibéré conformément à la loi, jugeant en premier ressort ;

Attendu que si, par l'ordre du maire de Penchard, le prévenu a arraché des affiches relatives à la candidature de M. Gareau au Corps législatif, cette action, quelque répréhensible qu'elle soit, ne rentre pas sous le texte précis de l'art. 40 du décret du 21 février 1852;

Renvoie le prévenu des fins de la plainte sans dépens et condamne la partie civile aux dépens.

AUTRE JUGEMENT.

Le tribunal, après en avoir délibéré conformément à la loi, jugeant en premier ressort :

Attendu que, s'il est établi que Prost, garde champêtre de la commune de Bussy-Saint-Martin a, d'après l'ordre du sieur Marmet, commissaire de police de Lagny, déchiré une affiche apposée sur les murs de la maison commune de Bussy-Saint-Martin et relative à la candidature de M. Gareau au Corps législatif, ce fait ne tombe pas sous l'application de l'article 40 du décret du 21 février 1852, puisqu'il n'est pas établi qu'il ait détourné des suffrages ;

Renvoie le prévenu des fins de la plainte, sans dépens, et condamne la partie civile aux dépens.

N. 173.

Le nommé Champion, garde de la commune de Pusignan (Isère), avait arraché dans ladite commune une affiche proclamant la candidature de M. Brillier, avocat à Vienne. Le tribunal de première instance de Vienne, chambre correctionnelle, a condamné ledit garde Champion à 3 fr. d'amende et aux dépens, par un jugement motivé dans ces termes :

Attendu qu'il résulte de l'instruction et des débats, ainsi que de l'aveu de Champion, que celui-ci a, le 27 mai dernier, sur les 11 heures du matin, dans la commune de Pusignan, enlevé une affiche imprimée apposée après l'accomplissement des formalités voulues, proclamant la candidature de M. Brillier, avocat à Vienne, aux élections législatives des 31 mai et 1er juin de la présente année ;

Attendu qu'un pareil acte était de nature à nuire à la publicité recherchée par le candidat ci-dessus désigné, qu'il lui en est dû réparation, et qu'il constitue en outre l'une des manœuvres frauduleuses qui caractérisent le délit prévu et puni par l'art. 40 du décret organique des 2-21 février 1852 ;

Attendu qu'il existe des circonstances atténuantes en faveur du prévenu, tirées de ce qu'il a pris l'avis de M. le maire de Pusignan, son supérieur immédiat, avant de se livrer au fait qui lui est reproché, et de ce qu'il a respecté d'autres affiches semblables placardées sur d'autres points de la commune ; que l'art. 48 du décret déjà cité autorise les tribunaux à faire l'application de l'art. 463 du Code pénal ;

Attendu que le garde Champion ne saurait être protégé par les dispositions des articles 483 et suivants du Code d'instruction criminelle, parce qu'il n'était pas dans l'exercice des fonctions d'officier de police judiciaire au moment où il a perpétré l'action incriminée ;

Attendu, en ce qui concerne le gendarme Pupil, qu'il n'a pas été démontré au cours de l'instance qu'il ait participé soit comme auteur, soit comme complice, au délit en réparation duquel il est traduit avec Champion devant le tribunal ; qu'en effet la destruction de l'affiche dont il s'agit ne lui est plus attribuée aujourd'hui, et que le conseil par lui donné au garde champêtre d'en référer au maire de la commune et d'agir d'après ses prescriptions ne renferme aucun des éléments de la complicité définie par l'art. 60 du Code pénal,

Par ces motifs,

Le tribunal, ouï Me Ronjat, avocat pour la partie civile, et M. Vannesson, substitut de M. le procureur impérial, en ses réquisitions, renvoie le gendarme Pupil de la plainte portée contre lui sans dépens, et faisant application à Champion des articles 40 et 48 du décret des 2-21 février 1852, ainsi que de l'art. 463 du Code pénal, le condamne à 3 fr. d'amende et aux dépens pour tous dommages-intérêts envers la partie civile.

N. 174.

Le tribunal correctionnel de Colmar, saisi par M. Charles Tachard d'une plainte en injures publiques contre M. Fellrath, agent voyer des chemins vicinaux, à Hirtzfelden, a rendu son jugement à l'audience du 2 juillet. Cette décision est ainsi conçue :

« Attendu qu'il est résulté des débats que le 27 mai dernier, dans un cabaret de Hirtzfelden, le prévenu a dit, en présence de plusieurs personnes, que M. Tachard, candidat non officiel au Corps législatif, de l'arrondissement de Mulhouse, était un polisson, un chenapan, un avocat destitué (*abgedankter advokat*); que ces propos constituent le délit d'injures publiques, prévu et réprimé par l'art. de la loi du 17 mai 1819;

« En ce qui touche la demande en fins civiles,

« Attendu qu'il est dû une réparation à M. Tachard pour les injures grossières dont il a été l'objet de la part du prévenu; que ce résultat sera suffisamment obtenu par l'insertion du présent jugement dans un des journaux de l'arrondissement de Mulhouse;

« Par ces motifs, le tribunal déclare le prévenu Fellrath coupable d'avoir publiquement injurié M. Tachard, en le traitant de polisson, chenapan et d'avocat destitué, et, pour la répression, le condamne en 100 fr. d'amende et aux dépens.

« Statuant sur la demande de la partie civile, y ayant aucunement égard et y faisant droit, condamne le défendeur Fellrath aux dépens pour tous dommages-intérêts.

« Ordonne que le présent jugement sera inséré, aux frais du prévenu, dans le journal *l'Industriel alsacien*, imprimé à Mulhouse. »

N. 175.

TRIBUNAL CIVIL DE MURET.

Présidence de M. Bermond. Audience du 25 juin 1863.

Trois procès civils fondés sur des faits d'élection étaient portés, devant le tribunal, à la requête de M. Marie, avocat, à Paris, et de M. de Rémusat. Ces affaires avaient attiré un grand concours de monde. M. de Rémusat, accompagné de M. Paul de Rémusat son fils, assistait aux débats; sa présence donnait à l'audience une solennité particulière. Quand M. de Rémusat s'est rendu au tribunal et quand il en est sorti, la population émue et sympathique se pressait autour de l'homme illustre, du philosophe, du politique éminent qui a si longtemps représenté cette cité.

Les trois demandes avaient été introduites aux fins civiles. M. Marie avait assigné le maire de Grépiac et le premier conseiller municipal de Venerque. Voici les faits qui servaient de base à la demande : Deux électeurs se rendirent à Grépiac pour apposer des affiches. Le maire les déchira. De là, ils allèrent à Venerque pour procéder aussi à l'apposition de quelques affiches. Les gendarmes les arrêtèrent, les conduisirent chez le premier conseiller municipal, qui s'empara des affiches et fit amener les deux individus par la gendarmerie hors du territoire de la commune, avec menaces d'arrestations et autres intimidations. M. Marie prétend que ces faits constituent une entrave à la publicité qu'il avait le droit de donner à sa candidature.

Dans la commune de Noë, un afficheur avait apposé des affiches de M. Marie et des professions de foi émanées de M. de Rémusat. Le maire de cette commune a cru devoir les faire disparaître. M. de Rémusat l'a assigné pour ce fait en dommages et intérêts.

Dans la ville même de Muret, le garde champêtre et un officier de paix ont recouvert, à l'aide d'un placard, l'affiche de M. de Rémusat et ils en ont enlevé une autre. Ces faits ont motivé un nouveau procès.

Telles étaient les trois instances portées devant le tribunal. Me Saint-Gresse a développé la demande de M. Marie et de M. de Rémusat.

Au nom des deux maires et du conseiller municipal de Venerque, on a soutenu que l'autorisation préalable du conseil d'État était nécessaire pour donner suite à l'affaire. Me Saint-Gresse a soutenu que l'art. 75 de la Constitution de l'an VIII avait été abrogé, en ce qui touche les délits électoraux, par l'art. 119 de la loi du 15 mars 1849.

La discussion ne pouvait pas être renfermée dans le cercle étroit des faits articulés, il fallait en apprécier le caractère, la portée, la signification ; la discussion a dû s'agrandir et prendre un certain degré de vivacité. Nous regrettons de ne pouvoir reproduire l'éloquente plaidoirie et la brillante réplique de Me Saint-Gresse qui ont été à la fois mesurées et fermes. Le magistrat éminent qui préside le tribunal de Muret, M. Bermond, a maintenu aux avocats qui ont porté la parole dans cette grave affaire le droit de dire ce qu'exigeaient les devoirs de la défense, et cette liberté de discussion judiciaire égale pour tous, que les grands magistrats ont toujours reconnue et protégée.

MM^{es} Lupiac et B. Petit ont parlé dans l'intérêt des défendeurs.

M. Sarthe-Sarrivalet, procureur impérial, a conclu au rejet des demandes.

Après renvoi en Chambre du conseil, le tribunal a rendu sa décision dans l'audience du 27 juin.

Dans l'affaire contre les maires de Grépiac, de Venerque et de Noé, le tribunal a sursis à statuer jusqu'à ce que l'autorisation du conseil d'État soit rapportée, dépens réservés. Dans le procès contre les agens Rabely et Danès, le tribunal, tout en reconnaissant la vérité des faits incriminés, considère qu'il n'y a pas eu de préjudice, ordonne qu'il sera fait une masse des dépens ; et que le demandeur et les défendeurs les supporteront par moitié. — *A. Pujol.* (*Journal de Toulouse.*)

N. 176.

TRIBUNAL CORRECTIONNEL DE LANNION.

Extrait du journal le Droit, *du* 24 *août* 1863.

« Le tribunal, etc.,

« Considérant que le 26 mai dernier, Jean-Marie Offret a raconté au lieu de Langoat, à la dame Beauverger, dans la maison d'habitation de cette dernière, et sur interpellations directes :

« Que tout le monde disait que M. de la Tour aurait
« de la peine à passer ; que c'était lui qui était cause
« que l'on payait les impôts sur les chiens et sur les
« voitures ;

« Que les messieurs de Tréguier disaient que si
« M. de la Tour était élu, l'on payerait 10 fr. sur

« chaque vache, et qu'au commencement du mois de
« janvier dernier, les traitements des prêtres seraient
« augmentés de 300 fr.; »

« Considérant que le 28 dudit, le dénommé a encore
raconté, toujours au même lieu, mais dans l'auberge
de la veuve Gouriou, à Yves Perrin, et encore à suite
des interpellations directes de ce dernier :

« Que M. de la Tour aurait de la peine à être nommé
« contre M. Thiers, parce que c'était M. de la Tour
« qui avait fait imposer le sel, augmenter le prix du
« tabac et mettre un impôt sur l'alcool ; »

« Considérant que de l'avis de Derrieu et Perrin,
confirmé d'ailleurs expressément par M. Beauverger,
maire de la commune, ces bruits se trouvaient généralement et depuis longtemps répandus dans le pays ;
qu'ainsi, répétés par Offret, ils ne pouvaient avoir la
moindre importance ;

« Considérant qu'à l'exemple de tous les autres témoins à charge, ils donnent en outre à l'envi, sur le
caractère et les antécédents de ce dernier, les meilleurs
renseignements ;

« Considérant dès lors que de tels épanchements,
purement confidentiels, privés, intimes, n'atteignent
d'ailleurs en rien l'extrême et parfaite honorabilité du
candidat en question, dénotent sans nul doute une
grande simplicité d'esprit, mais ne sauraient affecter
dans tous les cas les apparences d'une sorte de propagande électorale préjudiciable en rien et dont on pût
avoir le moins du monde à s'émouvoir ;

« Considérant qu'ils n'engagent au surplus en aucune
sorte la bonne foi de l'inculpé ;

« Qu'ils étaient encore moins de nature à troubler
la paix publique ;

« Considérant aussi que, même en tenant compte
des préoccupations électorales du moment, de tels
propos n'eussent jamais constitué en semblable occu-
rence, même dans la bouche d'individus plus sérieux,

21

plus éclairés, qu'une critique plus-ou moins fondée des votes présumés du député sortant, et partant de ceux qu'on eût supposé qu'il eût pu émettre dans l'avenir ;

« Qu'une telle critique, équivalent de l'éloge que tant d'autres décernent au contraire pour semblables sujets, devient la condition à peu près inévitable de tout député aspirant, à l'expiration de son mandat, à l'honneur de la réélection ;

« Que le fait incriminé ne saurait donc revêtir le moindre caractère de culpabilité ;

« Considérant que les choses en l'état, l'inculpé demeure en voie de relaxe ;

« Par ces motifs :

« Relaxe purement et simplement Jean-Marie Offret, inculpé présent, des fins de la plainte, sans dépens. »

N. 167.

TRIBUNAL CORRECTIONNEL DE BÉZIERS.

Audience du 29 *septembre* 1863. — *Présidence de*
M. Cavailler.

M. Floquet a assigné M. le baron Servatius, sous-préfet de Béziers, en vertu de l'art. 40 du décret du 2-21 février 1852, qui punit les fausses nouvelles, bruits calomnieux et autres manœuvres frauduleuses qui auront surpris ou détourné des suffrages.

Voici les termes de l'assignation :

L'an 1863, le 31 août,

A la requête de M. Charles Floquet, avocat à la Cour de Paris, rue Sainte-Anne, 50,

J'ai. . . . .
donné assignation à M. le baron Servatius, sous-préfet de Béziers, demeurant en l'hôtel de la sous-préfecture,

A comparaître, le mardi 29 septembre, huit heures

du matin, par-devant MM. les président et juges composant la chambre correctionnelle du tribunal de Béziers,

Pour :

Attendu que le 29 mai 1863, deux jours avant l'ouverture du scrutin pour les élections générales au Corps législatif, un placard était affiché dans tous les lieux publics et sur les murs de Béziers, contenant une lettre de M. le baron Servatius, ainsi conçue : « Le numéro du journal *le Temps*, du mercredi 27 mai, insère une lettre qui m'est adressée par M. Floquet et contenant des imputations mensongères et injurieuses que je défère à la justice. Il n'insère pas la réponse que j'ai faite à M. Floquet. C'est une manœuvre électorale aussi déloyale que coupable, qui ne trompera personne et qu'il suffit de signaler pour qu'elle excite un sentiment de réprobation générale. »

Attendu que M. Floquet a démontré à M. Servatius, dans une lettre à laquelle était joint un exemplaire du *Temps* du 29 mai, que la réponse qu'on lui reprochait de n'avoir pas fait insérer avait été publiée fidèlement et aussitôt reçue ;

Que, malgré cette démonstration péremptoire, un second affichage du placard a eu lieu le samedi 30 mai, non-seulement à Béziers, mais dans toutes les communes de la circonscription, et que partout lecture publique du placard a été donnée par les crieurs patentés ;

Attendu que contrairement à l'affirmation catégorique dudit placard, non-seulement aucune poursuite n'était commencée contre M. Floquet au moment où M. Servatius déclarait qu'il le déférait à la justice, mais que depuis lors, il n'y a eu ni assignation, ni instruction, ni plainte dirigée contre le requérant ;

Qu'en conséquence, le placard dont il s'agit contenait deux fausses nouvelles destinées évidemment à faire croire : 1° Que le candidat au Corps législatif

s'était rendu coupable d'un acte contraire à l'honneur;
2° qu'il était sur le point de comparaître devant la
police correctionnelle; qu'on voulait ainsi le flétrir
publiquement dans un intérêt électoral trop facile à
saisir;

Attendu que ces fausses nouvelles, solennellement
débitées et commentées, ont amené, dans plusieurs localités, la conviction que M. Floquet était livré à la
justice, arrêté, incapable d'être élu, qu'en votant pour
lui les électeurs se compromettraient inutilement, et
qu'ainsi un grand nombre de suffrages ont été surpris
ou détournés;

Attendu que ces faits constituent le délit prévu et
puni par l'art. 40 du décret des 2-21 février 1852;

Attendu d'ailleurs que le placard ci-dessus rapporté
est conçu en termes qui constituent au premier chef le
délit d'injures publiques;

Attendu que si le requérant a paru jusqu'ici insen-
sible aux outrages dont il a été l'objet, c'est qu'il
comptait sur la satisfaction certaine qui sortirait publiquement pour lui des poursuites dont il avait été
menacé; mais que le délai de la prescription étant sur
le point d'expirer, il importe à son honneur, à celui
des électeurs qui lui ont accordé leur confiance, de
réclamer une réparation d'autant plus éclatante qu'il
l'a attendue avec plus de patience;

Attendu que M. le baron Servatius ne saurait, en sa
qualité de fonctionnaire public, s'abriter derrière la
nécessité de l'autorisation préalable du Conseil d'Etat;
qu'en effet, la publication d'une lettre adressée à M. le
maire de Béziers, à l'occasion d'une correspondance
échangée entre M. le baron Servatius et M. Floquet,
ne saurait être considérée ni de près ni de loin comme
un acte des fonctions du sous-préfet;

Que, d'autre part, et en ce qui touche tout au moins
le délit prévu par l'art. 40 du décret des 2-21 février
1852, l'art. 119 de la loi du 15 mars 1849 décide que

la poursuite contre un agent du gouvernement peut avoir lieu sans qu'il soit besoin d'une autorisation préalable;

Par ces motifs et tous autres à suppléer ou à déduire;

S'entendre déclarer atteint et convaincu des délits spécifiés dans la présente assignation, en réparation desquels se voir condamner aux dépens, à titre de dommages et intérêts, et à l'insertion du jugement à intervenir dans le *Publicateur* de Béziers et dans trois autres journaux au choix du demandeur;

Sauf à M. le procureur impérial à requérir les peines de droit.

JUGEMENT.

Attendu que les lois organiques sont promulguées en vue et comme complément de la constitution et qu'elles doivent en assurer l'application;

Attendu qu'on voit au préambule de la constitution du 14 janvier 1852, que les institutions relatives aux diverses branches des administrations publiques du Consulat et de l'Empire étaient adoptées comme institutions politiques et qu'elles étaient empruntées à la constitution de l'an VIII;

Attendu qu'aux termes de l'art. 75 de cette constitution, les agents du gouvernement ne pouvaient être poursuivis pour des faits relatifs à leurs fonctions qu'en vertu d'une décision du Conseil d'Etat;

Attendu que ce principe de droit public, protecteur des actes des agents du gouvernement, a été constamment appliqué jusqu'à la promulgation de la loi des 15-18 mars 1849;

Attendu que l'art. 52 du décret des 2-21 février 1852 a été promulgué comme complément de la constitution du 14 janvier précédent, et par voie de conséquence, sous l'empire d'idées opposées à certaines dispositions de la loi de 1849, a abrogé toutes les lois antérieures qui lui étaient contraires;

Attendu que si ces considérations générales n'étaient pas suffisantes pour démentir l'abrogation virtuelle de l'art. 119 précité, il suffit d'un simple rapprochement de certaines dispositions de cette loi avec celles du décret-loi de 1852, pour être convaincu de cette abrogation; et, en effet, l'auteur du décret a clairement manifesté sa pensée par les emprunts qu'il a faits à la loi de 1849, et par l'exclusion intentionnelle des articles qui n'avaient plus leur raison d'être;—du titre 6 de la loi de 1849, intitulé des dispositions pénales, comprenant vingt-sept articles, il extrait son titre 4, portant le même intitulé, qu'il n'a composé que de vingt-deux articles;

Attendu qu'en copiant textuellement les dispositions à conserver, à une exception près et relative à la suppression, comme délit, de la tentative du détournement des votes, il n'a puisé dans la loi de 1849 que ce qu'il a voulu y prendre, c'est-à-dire ce qui n'était pas incompatible avec la loi fondamentale de l'Etat;

Attendu, sur le second moyen, que le demandeur, par sa lettre du 24 mai, adressée à M. le sous-préfet et insérée dans le journal *le Temps*, n° 27 du même mois, se plaignait de la main de l'administration, qu'il accusait d'avoir fait opérer une saisie, dans les cafés, des journaux défendant sa candidature, et qu'il y relevait certains faits mis par lui à la charge des agents de l'administration locale;

Attendu que la lettre sur laquelle il fonde sa poursuite et dont il prétend faire ressortir des faits délictueux émane du chef de cette administration;

Que cette lettre, imprimée et affichée, n'est qu'une réponse à celle du 24 mai, qu'ainsi le fonctionnaire inculpé est poursuivi pour des faits relatifs à ses fonctions;

Par ces motifs;

Le Tribunal dit et prononce qu'il y a lieu à sursis, jusqu'à ce que le demandeur produise une décision du Conseil d'Etat, autorisant les poursuites, et réserve les dépens.

N. 178.

TRIBUNAL CORRECTIONNEL DE VESOUL

Correspondance particulière de la *Gazette des Tribunaux.*

Présidence de M. CHAUDOT DE CORRE.
Audience du 27 août.

Affaire électorale. — Diffamation et outrages envers un préfet.—Distribution et colportage.—Publication d'un acte de procédure.

On se rappelle, que vers la fin du mois de mai dernier, divers journaux ont annoncé que M. le marquis d'Andelarre, député sortant et candidat non patronné par l'administration, était poursuivi en police correctionnelle pour outrage envers le préfet de la Haute-Saône. M. d'Andelarre avait en effet été cité pour l'audience du 30 mai, la veille des élections. Mais depuis quelques jours déjà M. d'Andelarre avait lui-même déposé une plainte en diffamation contre le préfet, et demandé au conseil d'Etat l'autorisation de poursuivre. Dans cette position, d'Andelarre a jugé qu'il ne pouvait pas accepter le débat sans la présence du préfet. Il a en conséquence soulevé une exception de connexité, en demandant la remise de l'affaire jusqu'après la décision du conseil d'Etat. Cette exception a été rejetée par un jugement dont M. d'Andelarre a de suite interjeté appel.

Depuis cette époque, les élections ont eu lieu: 17,640 suffrages contre 9,040 étaient obtenus par lui. M. d'Andelarre pensa que toute autre justification devenait superflue. Il se désista donc spontanément de son appel à la Cour, ainsi que de nombreuses affaires électorales dont il avait également saisi le tribunal correctionnel, et il se présenta volontairement devant ses juges.

En même temps que lui comparaissait, comme complice des trois délits qui lui étaient imputés, le sieur Degourgeot, piqueur de M. C..., et celui-ci comme civilement responsable des délits commis par son domestique.

En cet état, le tribunal a rendu le jugement suivant :

« Le Tribunal,

« Ouï les prévenus en leur interrogatoire et leurs moyens de défense, et M. le procureur impérial en ses réquisitions ;

« Attendu que M. d'Andelarre, le sieur Degourgeot et M. C..., comme civilement responsable des faits de celui-ci, ont été cités à comparaître devant le tribunal de police correctionnelle de Vesoul, à son audience du 30 mai dernier, sous la prévention d'avoir, soit comme auteurs, soit comme complices, les 23 et 24 mai 1863, par un écrit distribué et affiché sur les murs de la ville de Vesoul et dans les autres communes de cet arrondissement, écrit intitulé : *Quatrième lettre à mes commettants*, diffamé et outragé publiquement M. le préfet de la Haute-Saône, pour des faits relatifs à ses fonctions ;

« Attendu qu'à cette audience M. d'Andelarre a pris des conclusions tendant à la jonction de la plainte en diffamation qu'il a déposée au parquet de ce tribunal contre M. le préfet de la Haute-Saône avec la poursuite dirigée contre lui et ses coprévenus par M. le procureur impérial, pour diffamation et offenses envers ce magistrat administratif, mais que par son jugement dudit our le tribunal a rejeté la demande en jonction et a ordonné la continuation des débats ;

« Attendu que ce jugement a été immédiatement frappé d'appel, et que par un second jugement du même jour le tribunal a sursis à statuer jusqu'après la décision de la Cour impériale ou le désistement des appelants ;

« Attendu que, par arrêt du 8 juillet 1863, la Cour a donné acte aux appelants du désistement notifié à leur requête, le 20 juin précédent, en sorte qu'il n'y a plus d'obstacle à la continuation de la poursuite ;

« Attendu que les prévenus comparaissent volontairement et sans citation, déclarant qu'ils consentent à être jugés à la présente audience ; que c'est le cas de leur donner acte de leur consentement :

« Sur le chef relatif à la diffamation et à l'outrage public envers M. le préfet de la Haute-Saône :

« Attendu qu'il est de principe général qu'il ne peut exister de délit qu'autant que le fait matériel qui le constitue a été commis avec l'intention de nuire ; que ce principe reçoit son application en matière de diffamation ; qu'en effet, la jurisprudence la plus constante décide qu'il ne peut y avoir ni diffamation ni calomnie, sans le dessein de nuire à la personne qui est l'objet de l'imputation diffamatoire ou calomnieuse, et qu'en cette matière comme en toute autre, les juges peuvent déclarer qu'à défaut d'intention coupable, le délit n'existe pas (arrêts de cassation des 10 mai 1821, 12 août 1842 et 16 mars 1850) ;

« Attendu que si l'on prend égard aux circonstances qui ont déterminé M. d'Andelarre à publier l'écrit intitulé : *Quatrième lettre à mes commettants*, il devient évident qu'il n'a fait qu'obéir à un sentiment légitime, à la nécessité de défendre sa candidature qui pouvait lui paraître compromise par une précédente publication dans laquelle M. le préfet de la Haute-Saône faisait naître des doutes sur la véracité de cet honorable candidat, en déniant qu'il eût eu, comme député, la moindre part au retrait du projet de loi sur l'impôt du sel ; qu'il est donc certain pour le tribunal que M. d'Andelarre, en publiant l'écrit dont il s'agit, a eu l'inten-

tion de se défendre, mais nullement le dessein de diffamer ou d'outrager le haut fonctionnaire auquel il avait
répondu ;

« Sur le chef de prévention relatif à une contravention à l'art. 6 de la loi sur la presse, du 27 juillet
1849, qui défend de distribuer ou colporter les livres,
écrits, brochures, etc., sans l'autorisation du préfet du
département :

« Attendu que cette disposition n'est point applicable
à l'espèce, aux termes de l'art. 10 de la loi spéciale du
16 juillet 1850, lequel article est ainsi conçu : « Pen-
« dant les vingt jours qui précéderont les élections, les
« circulaires et professions de foi signées des candidats
« pourront, après dépôt au parquet du procureur de la
« République, être affichées et distribuées sans autori-
« sation de l'autorité ; »

« Attendu qu'il est constaté que M. d'Andelarre s'est
conformé aux prescriptions de cet article, en déposant
le 21 mai 1863, au parquet de M. le procureur impérial
de Vesoul, un exemplaire de la circulaire intitulée :
Quatrième lettre à mes commettants ; qu'en conséquence,
il a pu valablement afficher et distribuer cet écrit sans
recourir à l'autorisation préfectorale ;

« Sur le troisième chef, fondé sur ce que les prévenus auraient contrevenu à la disposition de l'art. 17 de
la loi du 17 février 1852, en publiant dans la circulaire
précitée le libellé de la citation donnée par M. d'Andelarre à MM. Suchaux père et fils, à comparaître devant
le tribunal de police correctionnelle de Vesoul, le 30
mai 1863 ;

« Attendu que par la disposition de l'art. 17 précité,
le législateur a voulu défendre le compte rendu des
procès pour délit de presse, ainsi que la reproduction
des débats irritants que ces procès peuvent faire naître
devant les tribunaux de répression ; que cette pensée du
législateur ressort clairement des termes mêmes qu'il a
employés ; que cette pensée est confirmée par la circu-

laire adressée par M. le ministre de la justice à MM. les
procureur généraux, le 27 mars 1852, relative à l'exécution de cette loi ; qu'au surplus l'art. 17 a été inter-
prété dans le même sens par le tribunal correctionnel
de Vesoul, dans son jugement du 30 mai dernier ;

« Qu'il est certain, dès lors, que cette loi est inap-
plicable à l'espèce actuelle, dans laquelle il s'agit non
du compte rendu d'un procès de presse, mais simplement de la publication, comme moyen de défense, d'une
citation en justice, entre parties civiles, pour diffamation ; que c'est le cas, en conséquence, d'écarter également ce troisième chef de prévention ;

« Par ces motifs,

« Le tribunal donne acte aux prévenus de leur consentement à être jugés, bien qu'ils n'aient pas été assi-
gnés ;

« Les déclare non convaincus des délits qui leur sont
imputés, et les renvoie sans peine, amende ni dépens. »

N. 179.

COUR IMPÉRIALE DE NANCY (ch. correct.).

Présidence de M. PIERSON.—Audience du 21 juillet.

PRÉVENTION DE PUBLICATION DE FAUSSES NOUVELLES EN MATIÈRE ÉLECTORALE.

Aux dernières élections générales, M. Maurice
Aubry, ancien représentant des Vosges à l'Assemblée
législative, disputait, dans la circonscription de Mirecourt et de Neufchâteau, l'honneur de la députation au
Corps législatif à M. Aymé, député sortant et candidat
du gouvernement.

Le dimanche 31 mai on allait procéder à la mairie
de Savigny aux opérations électorales ; on choisit pour
recueillir les votes une boîte, dont le couvercle était

percé de trois trous de six ou sept centimètres de lon-
gueur sur deux de largeur; cette boîte se fermait au
moyen d'une patte en fer et d'un cadenas; mais le
cadenas manquant, fut remplacé par une bande de
papier mise en travers sur la patte en fer ramenée du
couvercle dans l'anneau fixé à la partie inférieure de
la boîte; cette bande fut collée à ses deux extrémités
avec des fragments d'hostie. Ainsi attachée elle allait
remplir l'office des deux serrures exigées par l'art. 22
du décret réglementaire du 2 février 1852, et dont les
clefs doivent rester, l'une entre les mains du président
du bureau électoral et l'autre entre celles du scrutateur
le plus âgé.

Cela fait, le vote commença et se continua sans dif-
ficulté jusqu'à la fin de cette première journée.

La boîte fut alors placée dans la salle de la mairie,
dans une armoire fermée par une seule clef, qui fut
remise à l'instituteur.

Il est écrit dans l'art. 26 du décret : « Les boîtes du
scrutin sont scellées... Les scellés sont également ap-
posés sur les ouvertures de la salle où les boîtes ont été
déposées. »

Mais à Savigny les scellés ne furent mis ni sur la
boîte ni sur les ouvertures de la salle où la boîte dut
passer la nuit. La salle ne fut pas même fermée à clef.

Le lendemain 1er juin, avant huit heures du matin,
le maire et l'instituteur avaient extrait la boîte de son
armoire, et bientôt étaient arrivés quelques électeurs,
parmi lesquels le garde champêtre Joseph Olivier, qui,
ayant remarqué ou du moins s'étant persuadé que la
bande de papier existant alors sur la boîte n'était pas
la même que celle qui y avait été mise la veille en guise
de serrure, se retira, et alla tout ému raconter le fait à
sa femme. Celle-ci, à son tour, sortit de chez elle pour
aller le redire à Constant Olivier, son beau-frère, qu'elle
rencontra dans la rue, causant avec le sieur Collot, ad-
oint du maire.

Sur cette information, le sieur Collot se rendit dans la salle du vote, et après avoir examiné la boîte, n'hésita pas à déclarer que la bande avait été changée.

Une des personnes qui étaient au bureau, le sieur Grégy, lui ayant demandé s'il l'accusait, lui, personnellement de ce méfait, il répondit qu'il ne savait pas qui en était l'auteur, mais qu'il était certain que la bande n'était plus la même que celle de la veille et qu'il en ferait son rapport. Joseph Olivier, qui était rentré sur ces entrefaites, et à qui la déclaration de l'adjoint donnait un courage qu'il n'avait pas eu d'abord en présence du maire, osa dire cette fois que, lui aussi, était convaincu que la bande avait été changée.

Le sieur Collot quitta la salle, et ayant retrouvé Constant Olivier, lui apprit qu'il venait de reconnaître qu'il n'était que trop vrai que la bande avait été changée.

Là-dessus, Constant Olivier se rendit à Mirecourt, chez un honorable avocat, qui le conduisit au parquet de M. le procureur impérial. Ce magistrat, après avoir écouté sa plainte, demanda qu'elle fût formulée par écrit; en conséquence, une demi-heure plus tard, une plainte écrite et signée par Constant Olivier lui fut déposée.

Dès ce jour même, une instruction fut commencée. Plusieurs témoins entendus, notamment le maire et l'instituteur, ont affirmé, contrairement aux assertions du garde champêtre Joseph Olivier et de l'adjoint Collot, que la bande n'avait aucunement été changée.

Ceux-ci, avant le dépouillement du scrutin, avaient renouvelé la déclaration que la bande du lundi n'était pas celle du dimanche, et fait insérer à ce sujet une protestation au procès-verbal.

Les faits signalés par Joseph et Constant Olivier n'ont donné lieu à aucune poursuite, mais eux-mêmes ont été traduits devant le Tribunal correctionnel de Mirecourt comme coupables du délit de publication de fausse nouvelle, de mauvaise foi et de nature à troubler la paix publique.

Le 18 juin 1863,

« Le Tribunal déclare Joseph et Constant Olivier convaincus de publication d'une fausse nouvelle, avec les circonstances qu'ils étaient de mauvaise foi, et que cette fausse nouvelle était de nature à troubler la paix publique ; leur faisant application des art. 15 du décret du 17 février 1852, 23 de la loi du 27 juillet 1849, et 463 du Code pénal.

« Les condamne, savoir : Joseph Olivier en 200 fr. d'amende et Constant Olivier en 100 fr. d'amende et solidairement aux dépens. »

Joseph et Constant Olivier n'ont pas accepté cette condamnation si adoucie qu'elle fût.

Me Henry Didier, avocat du barreau de Paris, qui avait présenté leur défense devant le tribunal de Mirecourt, est venu soutenir leur appel devant la Cour de Nancy.

La Cour a rendu l'arrêt suivant :

« Attendu que l'instruction et les débats laissent la conviction que le scrutin ouvert les 31 mai et 1er juin derniers, dans la commune de Savigny, n'a été l'objet d'aucune altération, et que le prévenu Joseph Olivier a supposé à tort que la bande de papier, fermant le dimanche soir la boîte où les bulletins de vote avaient été déposés, aurait été changée ;

« Mais attendu qu'il ne résulte pas suffisamment des faits de la cause que Joseph Olivier ait sciemment publié une fausse nouvelle, et qu'il l'ait fait de mauvaise foi ; que tout s'est borné de la part de ce prévenu à annoncer à sa femme, dans l'intérieur de son domicile et dans une conversation confidentielle, que la bande de papier qui fermait la boîte était changée, et à dire un peu plus tard, dans la salle communale, lorsque l'adjoint, le sieur Collot, avait déclaré que dans son opinion la bande avait été changée, qu'il partageait l'avis de l'adjoint ;

« Attendu que, en ce qui concerne Constant Olivier, ce prévenu, informé par la femme de Joseph du changement de la bande de papier, s'est rendu à Mirecourt, où après avoir communiqué avec deux personnes qu'il connaissait dans cette ville, il a été, sur leur conseil, porter le fait dont s'agit à la connaissance de M. le procureur impérial, et a déposé entre les mains de ce magistrat une plainte écrite et signée de lui, dans laquelle il l'avait consigné ; que la Cour ne trouve pas non plus dans cette conduite de Constant Olivier les éléments constitutifs du délit de publication de fausse nouvelle ;

« Par ces motifs,

« La Cour infirme le jugement dont est appel; décharge les prévenus des condamnations contre eux prononcées, et les renvoie sans frais des poursuites dirigées contre eux. »

FIN